空中“蜂群”

水面“鱼群”

上“蚁群”

网电“码群”

集群智能无人作战研究

孙建峰 著

机械工业出版社
CHINA MACHINE PRESS

近年来，以人工智能为代表的颠覆性技术群推进战争形态由机械化、信息化加速向智能化方向演进。集群智能无人作战技术，美军起步最早、推进最快、项目最具代表性。本书作者通过专业视角，紧跟战争形态演变趋势，立足科技前沿，创新性地对集群智能无人作战技术的起源、发展进行了全面分析，对作战样式、目标任务、制胜机理等进行了思考，并把经典案例用图表形式呈现，深入浅出地讲解晦涩难懂的知识，为专业军事院校学员与广大军事爱好者提供了一本不可多得的参考资料。

图书在版编目（CIP）数据

集群智能无人作战研究 / 孙建峰著. -- 北京：机械工业出版社，2025. 5. -- ISBN 978-7-111-78299-5

Ⅰ. E81-39

中国国家版本馆CIP数据核字第2025218Q0M号

机械工业出版社（北京市百万庄大街22号　邮政编码100037）

策划编辑：苏　洋　韩伟喆　　责任编辑：苏　洋　韩伟喆

责任校对：龚思文　陈　越　　责任印制：单爱军

北京华联印刷有限公司印刷

2025年7月第1版第1次印刷

148mm × 210mm · 9.875印张 · 2插页 · 246千字

标准书号：ISBN 978-7-111-78299-5

定价：89.00元

电话服务　　网络服务

客服电话：010-88361066　　机　工　官　网：www. cmpbook. com

010-88379833　　机　工　官　博：weibo. com/cmp1952

010-68326294　　金　书　网：www. golden-book. com

机工教育服务网：www. cmpedu. com

前言

2017年11月，在日内瓦举办的联合国《特定常规武器公约》会议上，1架不需要人类操作的蜜蜂般大小的名为“杀人蜂”的微型机器人，“自主”飞行精确击中人型靶头部，引起现场观众恐慌。有专家担心，这种“杀人蜂”在机体上集成了外部感知、面部识别、自主攻击等技术，一旦这些技术被恐怖分子掌握，他们可能使用“杀人蜂群”一夜之间屠杀整个城市的人类。2018年1月5日，俄军驻叙基地遭恐怖分子操控的13架简易无人机攻击，集群无人作战样式首次出现在战场，虽然其最终被俄防空部队击败，但是其超高的性价比依然迅速引起各国关注。2022年10月以来，俄罗斯改变战法，通过集群方式使用“沙赫德”–136巡飞弹（又称“见证者”–136或“天竺葵”–2）协同常规导弹对乌克兰全境实施高强度惩戒打击，“沙赫德”–136表现出色，成为“乌克兰早晨的噩梦”。

分析可见，此类作战样式，单个平台价格低廉、群体涌现智能高、作战效益极高。“一只蝗虫不可怕，蝗虫成群就可能遮天蔽日，造成重大灾害。”二战初期，坦克由分散到集中的使用带来了“闪电战”革命，集群智能无人作战可以在局部区域迅速集结形成大规模兵力优势和威慑力，像坦克催生“闪电战”一样，形成新的颠覆性军事能力。可以想象，随着单个无人平台作战能力的提升，以及人工智能技术赋予集群更大的智能，未来集群智能无人作战将更具威慑力，还可能颠覆战争样式，成为智能化战争的典型作战样式之一甚至独立存在。

意大利军事理论家杜黑指出：“在这个战争样式迅速变化的时代，谁敢于先走新路，谁就能获得用新战争手段克服旧的战争手段所带来的无可估量的利益。”坦克的出现使戴高乐敏锐地意识到它将带来军事革命，于是他撰写了《建立职业军》一书。然而这本书并未引起法军的重视，反而备受嘲讽。但当时的纳粹德国统帅部却对这本书表示青睐，并以此创立了“闪电战”理论，这一理论打破了法军固执保守的军事经验，使“马其诺防线”形同虚设。

对集群智能无人作战的研究，美军起步最早、推进最快、项目最具代表性。早在20世纪90年代末，美国就率先提出了无人集群作战的概念。2014年10月15日，美智库新美国安全中心发布了《战场机器人Ⅱ：即将到来的蜂群》报告，首次提出“无人系统蜂群作战”的概念，深入分析了“蜂群”作战的优势，并提出构建“蜂群”的建议。目前美军典型集群智能无人作战项目，以无人机集群为主体，如“小精灵”“山鹑”“近战隐蔽自主无人一次性飞机”等项目。我国在此方面相对落后，尤其是对集群智能无人作战、有人无人集群协同作战等作战问题的研究与对杀伤链、杀伤网的研究，同时，我国工业支撑技术缺少互动、存在脱节问题。我们有必要从理论层面，系统地对集群智能无人作战进行探讨分析，搞清制胜机理、勾画作战样式、厘清技术支撑，从而更好地牵引集群无人作战装备发展、推进部队转型发展，争取走向世界前列，由跟跑、并跑向领跑转变。

习近平总书记深刻指出，现在各类无人机系统大量出现，无人作战正在深刻改变战争面貌。集群智能无人作战凭借其典型的“有人为辅，无人为主”“有限控制下的无人作战”特点，必将成为继以大型无人作战平台为主体的“人机协同战”之后新的作战样式，发挥其成本低、效费比高、无中心、抗毁力强、智能化、任务域广、小型化、作战响应快等诸多优势，持续推进战争面貌革命性演进。

“战场上不允许犯错误，一旦新技术颠覆旧有的作战方式，无论是军队还是国家，都不会有第二次改正错误的机会。”面对极速发展的集群智能无人作战技术和迎面而来的智能化战争形态，我们必须要有高度的敏锐力和超前思维，加紧研究，预有准备，这样才能在新一轮军事革命中提高自己，缩短与世界军事强国的实力差距。否则，可能错失良机，造成理论、技术、作战准备等方面的差距甚至未来军事应对上的被动。

孙建峰

2023年于厦门

目录

第三章 集群智能无人作战的技术支撑

第四章 集群智能无人作战的目标任务

第五章　集群智能无人作战的基本样式

第六章　集群智能无人作战的指挥控制

第七章 集群智能无人作战的组织协同

第八章 集群智能无人作战的实现路径

第一章
集群智能无人作战的总体概述

不论做什么事，不懂得那件事的情形，它的性质，它和它以外的事情的关联，就不知道那件事的规律，就不知道如何去做，就不能做好那件事。

——毛泽东

集群思维首先提出并应用于计算机和互联网领域。它是由多个独立子系统高度连接而成的复杂系统，是由子系统的自适应自组织，涌现出具有新性质和新功能集群的一种体现。其特征是没有强制的中心控制，次级单位具有自治的特质且彼此间保持连接，通过“简单”局部规则耦合大量去中心化的分布式机器人的集体合作行为。集群智能无人作战是智能化战争的主要作战样式。

第一节　集群智能无人作战的基本概念

集群智能无人作战作为一种全新的作战样式，其内涵和外延极为丰富，需要分层掌握多个关联概念，才能对其有更深刻的理解。我们采取先分后合、先浅后深的思路，系统性对其进行研究分析。

一、无人系统

从世界范围发展现状看，各种类型的无人系统已逐渐成为现代战争中重要的组成部分。可以预见，无人系统作为改变未来战争规则的颠覆性技术装备，将对未来战争的作战样式产生重大影响，势必会带来一场巨大的军事变革。

在美国国防部2007年12月发布的《2007—2032财年无人系统综合路线图》中，参考联合出版物（JP1–02）给出了无人航行器的定义。

无人航行器，是一种有动力但无人驾驶的运载工具（包括飞行器、车辆、船舶或潜航器等），可以自主控制或者遥控操作，可以是一次性的也可以是可回收的，可以携载致命或非致命的载荷。弹道或半弹道式运载工具、巡航导弹、炮弹、鱼雷、水雷、卫星、无人值守传感器（没有任务形式的推进装置）均不是无人航行器。无人航行器是无人系统的主要组成部分。

国内经常把无人航行器称为“无人平台”，但“无人航行器”应该是更准确的叫法，更能体现出vehicle是飞行器、车辆、运载器等“运动载体”的本意。无人平台既包括运动载体（无人航行器），也包括静止平台（无人预置装备）。

需要指出的是，“无人”仅指运动载体上不载人，并非全系统无人，即阶段性表现为“平台无人，系统有人”（尽管称之为“无人系统”）。无人系统在概念上不仅包括运动载体，也包括静止平台，同时应注意，在无人航行器及无人系统定义中包含一次性装备，如可消耗式无人机、巡飞弹等。

虽然美国国防部给出了无人航行器的详细定义，明确了基本范畴，但并未直接给出“无人系统”的完整定义，未按术语定义的一般方式直述“无人系统是什么”，而只是以“无人航行器是无人系统的主要组成部分”这种间接描述方式，引出了一个核心无边界的笼统概念。在各种新颖的“跨界装备”层出不穷、概念不断发展的今天，暂时采用不太严格但包容性更强的定义描述方式，也不失为一种合理的策略。

阶段性而言，无人系统可以理解为以无人平台为载体，可携带多种载荷，由信息感知、智能控制、系统协同、集群组网、测控通信等分系统组成的有机整体。无人作战平台，是指通过自主程序或遥控控制等方式遂行任务、能够重复使用的、有动力且携带任务载荷的无人驾驶机器装置。

实际上，人们更关注的是具体不同类型无人系统的定义，而不是通用定义。在美国国防部 2014 年 3 月发布的《2013—2038 财年无人系统综合路线图》中，强调了海陆空三种无人作战领域。空域的无人系统称为无人机系统，地面的无人系统称为无人地面系统，海域的无人系统称为无人海上系统。每个领域都有一系列独特的环境属性，并会影响到作战人员。在复杂任务环境中，多系统、多领域必须相互合作、交互操作，才能有效完成使命任务。过去十几年，军事部门采购的无人系统无论在数量上，还是在种类上都不断增加，这些系统的能力也开始与作战人员的战场行动融为一体。无人系统项目的数量、复杂性和成本已经可以与传统的有人系统相媲美。

二、无人作战系统和智能无人作战系统

无人系统比较宽泛，近年来，军方更加强调无人作战系统的概念。我国对“作战系统”的定义为：军用平台上用于执行警戒、跟踪、目标识别、数据处理、威胁评估及控制武器完成对敌作战功能的各要素及人员的综合体。以传统的水面舰艇为例，作战舰艇由平台和作战系统组成。平台是指船体、动力、电源、损管等，起着支撑作战系统的作用。作战系统以指控系统为管理中心，由舰上配置的软硬武器、探测、通信、导航设备以及舰载直升机等设备和分系统组成。

无人作战系统是指综合运用多种军事技术，通过遥控或自主控制方式遂行多种作战和支援保障任务的新型作战系统，包括无人作战平台、任务载荷、测控与信息传输系统、控制站等，是系列先进

军事技术群综合集成、创新发展的装备系统。无人作战系统涉及机器人、机械、通信、自动控制、人工智能、定位导航、计算机等多种学科和技术。

无人作战系统具有四大优点：一是更胜任枯燥、危险和恶劣环境的任务。它具备不受人类生理、心理限制的持续工作能力，无人平台更加适用于执行警戒巡逻、目标监视等单调、枯燥的作战任务。二是提升战场生存能力。有人平台受到人的生理、心理限制，体积大，不利于隐身和机动。无人平台体积小、重量轻、机动性强、隐身性好。三是使用和维护费用降低，作战效费比提高。无人战机的研发和生产成本约为同样性能的有人战机的三分之一，使用和维护费用约为有人战机的四分之一。四是操作越来越简单，指挥控制人员培训简化。随着技术的发展，系统的模块化和自动化程度越来越高，系统使用和人员培训也越来越简单。无人作战系统将对未来军事作战方式产生深远乃至革命性的影响。它的出现标志着无人系统将从过去的作为执行侦察监视、通信中继和毁伤评估等任务的作战支援装备，升级为未来能够对陆海空重要目标实施精确打击的主要作战装备之一。

同时，从新军事变革对未来战场和军用无人系统的应用要求来看，无人作战系统的发展趋势是智能化、通用化和一体化。

智能化要求无人作战系统具有更高的智能水平，除了战术智能外，还应具备战略智能，并逐步减少人在未来战争中所占的比例，甚至完全取代人完成作战任务。

通用化要求无人作战系统能够搭配足够多的任务载荷，且适应多种战术的需要。通用化保障了各作战系统之间关键和有效的交互，这种可交互操作将有助于在信息收集者、决策者、规划者和作战人员之间及时传递信息、共享信息，并协同使用，形成整体。

一体化指无人作战系统向多平台协作、多系统协作的方向发展，既能独立执行任务，又能协同作战，同时还要保证有足够的自主能力、足够的可靠性和足够的抗毁性。

智能无人作战系统更加强调系统的智能化。从功能特征把握，主要包括模拟军事人员简单战场行为、形成作战知识表示机制、拓展军事人员作战认知理解能力与生理机能等方面，使传统的、完全由人操控的武器装备具有自主/半自主的运动控制、任务规划、指挥决策、任务执行等方面的智能特征，即“使一部机器的反应方式像人类行动时所依据的智能”。例如，物理域的无人机、无人水面艇、无人车等物理平台和智能弹药，信息与认知域的无人值守战场感知系统、智能情报分析与决策等。

智能无人作战系统至少具备以下四个基本能力。一是环境感知或探测能力。感知平台周围环境，为智能系统提供决策依据。二是综合决策能力。依据感知系统得到的环境数据，自主做出决策，并向执行系统下达指令。三是执行能力。执行决策系统、操作控制系统等下达的行动指令。四是通信能力。保证无人平台与操作控制系统之间的信息交互。新的智能无人作战系统将不再把注意力集中于单个平台，而是聚集于多个平台组成的集群。这些由多个平台构成的集群组成了一种新的作战模式，也就是集群智能无人作战系统。图 1-1 为美军 2017—2042 年无人系统自主性综合路线图。

类别	2017 年近期	2029 年中期	2042 年远期
人工智能/机器学习	商业公司合作、云计算	增强现实、虚拟现实	持续感知、高度自主
提高效率和有效性	提高安全性和效率	无人任务、领导－跟随者	无人蜂群
信任	任务导向和确认、人工决策的伦理要求		
武器	国防部战略共识、自主武器系统致命性评估	武器僚机/队员（人工决策参与）	

图 1-1　美军 2017—2042 年无人系统自主性综合路线图

三、集群

集群源于生物学研究，主要指群居、聚群、群体行动的生物，体现出很强的集群现象。集群现象是指拥有共同目标的大量智能个体，通过自组织、适应协作，形成总体能力远大于个体能力总和的群组活动。自然界中大量个体聚集时往往能够形成协调、有序，甚至令人震撼的运动场景。比如，从宏观上，恒星、行星、星云等天体之间聚集形成的星系运动，大气中水汽聚集形成的大气运动。在生物界中，水中成群游动的鱼，纷乱而有序地随着洋流和食物忽东忽西，整齐划一地行进，而当遇到攻击的时候，鱼群倏忽聚散，展现出十分严密的分工协作；欧椋鸟在迁徙过程中往往会聚集形成巨大的群体，有时甚至会包含上百万只鸟，庞大的鸟群集体翱翔，在空中形成动态激荡又迷幻的场景。集群作战，是以网络化信息系统为支撑，将大量适度分散、高自主的智能无人作战平台集中运用，以类似社会性动物的自组织方式，通过自适应协同，从多维空间或多个方向对敌目标实施并行或连续的精确侦察与攻击，达成动态聚能、精确释能、以量取胜的作战效果。集群作战表现出以下三个特征。

一是自组织，群控制，自适应。通过对群组整体控制来完成任务，个体在群组中的任务、行为不需要或极少需要内、外控制中心授权；自组织的群组结构、个体任务及其相互关系可随环境自主动态调整。

二是互环境，低通信，高鲁棒。外部环境和群内其他个体共同构成个体运行环境，形成互环境；通过互环境感知，实现间接通信和行为协调，降低个体之间的直接通信需求；群组个体行为可随环境变换而动态调整，部分个体失效不影响集群目标实现。

三是小个体，大数量，高涌现。个体小型廉价、行为功能简单、性能智能有限，但群组通过大量个体组织自适应协同，可以实现功能、性能、智能的非线性增强，涌现复杂任务执行能力，进而取得效费比优势。

通过研究模拟生物集群现象，科学家已形成集群运动控制方程等规律认知。集群现象为装备发展中获取新质的作战能力、提高体系作战效能、降低装备总体成本提供了新思路。无人系统研究人员将这些规律、认知应用于无人装备群组，开发出用于群组的集群智能算法，形成集群智能技术。

四、集群智能

集群智能是指在单一和混合群体中，由存在众多无智能或浅智能的机器人，通过相互之间的简单合作所表现出来的智能行为。

这里所说的集群智能，主要是指机器人集群智能，机器人集群和自然界集群有很多不同，其中一个明显的区别就是自然界是自发形成的，机器人集群则是由人特意设计的；另一个区别就是自然界的集群一般是由同类个体组成的，而机器人集群则可以由不同类型的个体混合组成。

集群智能主要表现为以下五大原则。

一是邻近原则。集群能够进行简单的空间和时间计算。

二是品质原则。集群能够响应环境中的品质因子。

三是多样性反应原则。集群的行动范围不应太窄。

四是稳定性原则。集群不应在每次环境变化时都改变自身的行为。

五是适应性原则。在代价不太高的情况下，集群能够在适当的时候改变自身的行为。

这些原则说明实现集群智能的智能主体必须能够在环境中表现出自主性、反应性、学习性和自适应性等智能特性。

集群智能的概念最早可追溯到20世纪80年代，集群智能的当代形式有进化规划（EP）、基因算法（GA）、基因规划（GP）、差分进化（DE）、进化策略（ES）、"蚁群"优化（ACO）、人工"蜂群"（ABC）、和声搜索（HS）和粒子群优化算法（PSO）。其中"蚁群"优化和粒子群优化算法最具代表性。"蚁群"优化，简单而言是一种寻找优化路径的概率型算法，这种算法具有分布计算、信息正反馈和启发式搜索的特征，本质上是进化算法中的一种启发式全局优化算法。粒子群优化算法，是通过模拟鸟群觅食行为而发展起来的一种基于群体协作的随机搜索算法。

集群智能应用于装备发展，尤其是无人装备中，体现出以下四个特点。

一是控制是分布的，因为不存在中心控制，所以集群智能更能够适应当前网络环境下的工作状态，并且具有较强的鲁棒性，即不会由于某一个或几个个体出现故障而影响集群对整个问题的求解。

二是集群中的每个个体都能够改变环境，这是个体之间间接通信的一种方式，称为激发工作。由于集群智能可以通过非直接通信的方式进行信息的传输与合作，因而随着个体数目的增加，通信开销的增幅较小，因此，它具有较好的可扩展性。

三是集群中每个个体的能力或遵循的行为规则非常简单，因而集群智能的实现比较方便，具有简单性的特点。

四是集群表现出来的复杂行为是通过简单个体交互过程突现出来的智能，因此，集群智能具有自组织性。

集群智能可以在适当的进化机制引导下，通过个体交互以某种突现形式发挥作用，这是个体以及可能的个体智能难以做到的。集群无人平台更能体现出集群智能的优势，因而成为各军事强国重点发展的方向。

五、集群智能无人系统

集群智能无人系统就是由大量分布式的无人平台组成的自组织

作战群组，以集群智能控制算法和系统感知、协同任务规划和高效低成本平台技术为基础，围绕任务目标，形成以无中心、群控制、高涌现等为特征的整体作战群组。其可以实现超大规模的高效协同，具有复杂任务新生能力涌现、对抗交换成本小、复杂环境自适应、抗毁性强、直接通信量小等优势，具有颠覆未来战争样式的潜力，被美军列为实现第三次抵消战略的颠覆性技术之一。

集群智能无人系统是实现集群智能无人作战的基础，通过具有智能的无人系统，进行简单的空间时间计算，能针对环境改变作战响应，群体状态改变后能快速复原，改变自身行为。集群智能无人系统的这些智能行为，可通过机机协同、人机协同、机器学习等方法实现。

一是机机协同生成智能。在无干预情况下，无人系统通过个体之间的协同产生智能，主要来自行动规则约束和智能算法支持两个方面。行动规则，是对集群智能无人系统自主协同行动各种战术动作的抽象、概括，以规则的形式予以表达。集群智能无人系统按照规则规定，通过个体之间的协同，能够自主完成战术动作，标出智能行为。智能算法，是集群智能无人系统实现智能行为的策略机制，是实现规则约束的支撑。算法有单个智能算法、群体智能算法、决策算法和行动算法等多种分类。算法水平的高低，直接决定群体智能无人系统的智能水平。

无人系统通过机机协同能够生成下述智能行为。一是系统定位。集群智能无人系统，单个实体之间可以通过数据实现动态的互相定位，进而协同完成作战任务。二是协同决策。以协同确定目标为例，集群智能无人系统多个无人平台，通过各自挂载的侦察设备，从不同侧面获得目标信息，使用滤波算法、神经网络算法等各种算法，将侦察结果进行数据融合，据此评判各目标的性质、价值，排列出打击顺序，并指定最合适的无人系统实施打击。这种协同决策能够发挥群体智能的优势，相比单个平台具有更高的目标识别准确度，特别是无人平台组网行动，即使其中个别平台受损，也不会影响整体协同决策质量。三是协调行动。群体智能无人系统通过协同决策，能够协调个体平台之间的行动，如协调规避来袭目标或障碍，协调侦察、掩护、攻击等。协调方式主要有分布式和集中式两种。分布式是无人系统个体平台间的直接协调，集中式则是通过“协调节点”的统一协调。

二是人机协同增强智能。通过有人无人系统互相配合，可以进一步增强人机协同智能作战和人机协同智能决策两个方面的智能。人机协同智能作战，是指有人无人系统互相配合，共同完成作战任务的智能作战。人机协同智能作战，可以发挥人在作战经验、直觉、灵感、指挥艺术和主动性等方面的优势，同时发挥无人系统受环境限制少、造价低、不惧伤亡、可抵近目标作战等优势。二者通过合理分工协作，能够整体提高无人系统的综合作战效能，达成最大作战效果。

人机协同智能决策，是指通过专家系统、平行仿真等手段，辅助指挥员进行决策，以便提高快速决策能力。这种智能决策的理念是借助计算机强大的计算能力，使用仿真和人工智能等技术辅助指挥员提高决策质量和速度。美军的“实时数据驱动的指挥控制辅助决策系统”和“指挥官虚拟参谋”研究项目都是人机协同的智能决策的典型代表。

三是机器学习获得智能。机器学习获得智能，是人工智能技术在集群智能无人作战中的具体应用。其方法是，设置多种不同战场条件的目标特征，对集群智能无人系统进行反复训练，使其形成能够自主分析战场环境、自主选择最佳行进路线和目标、自主完成任务的能力。比如，在后勤保障领域，集群智能无人系统通过机器学习和大数据分析，能够在精准后勤保障方面发挥较大作用，实现供给与需求、时间与地点的精确匹配。机器学习获得智能的难点在于，集群智能无人系统需要在战前进行长时间的大量训练，所选训练环境与条件和真实作战环境与条件越接近，学习效果就越好。

六、集群智能无人作战

通过前面对一些基础概念的研究分析，我们对集群智能无人作战有了较为全面的认识。

综合看，集群智能无人作战是通过模拟群聚生物（蚂蚁、蜜蜂、鱼群）的协作行为与信息交互方式，依托信息网络、作战云系统等支撑，大量集中采用无人机、无人车、无人潜航器等智能集群无人系统，自主感知、自主决策、自主行动、自主协同，在陆、海、空、天和网络电磁等空间及认知领域进行的以体系对抗、集群饱和攻击为主要行动的作战行动。其具有六个重要特征。

一是小型化，作战应用活。单个平台体积小、速度快、隐蔽性能强。目前雷达、可见光和热红外设备很难远距离侦察到。这些平台可以利用有人 / 无人机投放、火箭炮布撒、地面发射或手抛等多种方式投送到目标区域遂行多样化军事任务。其能够部署到班、排、连，作战响应迅速、使用方式灵活。

二是无中心，抗毁能力强。单个平台具有易维修、互换性强等特点。集群没有一个个体处于主导地位，其中任何一个个体消失或丧失功能，都不影响群体功能，新的集群结构会快速自动形成并保持稳定，能持续保持作战的高压态势和连续进攻势头。

三是智能化，任务领域广。集群内各平台联网行动、信息共享，一点发现、全网皆知，并具备自主决策能力。其可以搭载侦察探测、火力打击、电子干扰等不同载荷执行不同作战任务，根据战场态势在线自动分解任务，实现自主搜索、跟踪、锁定、打击和评估等一体化作战功能。

四是成本低，效费比高。单个无人平台价格便宜、技术成熟，通过不同功能混编可以实现大型集成化平台的作战能力。采取“自杀”式、“鱼贯”式、“饱和”式战术，对敌军事设施、高价值目标实施打击，可以低代价消耗敌弹药、破坏敌体系。

五是风险低，限制条件少。智能系统减少了需要在危险地域操作的人员，从根本上降低了风险。相比于远程遥控无人机极端依赖卫星通信，智能自主系统具备在激烈对抗的区域拒止环境中不受影响、在通信信道断开或通信质量下降的情况下继续完成任务的能力。

六是反应快，时效性更强。集群智能既能够同时拓展时间跨度，又能够有效缩短响应时间。它能够拓展并远超人类能力极限，能够帮助降低多个方面不断提升的决策情况复杂度。比如，联合空中行动中心在同时指挥多个行动时可以发挥作用。

集群智能无人作战的不足或面临的挑战有以下四个方面。

一是相互理解的不确定性。机器人之间实现协同，需要每个机器人“充分理解”其他机器人在做什么、它们期望周围的机器人做什么。如果在理解上存在不确定性，机器人之间可能出现竞争而非合作。

二是任务环境的复杂性。复杂对抗的战场环境，包括天气、障碍、威胁等各种复杂因素，导致每个无人平台获取到的信息都可能不相同，对应将产生不同的应对方式，从而造成群体性混乱。

三是任务计算的爆炸性。随着无人平台数量、种类的增多，要想产生集群智能，问题的解空间呈指数级爆炸性扩张，在这个庞大的解空间中找到最优解需要大量的计算，非常困难。

四是通信约束的干扰性。任务环境的复杂多变，必然会对集群智能无人平台的通信网络造成影响。如通信干扰、通信延时，甚至可能出现虚假通信等问题。

集群智能控制技术已经成为学术界研究的热点之一，美军对此极为重视，该技术已经成为美国空军科学研究局列出的六大基础研究课题之一。

第二节　集群智能无人作战平台的主要分类

一、按作战形态区分

（一）空中“蜂群”

空中“蜂群”可理解为依托开放式体系架构综合集成一定数量的无人机，以通信网络信息为中心，以平台间的协同交互能力为基础，以单平台的节点作战能力为支撑，构建具有抗毁性、低成本、功能分布化等优势和智能特征的作战集群。

1914 年无人机就登上了战争舞台，但直至 20 世纪 90 年代，美军才最早展开“蜂群”技术的研究。近年来，其作战效能的巨大显现，中国、俄罗斯、英国、以色列等国家陆续加大投入、加快研究。总体来看，空中“蜂群”呈现出四个“同步推进”的特点。

一是系列化与功能化同步推进。建设路径、产品型谱顶层设计，技术研发汇集多家精英团队，总体已初成系列化配套格局，功能载荷复合多样。单架机型包括数十克级至上百千克级，数十克级的如“黑黄蜂”微型无人机（全重 16g、长 60mm、宽 25mm），上百千克级的如“捕食者”系列无人机；功能复合的如美国“小精灵”项目使用的无人机可以重复使用 20 次以上，可以搭载在 B–52H 轰炸机、B–1B 轰炸机、C–130 运输机等大型空中平台上，这些大型平台可以同时发射 20 架以上，如图 1–2 所示。这些集群无人机既可以作为干扰弹干扰敌方来袭导弹，又可以作为诱饵迷惑敌防空系统，还可以执行情报搜集、电子干扰等任务。

装备性能参数

重量	320kg
载荷	54.5kg
滞空时长	1~3h
作战半径	926km
最大速度	0.8Ma

图 1–2 美国“小精灵”项目

二是大型与微型“蜂群”同步推进。目前各国现役无人机主要以中小型侦察监视无人机为主，但伴随着“机器学习”快速发展，大型无人机和微型无人机在“蜂群”作战方面的优势日益凸显，各国竞相展开研究。美国国防部“山鹑”项目，使用“灰山鹑”微型无人机，经 3D 打印、一次性使用，仅重 0.45kg，可通过战斗机装备的红外干扰弹发射器投放，2017 年美军验证了 103 架“山鹑”微型无人机（见图 1–3）从 3 架“大黄蜂”战斗机上快速发射，并演示了自主群体行为。美空军“死神”“诱饵”战术，使用多架 MQ–9 无人机编组无人机作战群，模拟有人机信号，从不同方向协同突入敌防空区域，配合有人机编队突袭敌重要目标，空战效能倍增。

装备性能参数

长	165mm
翼展	300mm
续航时间	20min
飞行速度	75~110km/h
重量	0.3kg

图 1–3 “山鹑”微型无人机

三是无人自主与有人协同同步推进。美军发展的“协同空域作战”、日军探索的“云射击系统”，由多架无人机和有人机混合编队，利用无人机“零伤亡”优势，无人平台在前，让其承担高威胁环境下的突防风险，掩护有人平台跟进突防，有人机与无人机之间可以实现信息共享，发现目标时，系统会根据目标位置等相关参数自动分配任务，由混合编队协同打击。

四是民用与军用融合发展同步推进。我国在民用无人机“蜂群”应用方面极为亮眼。2017 年 6 月，中国电子科技集团完成 119 架小型固定翼无人机密集弹射起飞、空中集结、多目标分组、编队合围、集群行动等测试，具有很大的军用价值；2017 年底，广州“财富”论坛上，亿航团队（亿航智能公司）1180 架无人机 540s 表演，惊艳世界，一个人、一台电脑、一键完成飞行控制，飞行误差范围横向不超过 2cm、纵向不超过 1cm，编组出多型图形，出错时还能自主返航恢复。

（二）地面“蚁群”

参照较成熟的“蜂群”理论，地面“蚁群”可理解为由大量或多型地面无人平台、地面机器人作战系统为主体组成的作战集群。20 世纪 80 年代地面无人平台开始大规模进入军事领域，20 世纪 90 年代其技术取得较大进步；2005 年，美国公布的地面无人平台路线图出现“蚁群”影子，当前发展呈现出三个特点。

一是单平台实战应用广泛。全球列装的地面无人平台不少于 300 种，主要执行 5 类任务。一是侦察监视，典型装备为美军“锐光侦察兵”机器人，形似哑铃，侦察视距 8m，传输距离 120m，续航 10h，从 9m 高处落下可正常工作，大量应用于反恐战场。二是排爆扫雷，典型装备为美军“背包”机器人，仅重 18kg，可攀爬 54° 斜坡、在 3m 深的水下作业，速度可达 14km/h，可“嗅出”伪装炸弹、捕捉狙击手隐藏阵位、处理爆炸装置等，在伊拉克、阿富汗战场大显身手。俄军“天王星”–6 无人战车（见图 1–4），能够连续工作 16h，每小时扫除 2000m^2 的雷区，相当于 20 名工兵的工作量，曾在叙利亚战场应用。三是火力突击，典型装备为美军“利剑”机器人，可选配 M240 机枪、M82 狙击步枪、M202 火箭弹发射器等，使用自动瞄准系统，命中率几乎 100%，持续工作时间 4h，曾在多个战场出现。四是战场救援，典型装备为美国“小熊”机器人，身高 1.8m，“单手”可举起 135kg 的重物，能够代替真人执行战场救援任务。五是物资运输，典型装备为美军“机器骡”无人车，最大负载 908kg（相当于 24 名战斗人员的全部物资），可越过 1.5m 高的台阶，越壕宽度 1.5m、涉水深度 1.25m，最高速度 96km/h。

装备性能参数

长	4.45m
宽	2.01m
重量	7t
最大续航时间	16h
最大遥控距离	800m
行驶速度	5.5km/h

图 1–4　俄军“天王星”–6 无人战车

二是仿生机器人异军突起。仿生机器人是近年来发展起来的一类无人平台，是生物信息、机械技术、人工智能等高度融合的结果，具有更强的自主能力和智能特征，更易形成“机器人”军团，以集群方式运用。如美军“阿特拉斯”机器人具有人的形态，高 1.9m，体重 150kg，可大步行走、单腿站立、跳跃、躲避障碍物，配备防摔保护系统等，如图 1–5 所示，2019 年，美军“阿特拉斯”机器人一段跳动翻越的视频震撼世界，预示着“机器人战争”不再遥远。此外，还有蛇形、大象、龙虾、海龟、海豚、蜻蜓等形态繁多的仿生机器人冲击着我们的眼球，科幻片似的战争样式即将来临。

三是迭代跨域式快速发展。地面“蚁群”一开始，就将无人机纳入集成范围，一出现就形成空地协同的无人作战集群样式。2007 年，美军联合司令部举行了一场持续 35 天的“2015 战争”演习，演习以“2015 年的巴格达”为背景，战场中机器人部队大显身手，天空中无人机盘旋、侦察、攻击；巷战中“蝙蝠”“吉科”墙壁侦察攻击机器人将建筑物内情况传输给指挥部门，同时传输给其他机器人，当发现室内有敌人时，由人类士兵攻击消灭，当发现有敌人支援时，“魔爪”机器人（见图 1–6）快速拦阻攻击，震撼了参演官兵，美陆军很快将智能作战机器人写入《美军陆军作战手册》。中国陆军牵头承办的 2021 年陆上无人系统挑战赛，就有陆空无人系统集群侦察打击比赛项目（要求集群最少由 3 架无人机、3 辆无人车组成）。

装备性能参数

高	1.9m
重量	150kg
供电方式	锂电池
跳跃高度	40cm

图 1–5　美军“阿特拉斯”机器人

装备性能参数

长	86.4cm
宽	57.2cm
爬坡能力	45°
拖拽能力	340kg
最大遥控距离	1km
续航时间	8h

图 1–6　美军“魔爪”机器人

（三）海上“鱼群”

海上“鱼群”可理解为由大量（或多型）海上无人作战系统为主体组成的作战集群。海上无人系统，包括无人水面艇和无人潜航器 2 个子系统。海上“鱼群”研究发展起步较晚，2007 年，美军在

《无人系统路线图》中提出并逐步展开研究，其他国家陆续跟进，主要分为三个集群模式。

一是水面无人系统集群。无人水面舰艇生存能力强、成本低、不易被探测，多国采用一系列“鱼群”无人水面艇代替载人舰艇，执行侦察护航、小艇拦截、反潜探测等任务。美战略能力办公室（SCO）与海军研究实验室（ONR）联合开展的“海上集群”项目，核心是开发无人水面艇集群技术，验证无人水面舰艇开展不同任务时的情景感知和协同特性。“海上猎人”无人水面艇如图 1–7 所示。2016 年，美海军开展无人水面艇“鱼群”试验，在 16n mile^2（1n mile^2≈3.43km^2）海域内，5 艘无人艇成功实现自主探测识别、跟踪巡逻，整个控制回路无须人工参与；同年，波音和液力机器人公司联合开发的自主无人水面舰艇，在“无人战士”演习期间，成功完成 4 艘无人艇超长续航、组网探潜。在我国，2018 年春晚珠海分会场，81 艘无人船组成的船队协同表演，完成了集群队形保持、动态任务分配、队形自主变换等内容，惊艳世界。

装备性能参数	
长	40m
宽	12.19m
重量	140t
最大航速	27kn
续航时间	90 天
最大航程	7200km
抗浪等级	5 级

图 1–7 “海上猎人”无人水面艇

二是水下无人系统集群。近年来，对水下无人系统集群的研究取得重要进展，利用水下无人系统集群可执行反潜探测、识别、定位、跟踪、通信等多种任务。美“近海水下持久监视网”利用核潜艇搭载和布放固定式水下声呐、无人潜航器等，众多无人平台各司其职，形成集群，能对 1 万 km^2 水域内的潜艇进行数月乃至数年的探测识别、定位跟踪。2013 年，美国国防高级研究计划局（DARPA）开展了“上浮式有效探测”和“海德拉”两种预置装备研发，前者通过水面舰艇布放、多套系统组网，使相关设备可在 4km 深海中待机 5 年，需要时可远程唤醒，快速释放传感器、导弹等载荷，执行侦察监视和突袭打击任务；后者预置在近海，可搭载数个小型无人机和无人潜航器，在水下待机数月，需要时可唤醒，自主指挥负载集群执行反潜任务，该项目已于 2018 年完成试验验证。图 1–8 所示为 Orca 超大型无人潜航器。

装备性能参数	
长	15.5m
宽	2.6m
重量	50t
载荷	56.6m^3
最大航程	6500n mile

图 1–8　Orca 超大型无人潜航器

三是海上立体无人系统集群。美军一直致力于实现水上、水下联合作战，形成海上立体化的作战网络，以体系化作战力量较对手形成“代差式”作战优势，2010 年启动的“分布式敏捷反潜系统”项目，区分为深海、浅海两套系统。深海系统由固定式声学路径系统和移动式无人猎潜系统组成，先使用固定式系统大面积探测，后由移动式系统跟踪确认，可有效提升深海反潜效能。浅海系统由无人机和潜航器构成，由数十个无人潜航器与无人机组成的集群能够监视 18 万 km^2 水域潜艇的活动。2016 年，美海军“蓝鲸”–21 重型无人潜航器释放了 3 具“蓝鲸 – 金枪鱼”微型无人潜航器，后者与从潜艇上发射的“黑翼”微型无人机成功完成数据交换。2017 年“先进海军技术演习”，美海军成功验证无人水下指挥系统，可同时控制 8 艘大型自主无人潜航器、4 艘小型无人潜航器、2 艘无人水面舰艇、

1 架无人机，定位并攻击水下目标。

（四）网络“码群”

网络“码群”是指以网络系统为平台，在政治、军事、经济、文化多个领域，通过各种手段，削弱和夺取敌方对网络的控制权和使用权，进而影响敌方决策、意志和心理，破坏敌武器装备系统，保护己方网络控制权和使用权的攻防行动，是一种在“看不见的战场”上进行的“软”较量、“硬”毁伤。网络空间与政治、经济、社会、军事问题紧密交织，日益成为世界主要国家角力的重要战场，利益争夺和对抗较量激烈，呈现出“四个化”的总体态势。

1）网络空间治理对抗化。在网络空间国际规则缺失的背景下，世界主要国家纷纷角逐主导权。一是布局战略竞争。美先后发布《网络空间国际战略》《网络空间行动战略》《网络空间威慑战略》等文件，为谋求网络空间霸权全面布局，使网络战转入“独立作战”“全球集成作战”；俄制定《俄联邦信息安全学说》《武装力量信息对抗教令》等顶层战略，强调通过积极防御和先发制人应对网络威胁。二是抢占技术先机。随着科学技术的日新月异，科技创新浪潮正呈现出前所未有的速度、广度和深度，世界主要国家纷纷加大对人工智能、量子信息等技术的投入，设立专项资金、成立专门机构，意图掌握“改变游戏规则”、提升自身综合实力的“颠覆性技术”。三是强化网络管控。西方国家继续强化对其他国家的监控，“五眼联盟”发布联合备忘录，要求各大企业提供加密产品“后门”；“断网”“断开服务”成为各国网络管控重要手段。

2）网络空间角逐军事化。世界主要国家均将夺取制网权作为决定战争胜负的关键因素，竞相从战略高度谋划网络空间军事能力建设。一是加快推出作战理论。在“网络中心战”基础上，美军提出“定制网络威胁”和“算法战”概念，推出“持续作战”“马赛克”“多域作战”“认知战”等作战理论；俄则最早提出“军事技术革命”和“第六代战争”理论。二是加快成立作战指挥机构。网络空间作战以光速进行，其指挥关系的响应度、简易度和灵敏度至关重要，必须建立统管网络空间作战的指挥机构。2009 年 6 月，美国率先成立网络空间司令部，截至 2019 年，全球近 20 个国家和地区成立或拟成立网络空间司令部。三是加速组建专、强力量。美网络空间司令部 133 支网络任务部队小队已提前具备作战能力（其所有成员平均智商都在 140 分以上，也戏称为“140 部队”），据美防务专家评估，美共有 5000 名信息战专家，5 万~7 万名士兵涉足网络战。俄国家级网络作战部队组建于 1998 年，现有人数在 7300 人以上。

3）网络空间装备谱系化。目前，全球有 50 多个国家在开发网络武器，其中美俄已列装谱系化网络战武器，主要有 3 类。一是网络病毒武器。美军已研制出 2000 多种病毒武器，如“野蜂”“震网”“火焰”、逻辑炸弹等。2017 年，“永恒之蓝”勒索病毒肆虐全球，多个基础设施瘫痪，而这个病毒就出自美国的网络攻击武器库。俄拥有包括网络逻辑炸弹病毒和蠕虫、网络数据收集计算和网络侦察工具、嵌入式木马定时炸弹等先进的网络武器。二是综合性杀伤武器。当前美俄在研或已装配的电磁脉冲弹、动能拦截弹、次声波武器和高功率微波武器，均可对他国网络进行大面积攻击。美军“舒特”系统，集战场侦察、电子干扰、网络攻击、精确打击于一体，一般由电子战侦察机、电子战干扰机、多型战斗机组成，携带新型、远程、有源电子扫描阵列等，可通过协同协议完成对敌电子攻击和网络入侵，战力强大，难逢对手。其系统组成结构如图 1–9 所示。三是舆论引导武器。利用人数据，采用复杂网络、社会网络、舆情走势分析、网络拓扑等技术，使用公共卫生领域的传染病模型和社会观点动力学等科学方法，对网络舆论实施有效引导。如美英联合研发出的“马甲”，可用 1 台计算机在某网站同时拥有 10 个用户，通过虚拟 IP 扮演不同角色、使用不同语言在全球各大社交网站 24h 聊天、发帖或利用其他方式制造亲美言论。

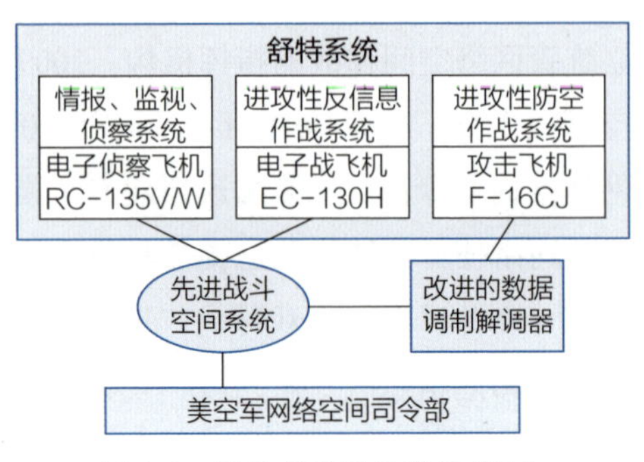

图 1-9　美军“舒特”系统组成结构

4）网络空间训练实战化。通过实战化训练提高网络战实战水平。一是建设网络训练靶场。战略层面，2008 年美国就展开“国家网络靶场”建设项目，目的是为网络作战提供虚拟环境，针对敌电子和网络攻击等进行试验，提高网战能力，维护美国网络安全。战役战术层面，各军种也陆续建设网络训练靶场，帮助提高部队维护网络安全的能力，2015 年，媒体发现美国陆军正在新建 1 个网络训练靶场。二是打造网络专业蓝军。美陆军网络战司令部已组建一支模拟敌人的“反方部队”，可在网上进行信息窃密、实施网络攻击、开展网络舆论战，全方位对受训部队进行锤炼。俄军也建立有类似部队。三是组织网络攻防演练。比较有代表性的有 3 类：一是“网络风暴”演习（见图 1-10），2006 年起每 2 年组织 1 次，模拟美国政府和军方遭到大规模网络攻击，美各组织协同应对；二是“网络旗帜”演习，2011 年 11 月组织首次演习，涵盖各军兵种网络战部队，此后演习人数逐年增加，形式从网络防御转向双边攻防对抗；三是“网络卫士”演习，2012 年以来每年组织 1 次，2015 年演习有 100 多个机构、1200 多人参加，涵盖美国政府关键部门、美军各军兵种和主要盟友。

图 1-10 “网络风暴”演习

二、按作战层级区分

（一）战略级

战略级无人平台主要是指可执行战略任务的各类无人装备。如图 1-11 所示的 RQ-170“前哨”无人机是洛克希德 · 马丁公司研制的一款长航时隐身无人机，主要担负战略情报收集任务。图 1-12 所示的 RQ-180“白蝙蝠”无人机是诺斯罗普 · 格鲁曼公司研制的一款长航时隐身无人机，主要担负战略情报搜集、监视、侦察和电子攻击任务。RQ-4“全球鹰”无人机（见图 1-13）是美国空军乃至全世界最先进的无人机，最大飞行速度可达 740km/h，可从美国本土起飞到达全球任务地点进行侦察，机上载有合成孔径雷达、电视摄像机、红外探测器三种侦察设备，以及防御性电子对抗装备和数字通信设备，主要担负战略情报搜集、监视、侦察和电子攻击任务。

战略级集群智能无人平台，是指以战略级无人平台为主体，以大规模无人平台管理与控制、多无人平台自主编队、集群感知与态势共享、集群协同任务规划、集群任务控制站技术等为支撑，可执行战略性作战任务的智能无人集群。例如，美国通用公司通过开发的地面站多机控制系统，已经完成单个飞行员同时控制 4 架“捕食者”无人机（见图 1–14）的飞行试验，达到人机比 1 ∶ 4。“海德拉”是美国国防部高级研究计划局（DARPA）战术技术办公室研发的一类无人值守、长期待机的水下作战平台族群，由若干种不同组成结构、任务载荷、功能作用的作战平台组成，可执行情报监视侦察、火力打击及后勤保障等作战任务。

装备性能参数

长	4.5m
高	2m
翼展	20m
最大起飞重量	3.86t
最大升限	15.24km

图 1–11　RQ–170“前哨”无人机

装备性能参数

长	21m
翼展	62m
最大起飞重量	51t
最大升限	20km
最大航程	33000km
续航时间	50h

图 1–12　RQ–180“白蝙蝠”无人机

装备性能参数

长	13.5m
高	4.6m
翼展	35.4m
最大起飞重量	11.61t
最大升限	20km
最大航程	26000km
最大速度	740km/h

图 1–13　RQ–4“全球鹰”无人机

装备性能参数

长	8.22m
高	2.1m
翼展	14.8m
最大起飞重量	1.02t
最大升限	7.62km
最大航程	3705km
最大速度	240km/h
续航时间	60h

图 1-14　“捕食者”无人机

（二）战役级

战役级集群智能无人作战平台主要指执行战役级作战的集群智能无人平台，如美军的“小精灵”研究项目。这种无人机“蜂群”可由 C-130 多用途飞机投放，迅速进入敌方上空，通过压制防空、切断通信甚至利用电脑病毒袭击敌人数据网络等措施击败敌人。按照 DARPA 的设想，“小精灵”项目的无人机“蜂群”成本相对低廉，即使损毁也不会危及任务或者造成严重的成本损失。“小精灵”无人机全尺寸模型如图 1-15 所示。小精灵”作战系统的最优性能目标为：大型平台能发射超过 20 架无人机，30min 内回收 8 架或更多无人机，成功回收率大于 95%，回收后再次发射的时间不超过 24h。

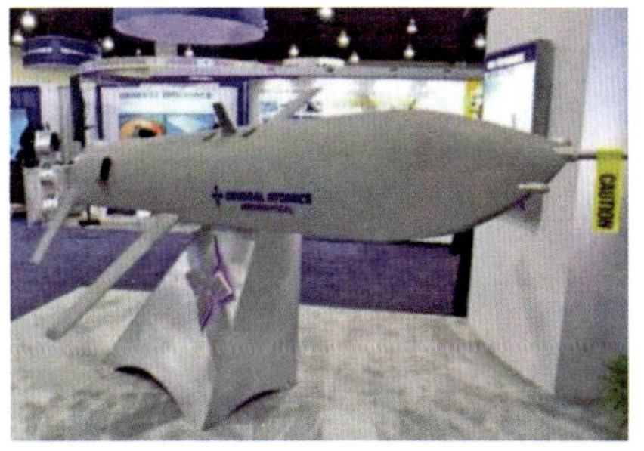

装备性能参数

长	4.27m
重量	320kg
续航时间	1~3h
作战半径	926km
载重	54.5kg
飞行速度	0.8Ma

图 1-15　“小精灵”无人机全尺寸模型

（三）战术级

战术级集群智能无人作战平台主要指执行战术级作战的集群智能无人平台。例如，恐怖分子曾使用 13 架载有爆炸物的无人机组成的无人机“蜂群”（见图 1–16），对俄罗斯驻叙利亚赫梅米姆空军基地和塔尔图斯港补给站进行突然袭击。这次袭击是恐怖分子历史上首次使用 GPS 技术、在 50km 外发动的大规模无人机袭击，属于无人机“蜂群战术”的简陋“首秀”。

图 1–16　无人机“蜂群”

（四）战斗级

战斗级集群智能无人作战平台主要指微小型无人集群，以单兵、小组使用为主，主要用于近距离作战。如我国某部生产的单兵可背负式无人平台集群，可同时发射 10 架无人机并由 1 名单兵控制使用，执行近距离分布式侦察、自杀式攻击等任务。

三、按任务功能区分

（一）侦察监视类

侦察监视类集群无人作战平台主要用于执行战场侦察监视、目标指示、火炮校射及毁伤评估等作战任务。例如“云雀”无人机（见图 1–17）是以色列埃尔比特公司研制的一款微型无人机，可携带昼夜间光学传感器和红外探测器，主要使用榴弹筒进行发射，主要担负战术级战场监视、侦察任务。“哨兵”无人水面艇（见图 1-18）是英国奎奈蒂克公司生产的无人水面舰艇，可携带微波控制链、昼夜高分辨率照相机、声呐、雷达、可选的光电传感器、化学传感器和环境传感器，可用于执行海上监视、侦察、战损评估等任务。2015 年，美空军在阿拉斯加“北方利刃”演习中，遥控 90 架微型无人机抵近目标区域，实施分布式协同侦察，快速获取目标信息，精准评估了大规模轰炸效果。

装备性能参数

载荷	10kg
翼展	1.5m
最大航程	10km
最大起飞重量	45kg
续航时间	1h

图 1-17 “云雀”无人机

装备性能参数

长	3.5m
宽	1.25m
最大航速	50kn
续航时间	6h

图 1-18 “哨兵”无人水面艇

（二）饱和攻击类

美陆军正在开发一个利用火箭弹发射无人机的打击连，对抗敌方一个装甲师的装备和战术，其设想为：用 M270 火箭炮发射一枚 273mm 的火箭弹，内部装载 10 架攻击型无人机，射程可超过 70km，若使用 ATACMS 战术导弹，则可装载超过 20 架无人机，射程达到 270km；每辆 M270 火箭炮车可发射 12 枚火箭弹，一次齐射可射出 120 架攻击型无人机，可攻击 120 辆坦克。美军一个火箭炮连有 9 辆 M270 火箭炮车，可发射超过 1000 架攻击无人机，形成无人机“蜂群”，理论上歼灭一个装甲师是完全可能的。2020 年 8 月 27 日，美海军宣布其正在开发可遂行攻防任务的高达 100 万架规模的“超级蜂群”。图 1-19 所示为 MQ-9A“死神”无人机，图 1-20 所示为“狼”-2 战斗机器人。

装备性能参数

长	11m
高	3.8m
翼展	20m
最大起飞重量	4.76t
最大升限	15km
作战半径	3704km
最大速度	482km/h
续航时间	30h

图 1-19　MQ-9A“死神”无人机

装备性能参数

长	3.7m
宽	1.7m
高	1.4m
重量	980kg
最大速度	70km/h
最大行程	250km
续航时间	168h

图 1-20　“狼”-2 战斗机器人

（三）防空反导类

无人“蜂群”具备侦察、干扰和打击的作战能力，利用我无人机“蜂群”对抗敌无人机“蜂群”，实施对称作战，将成为反无人机“蜂群”的重要手段。目前，外军正积极研发“格斗无人机”以对抗无人机“蜂群”。此外，各国还积极发展其他类武器装备用于防范无人集群攻击，如积极发展激光武器、微波武器等。因为小型或微型无人机基本无装甲，材料抗高温能力差，所以激光波束只需在无人机机翼或控制部位聚焦很短时间，即可改变其空气动力学特性，使其迷航或坠毁。美军在近期演习中，利用 1 辆安装了 2~3 瓦级激光器的“斯特赖克”轮式装甲车，击落了 735 架小型四旋翼无人机。微波武器相比激光武器，波束更宽、作用距离更远、受气候影响更小，便于火力控制，具备区域杀伤能力。微波武器能够破坏无人机的电子设备和通信链路，使其丧失作战效能，影响数据传输与处理。2013 年，美军使用“相位器”高功率微波武器进行拦截无人机“蜂群”测试，试验中“相位器”将飞过其微波波束的所有目标一并摧毁。图 1–21 所示为“天王星”–9 无人战车，图 1–22 所示为装有激光器样机的 MQ–9B“死神”无人机，图 1–23 所示为 JARI–USV 多用途无人作战艇。

装备性能参数

长	4.5m
宽	2m
重量	10t
续航时间	16h
最大遥控距离	3km
行驶速度	70km/h

图 1–21 “天王星”–9 无人战车

装备性能参数

长	10.97m
高	3.8m
翼展	20m
载重	2.23t
最大升限	15km
最大速度	482km/h
最大航程	5926km
续航时间	30h

图 1–22 装有激光器样机的 MQ–9B“死神”无人机

装备性能参数

长	15m
宽	4.8m
最大航程	500n mile
吃水深度	1.8m
最大航速	42kn

图 1–23　JARI–USV 多用途无人作战艇

第三节　集群智能无人作战的发展现状

近几年，集群智能无人技术不论在基础理论、工程技术还是在实践应用中，都呈现出迅猛的发展势头，世界主要大国在军用和民用领域展开了激烈的角逐。智能无人集群技术的广泛适用性，决定了其在军事领域的巨大应用价值。

一、国外集群智能无人作战研究现状

集群智能无人作战研究，美军起步最早、推进最快、项目最具代表性。早在 20 世纪 90 年代末，美国就率先提出无人集群作战概念，希望通过生物仿真计算模拟生物集群行为策略，按照去中心化方式实施管理，组织如同蜂群一样的无人机编队飞行，使大规模、低成本的小型无人机系统通过通信网络交互，实现集群侦察、打击、干扰等功能，用于未来反恐维稳、远程突防、战机护航等作战任务，以其规模优势给对方造成惨重的损失，并且还可以用于消耗对方诸如防空导弹等高价值武器。2000 年，DARPA 启动了无人机“蜂群”空中战役研究计划；2002 年，美国空军研究实验室（AFRL）对多无人机“蜂群”执行搜索、攻击、压制等作战任务效能进行研究，结果表明集群可以较好执行简单反应性任务。2013 年 9 月，美国防部以未来复杂多变的战场环境为背景，发布了《无人系统一体化路线

图（2013—2038 财年）》。该路线图全面勾画了未来 25 年无人系统的建设发展思路；以美国国家战略重心向印太地区转移为背景，把无人系统部署至反介入 / 区域拒止武器。2014 年 10 月 15 日，美智库新美国安全中心发布了《战场机器人Ⅱ：即将到来的蜂群》报告，首次提出“无人系统蜂群作战”概念，深入分析了“蜂群”作战的优势，并提出构建“蜂群”的建议。近年来，美军又提出“2025—2035 年形成反无人机‘蜂群’作战能力”的目标，开展了顶层设计和关键技术攻关，多个项目推进至飞行演示验证阶段。

目前美军典型无人集群智能作战项目，以无人机集群为主体，主要项目有“低成本无人机集群技术”（Low-Cost UAV Swarming Technology，LOCUST）、“小精灵”（Gremlins）、“山鹑”（Perdix）、“近战隐蔽自主无人一次性飞行”（Close-in Covert Autonomous Disposable Aircaft，CICADA）、“体系综合技术和试验”（Systems of Systems Integration Technology & Experimentation，SoSITE）、“进攻性蜂群使能战术”（OFFensive Swarm-Enabled Tactics，OFFSET）、“对敌防空压制 / 对敌防空摧毁”（Suppression/Destroy of Enemy Air Defenses，SEAD/DEAD）、“拒止环境中协同作战”（Collaborative Operations In Denied Environment，CODE）等。

美国无人水面艇集群研究主要演示验证无人水面艇集群的自主编队航行控制技术和协同任务能力。

美国无人潜航器集群重点研究无人潜航器与水下网络、潜艇协同作战相关的基础理论和体系架构。

美国海上无人集群跨域协同技术已成功演示验证了“无人机—无人水面艇—无人潜航器”海上无人系统跨域协同作战概念和“有人潜艇—无人潜航器—无人机”海上有人 / 无人协同作战概念。

美国反无人系统集群技术包括反无人集群电磁攻击类武器（反制信息劫持、通信定位信息干扰、假目标诱饵和强电磁脉冲武器）、新型反集群硬杀伤类武器（类铁穹等廉价反无人机导弹系统，传统防空导弹、炮弹的半穿甲或动能战斗部改为弹幕式破片群伤战斗部）、反集群激光武器（激光眩目、强激光烧蚀武器）。

美国的集群智能无人作战系统研究具有以下特点。

一是研究工作成体系。在开展自主、智能控制无人机、艇、潜航器等先进无人平台单体研究的同时，并行研究集群智能；面向“空中—水面—水下”立体空间和有人 / 无人协同，从集群智能理论到环境感知理解、自组网通信、综合态势预判等关键技术，再到演示验证项目，研究全方位覆盖；无人集群和反无人集群并行推进、相互促进、共同提高。

二是作战理论和装备技术研究联动。美国国防部制定和发布顶层发展路线图，各军种机关牵引顶尖高校和优势军工企业参与不同类别、不同层级的研究项目，作战概念、交战策略、杀伤链网等作战研究与集群算法、自组网、有人舰 / 机保障适配等工程技术相互牵引、相互推动。

三是机 / 艇 / 潜航器集群和跨域协同、集群反制研究各有侧重。美军无人机集群和反无人机集群研究立项很多、涉及面广，初级无人自主技术成熟、已初步应用于低烈度战场，空战无人僚机、自主空战集群等高端研究项目正在实施当中；无人潜航器集群研究项目设立较多，已取得一些成果；无人水面艇集群、海上无人集群跨域协同和反无人水面艇 / 反无人潜航器研究项目方兴未艾，仍属早期研究阶段。

四是器件、算法先行，通过核心技术突破支撑装备研制。针对全局性制约的小型低成本传感器、集群自组织自适应运动控制算法、低成本个体感通一体控制、集群互环境感知和数据融合技术、大规模集群任务协同规划技术等关键瓶颈，由美国 DARPA 先期发布的广泛机构公告（BAA）需求，广泛征集力量突破核心算法和元器件，然后与装备概念研制相结合，实现核心技术到装备应用的快速转化。

欧盟国家开展了关键技术研发。欧洲防务局于 2016 年 11 月启动“欧洲蜂群”项目，发展无人机“蜂群”的任务自主决策、系统导航等关键技术；英国国防部于 2016 年 9 月发起奖金达 300 万英镑的无人机“蜂群”竞赛，参赛的“蜂群”完成了信息中继、通信干扰、跟踪瞄准人员或车辆、区域绘图等任务。

俄罗斯、韩国等国披露了作战概念。俄无线电电子技术集团在 2017 年透露：俄未来战斗机可采取 1 架或 2 架与 20~30 架“蜂群”无人机协同作战样式，执行空空作战、对地打击、空中侦察等任务。韩国陆军也在 2017 年透露正以朝鲜的弹道导弹阵地和核试验设施为目标，大力发展无人机“蜂群”技术，首先用于侦察，后续用于打击。

二、国内集群智能无人作战研究现状

在无人机集群研究领域，我国的中国人民解放军国防科技大学、中国人民解放军空军工程大学、复旦大学、南京航空航天大学等高校开展了基础理论研究、作战仿真实验和无人机编队飞行演示验证，中国航天科工集团第三研究院开展了一定数量的无人机半实物仿真实验，验证了集群技术原理。

中国电子科技集团，2016 年 11 月在珠海航展上公布了 67 架规模的无人机集群编队飞行原理验证测试；2017 年 6 月，该团队公布了 119 架固定翼无人机集群飞行试验，演示了密集弹射起飞、空中集结、多目标分组、编队合围、集群行动等动作概念；2018 年 5 月，该团队扩大规模实现 200 架无人机集群飞行演示验证；2020 年 10 月，他们又进行了陆空协同固定翼无人机“蜂群”系统的相关试验试飞，与以往试验相比，这次进行了对地察打能力检验，被称为具有实用化的无人机“蜂群”检验。2022 年 12 月厦门恒远智能科技技术团队完成“小型炮射类风筝”无人“蜂群”测试，最大控制距离 80km、规模突破 300 架，机体飞行轨迹无规律，更难被探测捕获，更加廉价高效，被称为仿生无人平台与无人“蜂群”的完美结合。

国内无人水面艇主要集中在平台研制方面，集群研究尚处于理论方法及控制策略研究探索阶段。经了解，中国船舶重工集团、华中科技大学、珠海云洲智能科技股份有限公司（简称珠海云洲公司）等单位开展了相关研究，并进行了初级演示验证。

目前，我国无人潜航器研究以单平台为主，无人潜航器集群仍然处于编队航行、协同作战概念探索和水下组网通信等关键技术研究阶段；目前，哈尔滨工程大学正在进行 6~9 艘小型无人潜航器群组中继通信、动态组网、航行控制、群组指控、相对导航等试验。

无人集群跨域协同方面，我国也基本处于作战概念理论探索和关键技术研究阶段。2018 年春晚广东珠海分会场演示了数十艘无人水面艇、无人车、无人机组成的图案编队航行，演示了“海—陆—空”无人系统集群编队航行概念，但该演示不具有复杂环境动态适应、多种任务能力兼容等集群智能属性。

反无人集群方面，我国目前已有多家单位正在开展低慢小目标探测装备、廉价反无人机导弹、强电磁脉冲武器、电子干扰压制设备等相关武器装备的研制工作。

我国的无人集群研究目前主要呈现以下问题。

一是集群智能、集群控制等核心算法和基础技术掌握不足。我国无人集群研究总体来说水平较低，尤其是在底层的集群智能理论、集群控制算法等方面的研究缺乏独创性、引领性，大规模集群、海上跨域集群等演示验证项目较少，无人空战僚机集群等高端研究项目处于概念探索阶段。尤其是集群运动控制、集群交互环境感知、集群数据融合、集群任务筹划等方面高性能的基础核心算法和控制器件研究零散、薄弱，未取得系统性突破。

二是研究工作零散，不能形成完整技术支撑体系。无人系统研究项目主要围绕无人平台装备展开，除无人机集群飞行控制有项目支撑外，无人水面艇集群、无人潜航器集群、集群跨域协同和母舰（机）保障适配等关键技术尚缺少研究项目。

三是作战理论研究与装备技术研究脱节。无人集群作战、有人/无人集群协同作战等作战问题研究与杀伤链网研究、工业支撑技术缺少互动，存在脱节。

第四节　集群智能无人作战的优势和挑战

智能无人集群技术装备独特的技术优势和巨大的规模优势，相较于传统武器装备更能适应未来战争，表现出明显的作战优势。

一、集群智能无人作战的主要优势

（一）作战功能分布化

1. 分布式探测

分布式探测是将单个完备作战平台所具备的各项能力化整为零，分散到大量低成本、功能单一的作战平台中，系统的倍增效应将使无人系统集群具备远超单一平台的作战能力。广域分布的多平台能够相互协作、相互验证及融合判断，完成对战场目标的精准定位，提高整体探测能力。无人系统集群内各作战平台联网行动，能够实现平台间的数据信息共享，做到“一点发现、全网皆知”，为实现协同作战奠定基础。

2. 分布式生存

分布式生存使集群无人系统具有无中心和自主协同的特性，集群中的个体并不依赖某个实际存在的、特定的节点运行。在对抗过程中，部分随机个体的失能并不会破坏整个集群的功能完整性，集群仍可继续执行作战任务。

3. 分布式打击

分布式打击是在集群作战方式下，将侦察监视、诱骗干扰、火力毁伤、效果评估等紧密耦合、相互衔接的各项能力，分散到低成本、功能单一的作战平台中，形成大量结构各异、功能互补的个体单元，通过交互协作实现原本复杂的联合作战功能，对威胁目标进行灵活打击。防御方需要消耗数十倍甚至上百倍的成本来进行防御。

（二）作战效能增益化

1. 强大的战场生存能力

一方面，集群装备体积小巧、隐身性能高，敌方侦察设备很难发现，即使发现也很难及时有效摧毁；另一方面，由于广泛采用动态无中心自组网的技术，集群中部分装备的损坏，不会造成集群整体功能丧失，这是其拥有强大战场生存能力的根本原因。

2. 强大的环境适应能力

智能无人集群技术装备相较于人类士兵或有人直接操作的装备，更能适应高温、严寒、缺氧、危险地形等极端自然环境，也更能适应惨烈血腥的交战环境，能够不知疲倦、不感孤独、不厌其烦地连续作战。

3. 快速的战场恢复能力

集群装备成本低，便于大规模生产和储备。交战中一旦发生装备受损，可以采取快速补充投放或重新部署的方式，及时接替作战；也可以采取现场快速抢修的方式，继续投入作战，保证作战任务的尽快完成。

4. 强大的突防能力

由于集群装备强大的战场生存能力和相较于传统兵力的机动优势，其非常适合用于执行抵近侦察、火力突击、渗透袭击等任务，是坦克、步战车、攻击直升机、歼击机等传统突击力量的有力补充。

（三）作战行为智能化

集群智能是实现无人集群协同战法的基础条件（如图 1–24），集群表现出来的复杂行为是通过简单个体的交互过程凸显出来的智能，这使集群在适当的进化机制下可以实现单个智能个体无法实现的功能。集群智能化主要表现在以下方面。

1. 动态自愈合网络

无人系统之间形成的、具备网络节点动态变化且有一定冗余的集群网络，当个别节点损坏时，其具备自愈合功能。

2. 协同攻击与防御

高度协调一致地配合主平台发动攻击或动态实施外围警戒和威胁处置，其数量优势可以使作战目标的确认更准确，作战效果的评估效率更高。

3. 低成本、高度分散的形式

为实现不同的功能，可以采取一系列由大量分散的低成本系统协同工作机制完成任务，也可以利用混合搭配的异构优势迫使敌人应对多种不同类型的威胁。

4. 分布式感知与电子攻击

广泛分布的传感能力，使多平台可以相互协作、互为补充，无死角地完成探测与电磁攻击任务。

5. 诱骗

诱骗是指以数量优势达到虚张声势的目的，通过提高声波、可见光、电磁波强度等多种手段营造虚假军情。

6. 集群智能

发挥大量平台的集体智慧，采用诸如分布式投票、拍卖机制等群体决策方式解决问题。例如，作战目标的确定问题，可以通过大量平台各自发送对同一目标地理位置信息的判断信号进行分布式投票，得出的结果往往正确率更高。

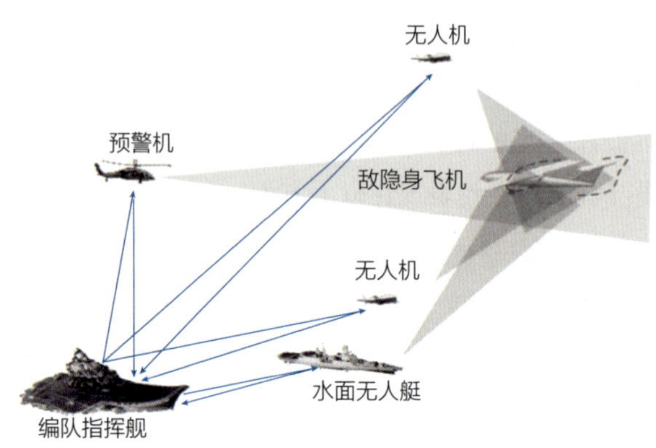

图 1-24　无人集群协同战法

二、集群智能无人作战面临的主要挑战

（一）战场运载投送能力的挑战

小型化的无人系统装备的战场运载投送能力有限。以无人机为例，亚声速飞行阻力主要是压差阻力、摩擦阻力和诱导阻力，摩擦阻力与主尺度平方成正比，诱导阻力与展弦比成反比，而飞行器质量与主尺度三次方成正比，因此，飞行器越小，其卡门 – 加布里埃尔运输效率越低。为确保小型“蜂群”无人机作战需求，正在研发如下新型技术：小型任务载荷和武器、母机 / 舰搭载战场前沿发射回收技术（类似“小精灵”）、小型无人机联翼组合分解变体飞行技术。此外，无人水面艇、无人潜航器也存在吨位越小则卡门 – 加布里埃尔运输效率越低的问题，导致运载投送能力不足，需要创新技术和战法、均衡大小与数量，用来研发可用的装备。

（二）高效费比复杂异构集群体系的挑战

为保证集群优势，需要大量无人机来组建体系，在总经费一定的情况下，就需要采用功能异构、大小参差的多种无人机构建复杂集群体系，以获得质优价廉的高效费比无人机作战集群。但构建复杂异构集群体系将增加协同指挥、组网通信等关键技术的研制要求。

（三）反无人系统技术迅猛发展所带来的挑战

为应对无人集群潜在威胁，各军事大国正在纷纷研制反制技术和装备，包括电磁攻击类武器（电子诱骗、电子干扰、高功率微波）、新型硬杀伤类武器（弹幕式破片群伤战斗部、廉价反无人机导弹）、激光精确杀伤武器等。为此，无人集群技术的研究必须与反制技术相互牵引、博弈论证，通过对抗式发展验证形成有效的攻防体系。

（四）作战理念难以跟上新兴无人集群技术的挑战

传统作战理念基于有人装备，尚未跟上无人集群、人机协同等新兴技术的发展。

第二章 集群智能无人作战的制胜机理

战争的确有几条基本原理，若是违反了它们，就一定会发生危险；反而言之，若是能好好地运用，则差不多总是可以成功的。

——A.H. 若米尼

制胜机理，就是战争诸多因素发挥制胜作用的必然过程和方式，也可以理解为打赢战争的内在规律和必然途径。制胜机理的核心影响因素是科学技术的进步。从冷兵器时代侧重于力量和人数的“力强制胜”，热兵器时期侧重化学能和热能的释放，机械化时代侧重机动和火力，信息化战争侧重信息，发展到今天的智能化时代，科学技术对战争的影响从材料对抗、能量对抗、信息对抗发展到智能对抗。科学技术对战争的影响，经历了一个由量变到质变并逐步加速的过程。随着 21 世纪信息技术的迅猛发展，以网络技术、人工智能、生物工程、纳米 / 微纳材料为代表的颠覆性技术广泛应用于军事领域，推动着现代战争形态的持续演变，战争面貌日新月异。从普遍规律上讲，集群式智能化作战实质上是以非对称优势取胜，具体制胜机理有以明压暗、以多胜少、以快打慢、以智克愚、以融制散、以精打粗。

第一节 以“明”压“暗”

克劳塞维茨曾经在《战争论》中用“战争迷雾”来比喻战争中普遍存在的不确定性。孙子曰：“知己知彼，胜乃不殆；知天知地，胜乃不穷。”刘伯承元帅言：“五行不定，输得干干净净。”定“五行”（任务、敌情、我情、时间、地形），知实情，把敌情、我情和战场环境等与战争制胜有关的情况掌握准、研究透，这是战争不变的制胜法则。过去是这样，现在是这样，未来打赢智能化战争还是要这样。在战争史上，以“明”压“暗”的战例不胜枚举。以色列对加沙地区哈马斯实施“铸铅行动”，由于准确掌握了战场和各类目标的详情，用极小代价取得了精确摧毁重要目标的巨大战果。阿富汗战争，美军的“蟒蛇行动”，由于情报不准，低估了塔利班人数和实力，整个作战持续了 17 天才艰难结束，被视为“美军作战失手的典型战例”。

历史上，为破解战争中的“迷雾”，部队运用人力间谍、技术侦察、航天探测和雷达探测、电子对抗侦察等各种手段，获取信息以求透过战场的“迷雾”洞悉对手的一举一动，为己方决策行动提供依据和预判。在智能化作战条件下，以集群智能无人作战为主的战争样式的侦、观、听、测等手段，使拥有优势的一方“知”的时效性、精准性和“知”的范围、“知”的手段、“知”的渠道等发生了众多变化。2020 年 1 月 3 日，美军空袭“斩首”伊朗革命卫队少将苏莱曼尼，情报信息的获取起到至关重要的作用，在行动期间美军对苏莱曼尼行踪掌握已达“分钟级”，在任意时刻掌握苏莱曼尼所在位置的情报机构平均达 5~6 家。

如图 2-1 所示，在具体的军事实践中，“迷雾”的破解一般分为四部分，可以形成一个完整的闭环，“情报需求—侦察监视—情报处理—态势呈现”。

智能化战争时代，环路的逻辑并没有被颠覆，但是战场情报感知的方式更趋向于以智能、无人和数据为驱动力的集群式、智能化，传统的有人情报感知体系将被颠覆。集群式、智能化情报感知驱除了传统有人战场上的“战争迷雾”，在多维空间战场上“蜂群”“蚁群”“鱼群”“码群”等集群式无人平台将直接遂行情报感知任务，作为主导因素的人在后方实施决策和适时干预。

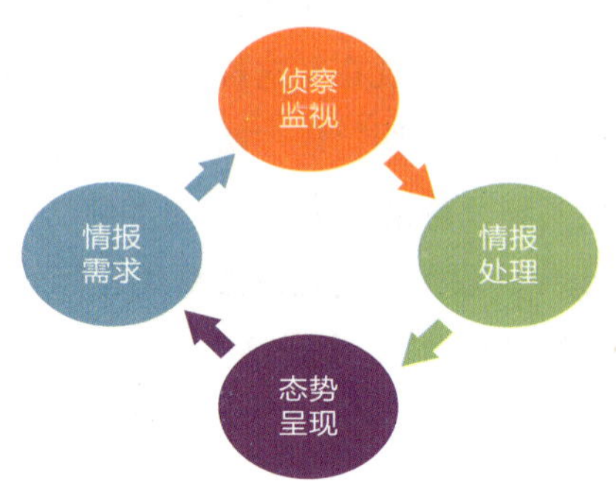

图 2-1　破解“迷雾”流程

一、全维渗透破解“侦察迷雾”

集群智能无人作战中，传统物理作战空间向深空、深海、深地等“新边疆”拓展；生物技术、认知技术等新技术的不断发展，形成新的对抗领域，催生出生物空间、信息空间、认知空间等新型战争空间。

物理域，把对手重要设施目标、装甲车辆、重要人物等物理实体作为侦察对象，一方面，在战场上快速部署各类“蜂群”“蚁群”和“鱼群”等集群无人智能感知节点，除在传统的作战空间自主感知收集情报外，还可以在极端环境，人所不能达到或长时间活动的作战空间全天候自主感知收集情报；另一方面，通过智能“码群”打通网络协议“堵点”、数据格式“壁垒”，统合传统电子、卫星、雷达、航空和谍报等手段，将传统手段赋予更强大的侦察感知能力。传统与智能化共同构建立体多维和功能互补的侦察网系。

信息域，把对手网络拓扑、数据库、算法、信息流等作为侦察对象，在赛博网络空间使用“码群”侦察软件、算法，渗透进入对手各种网络节点、信息枢纽、数据机房，获取敌方虚拟空间态势，寻找其信息体系弱点漏洞，从信息算法上摸清对手动态。

认知域，把对手的意志、信念、思维和心理等作为侦察对象，在物理域和信息域的基础上，突出算法优势，将对手认知域暴露在我方面前，借此保持我方认知优势、攻击敌方认知劣势，开展认知领域对抗，实现“攻心”之战。

总之，集群智能无人侦察，能够全方位感知战场，拨开战争迷雾，快速实时形成覆盖全、容量大、情况准的战场态势图，为高效组织指挥作战行动提供实时、可靠、准确的信息支撑。正在开发的人工神经网络技术，包括多层感知器、反馈网络、自适应映射网络等，可以解决合成孔径雷达图像中军用车辆的检测和识别问题，实验表明，利用神经网络技术进行目标识别时，对 T-72 坦克和 BMP-2 步兵战车进行分类的正确识别率为 94.83%，对 T-72 坦克和 BTR-70 装甲输送车进行分类的正确识别率为 98.19%。集群智能无人技术与人工智能技术的结合，还将推动“广域、长时侦察”等情报搜集新技术的实现。

二、智能处理洞穿“数据迷雾”

智能化战争中战场情况异常复杂，多维战场空间日益扩大，各种信息量剧增，真假交错，真伪难辨，充满了不确定性，同时作战的节奏明显加快，样式转换更加频繁，战场态势瞬息万变。侦察情报信息、导航制导信息、指挥控制信息、体系支援信息及支援保障信息等海量数据，体量巨大、真假难辨，形成“数据迷雾”。穿透“数据迷雾”，创造战机，夺取数据优势是赢得作战的前提。

在阿富汗、伊拉克的战场上，美军的情报、侦察和监视系统每天获取的情报信息数据量高达 53TB，与 5 年前相比，情报搜集能力提高了 15 倍，为赢得战争胜利提供了有力的支撑。但与疯狂增长的数据量相比，信息处理速度几乎没有增长，强大的情报搜集能力与相对滞后的信息处理能力形成巨大的反差。美国国防部情报局局长、空军中将杰克·沙纳罕称:“谈到情报、监视和侦察，我们有比国防部历史上任何时候更多的平台和传感器。这些平台和传感器产生了海量的情报数据，但我们却无法充分利用。”这些问题的产生，主要是由于信息处理能力水平提升与情报量增长不相适应。美军在 2021 年 6 月 23 日表示，五角大楼已经启动“人工智能与数据加速”计划，“确保所有数据都是可见的、可访问的、可理解的、可连接的、可信赖的、可互操作的和安全的”，国防部必须“将数据视为战略资源”。为此，美国国防部正在组建作战数据团队，这些团队将派往 11 个作战司令部，帮助各司令部快速整理、分类、管理数据，为指挥决策及时提供所需信息。另外，美国国防部还计划组建由技术专家组成的技术团队。该团队通过集成人工智能技术，实现工作流程的简化 / 自动化，协助作战指挥。此外，该团队还将构建在真实作战场景中进行评估的能力。上述技术团队收集的试验数据 / 演习数据信息有助于帮助美国国防部实现基础网络更新，确保美军在跨域、多国作战环境中，提升全面作战能力。美国国防部还将根据数据法令开发先进的数据管理平台。这些平台将采用开放式数据标准架构，能生成可扩展、可测试、可重复使用的工作流，这将促进跨领域、跨兵种的数据试验与开发。2021 年初，美海军为了进一步压缩杀伤链周期，提升战场环境评估、主动威胁识别和预测能力，正积极寻求利用人工智能技术提高对战场数据的比较分析能力，以应对不断增长的战区威胁挑战。为此，美海军发布小型企业创新研究（SBIR）招标文件，希望开发基于现代大数据分析技术的智能地理空间数据分析能力，具体功能包括数据与样式信息分离、鲁棒的插件式表征分析及表格表示法等。这些分析功能得出的结果将录入海上战术指挥控制（MTC2）项目生成的通用作战图中。

数据的使用遵循“存储—挖掘—使用”三个步骤。

（1）构建可支撑战场态势感知的存储结构。利用数据增强战场态势感知能力，首先要对能够用于支撑战场态势感知的大数据进行界定和明确，并进行标准化、格式化处理。通过感知终端和网络获取数据后，只有经过一定的筛选和处理，这些初始获取和收集的数据才有可能用于支持实时的战场态势感知、作战计划制定、作战行动调控和战后评估分析。这种处理的目的主要是使初始的战场态势大数据既能与各种感知终端和信息通信网络的传输与处理能力相适应，保证其在战场网络信息体系内流转，又能确保其本身具有价值和精确性，从而满足联合作战指挥和行动对战场态势感知的差异性需求。

（2）拓展可实现战场态势感知的大数据来源。实现基于大数据的战场态势感知，必须有全面、准确、有效的战场态势数据来源。战场态势数据来源主要有战前的准备、战时的采集以及对隐性数据的深度挖掘。此处以战场态势基础数据战前准备为例进行说明。战场态势基础数据准备主要是指在作战准备阶段，借助已有的各种情报和数据资源而获取和掌握的基本作战数据，包括地理信息数据、电磁环境数据、敌我编制装备数据、各类作战行动模型数据及战前态势数据等。完成基础数据的战前准备，应主要考虑以下方面：一是各种情报信息的数据化处理，对现有文本、图表、图形、图像、视频等情报信息进行数据化处理，形成基础作战数据，构建战场态势初始数据库，此项工作可以在平时进行，也需要在战前进行应急处理；二是战场态势基础数据的比对整理，剔除冗余错误数据、调整更新过时数据、补充完善缺漏数据；三是战场态势基础数据处理分析，对所有的态势数据逐一明确其表征维度、粒度、更新周期，并根据现有分析结果建立关联关系，形成战场态势初始关联图谱；四是完成战场态势基础数据的初始部署，将相关态势数据分门别类地部署到联合作战各级各类指挥席位和战位，从而形成基础作战视图。

（3）**优化可共享战场态势感知的大数据利用。**利用大数据增强战场态势感知能力，必然要通过科学合理的战场态势数据分发和利用实现。考虑到战场态势数据的超大容量、多元结构、流转时效要求以及战场网络信息体系的有限带宽、用户的个性化需求等复杂情况，在分发和利用态势数据时，既要关注战场态势数据的具体内容，也要关注战场态势数据的分发和利用方式。

三、数据可视化洞穿“态势迷雾”

人可以走出战场，但是人永远不会远离战争。未来无人对抗作战，人在作战链条外，战场上将呈现智能化无人平台直接对抗的场景。但同时，人也在作战回路上，人依然是战争的核心要素和关键环节，是主导和干预无人对抗作战全过程的关键环节。因为再智能的无人武器平台，也不能完全准确地领会决策者的意图，更不能脱离人的意志和控制肆意实施作战。同样，再优秀的指挥员也不能对各种无人平台的作战指令精确掌握。人与无人作战平台之间需要一个善解人意的“秘书”。可视化技术堪当重任，能够在人与无人武器之间搭建一个智能友好的可视化交互平台，破除“态势迷雾”的束缚，为指挥人员精准指控无人对抗作战提供支撑。

人在链路外，数据可视化让战法变活。无人对抗作战中，处于战场前沿及纵深的作战主体主要是各类无人武器平台及其作战体系。届时，人将在远离前线的大后方实施决策、指挥和控制活动。但是战局瞬息万变，高度智能的无人作战平台能够敏锐地捕捉千变万化的战场态势，自主规划行动路径和规避风险，智能设计作战方式。然而，指挥员收到的可能是一堆不可理解的代码，或杂乱无章且数量规模庞大的数据，甚至是某种格式的残缺文档，即便是运用“云大脑”高效处理，呈现在眼前的也是一些只有专业人员才能读懂的数据信息。数据可视化技术如同电脑的操作系统，能够将这些数据信息以可视化的方式表达和显现，并提供友好的互操作界面。即便是远在大后方的指挥人员，只需要点击鼠标、按下按钮，就如同玩军事游戏一般，便可以通过界面窗口显示的战场可视画面身临其境地感知战场、精准指挥、适时干预，高效地将意图赋予无人平台，灵活地指挥无人作战平台实施无人对抗作战。数据可视化技术将人的创造性与机器的精准性完美结合，极大地将人脑从繁重的数据分析和计算中解放出来，使无人对抗作战不再拘泥于技术碰撞，而使指挥员能够更多地关注对无人武器平台战术战法的灵活创新和运用。

人在回路上，数据可视化让决策更精准。千百年来，在以往的战争史上，军事指挥员对谋略制胜一直无比尊崇，“以弱胜强”“以少胜多”“以劣胜优”是古往今来优秀将帅不懈奋斗的目标，是军事界学习的经典。时间的车轮滚滚向前，在技术定义战争规则、技术颠覆战争形态、技术创新战争样式的今天，作战进程不断加快、战场数据指数飙升，这些都将进一步挤压在模糊中顿悟的谋略空间，战争需要更加精准的设计、精细的筹划和精确的指控。

进而言之，无人对抗作战胜败的关键不在于数据多寡，而在于能否快速高效地提取有用的、关键的数据信息，科学正确的决策，以及快速精准可互操作地精准指挥控制。因此，运用可视化技术，在实现数据可视化呈现的基础上，通过可视化操作界面精准设计、精细筹划、精确指控（指挥控制）无人对抗作战，是关乎无人对抗作战的制胜关键。

在该领域，美国已经走在了前列。美国国防部近几年不断资助相关机构研发大数据挖掘分析系统及相关技术，其目的就在于打造“数据加工厂”，生产精准、优质、高能的数据，而不是海量、离散、无效的数据。例如，美陆军采用开放式体系架构构建的 EWPMT 软件就是一款典型的可视化指控软件，能够实现电磁频谱的全面可视化，提升指挥员战场态势感知和电子战任务规划能力。

第二节　以多胜少

当敌我双方技术未能达成隔代式碾压优势时，战争反而又回到了它本来的模样。马克思认为，战略的奥妙就在于集中兵力、以多胜少；列宁指出，在决定时机和决定地点拥有压倒优势，是取得军事胜利的规律；毛泽东作战指导思想的核心是“集中优势兵力，各个歼灭敌人”，强调“击溃其十个师不如歼灭其一个师”，这是中国人民解放军在战争年代战胜敌人的一条公开秘诀。即使是强大的美军，也把在关键的时间和地点集中足够的兵力兵器，列为赢得战斗胜利的先决条件。以多胜少，重要的是敢于在主要方向、重要地域和关键部位集中兵力兵器，形成足以胜敌的力量优势。通过战役战术的胜利积累，逐步改变战略形势，赢得战争全局的优势和主动。不同时代的战争，以多胜少的要素有所不同，但通过将优势效能集中作用于敌关节要害，这一制胜机理没有发生根本变化。在智能无人时代，数量的优势全面主导战争的进程，“蜂群”“蚁群”“鱼群”“码群”等群组式作战手段涌现，将直接改变现有的作战样式。“以多胜少”表现为不再通过事先在主要作战方向和重要地区调集较多数量的兵力兵器实现聚优克劣，而是基于实时更新共享的战场态势，动态聚集兵力、火力、信息等多种作战手段的综合战斗效能，直接作用于敌方体系的重要目标和关键节点，从而实现聚优克劣、重点用兵的作战效果。传统部队在战场上的情报信息侦察获取能力有限，指挥决策与协调控制的周期相对较长，部队的战场机动能力较弱，因而，军队在战场上作战必须通过在主要方向、重要目标和区域，预先调集较多数量的兵力、兵器，在战场某个方向和局部地区上形成对敌的静态优势，实现以强击弱。而在集群式智能化作战中，由于各无人力量单元、作战要素基于指挥控制网络实现了无缝联结融合，其对战场的侦察感知与预警探测能力，对所属作战平台及行动的指挥决策与协调控制能力，以及对所属兵力、火力、信息力等作战力量的实时机动能力均极大地增强，作战中无须通过对兵力兵器的预先调集与配置实现力量的集中，而是更加注重各自战斗效能的综合发挥，即疏散配置在战场上的各作战力量单元与作战要素可以通过信息网络系统实现力量的“虚拟”集中；另外，由于信息化战场上部队从发现目标、指挥决策到分队行动的时间周期大大缩短，作战节奏明显加快，作战力量的集中更加注重时效性，传统作战中的预先静态编配已不适应信息化条件下的作战需要。因此，传统作战中的“以多胜少”机理便发展为智能化无人集群条件下的“以多胜少”机理。智能化无人集群条件下的作战将从传统的集群歼灭战向全域消耗控制战转化，大型武器平台将面临小型化、低廉化、隐身性集群系统的非对称攻击威胁。微小型纳米机器人可轻松越过多重监控和障碍，对敌指挥控制中枢和敌方领导人实施精确侦察、控制和“点杀”。无人潜航器等水下兵器，可组成集侦察监视、干扰压制、快速突击、战场评估等功能于一体的自主作战系统，成功躲过敌人“耳目”，实时掌握敌目标动态，从水下向空中、海上、陆地投送兵力，对敌多域目标实施高机动分布式打击。

在集群式作战样式中，执行具体战术任务的作战集群都是无人化装备，关键在于如何实现人机灵活交互，使无人集群可以在一名操作人员的管理下完成识别、交流、攻击等复杂任务，实现有人平台对无人平台“一对多”的操作，并能使无人集群具备在复杂电磁环境中执行任务的能力，降低对手的介入干扰程度。机器人、人工智能和移动通信网络等支持自主无人系统的底层技术的迅速发展，将促使更多种类自主无人系统的产生，同时使其向系统更小、成本更低、能够实现云操作的方向发展。日趋成熟的传感技术、标记技术、跟踪技术、定位功能及其他情报监视与侦察技术的发展，加速了自主无人系统在战场上的实战化运用。由于自主无人系统具有很强的自主认知能力，因此可以实现战场力量、单元和要素之间的自主交互和快速联动，在复杂战场环境下，能够通过单机情报信息的实时共享与交互，进行任务执行的调整、自主控制的迭代，以快速适应战场环境，合理规划作战路径，高效完成作战任务。

一、智能化技术加持，数量之多带来更多战力提升

集群式智能化作战的出现并非偶然，而是在智能化技术拓展下的必然选择。依靠飞速发展的人工智能、大数据、云计算等新兴领域的科技加持，无人作战的数量堆叠可以突破原有的异构制约，在先进的核心算法支撑下，呈现“1+1>2”的实战效果。“集群消耗战”孕育而生，它是基于大规模微型机器智能体的自组织集群作战，具备自组织、相互协同、合力攻击目标、低成本高效益、抗毁顽存性极强等特点，无人集群可以实现“区域全覆盖”式抵近侦察，进行自主干扰、欺骗并充当诱饵，实施分布式协作攻击，共同机动、联合制敌。由成千上万无人平台混合编组的低成本无人集群，针对瞬息万变的战场态势和不同作战目标实施自主协同作战、开展分布式杀伤与饱和式攻击，最大限度消耗敌方高价值防御体系，把战斗力分散到更多平台，增强受损恢复力和整体突防力，使对手猝不及防并无力还击，大幅提高防御成本，分散抵消其作战效能，以极小代价达成最大作战效益。目前，DARPA 启动“小精灵”项目，开展有人 / 无人协同作战演示验证，以 C–130 为“空中母舰”释放并指挥无人机“蜂群”作战，可以在对抗空域中重复使用 20 次。2018 年 1 月 5 日，俄军在叙利亚战场成功截获并控制 13 架来袭小型无人机中的 6 架，摧毁 7 架，标志着“蜂群”作战已经从概念发展到实战探索阶段。不论是有人 / 无人协同作战，还是未来真正意义上的无人作战，数量的增加并非毫无节制，其堆叠上限取决于智能化系统呈现

的算力峰值。一旦超出算力支撑区间，数量的增加不仅不能带来战力的提升，反而容易出现相互制约，干扰各项力量聚合的情况。未来智能化无人作战中的数量制胜，体现的不仅仅是传统的兵力规模，还有作战规模背后加持的技术。未来智能无人作战的战力衡量标准是可供系统配备使用的“有效”数量。

二、效费比优势突出，数量之多赋予更高战术价值

无人作战武器出现最大的优势便在于其超高性价比带来的作战先机，其本身的廉价成本决定了在防御手段没有取得颠覆性创新前相当长的一段时间内，攻防之间必然存在或多或少的代价差额。防御一方如果没有一个高效而廉价的应对途径，即使一时防御成功，实际也需要承受更多的消耗代价。在防御体系继续生效和被摧毁瘫痪之间存在着一个浮动阈值，而一旦防御体系被破坏，将难以继续形成有效的防御态势，剩下的只能是单方面的屠戮。对于进攻一方而言，如何快速达到这个阈值，最简单有效的方式便在于在可控范围内尽可能增加攻击点数量，以更大代价差额的出现加速推动战势发展，以数量优势产生更高战术价值。单个无人平台个体载荷小，一旦形成规模，即可大幅提升其功能的复杂度和破坏力强度。如“蝉翼”无人机，可以携带天气、温度、湿度、气压传感器或声学探测、生化探测等微型电子设备，由空中平台“撒放”，降落地面后通过数据链互联成网，在指定区域形成稳定的“无人探测蜂群”。无人机集群所产生的积累性作战效果，使扩大集群规模成为基本的作战需求。

2020 年 8 月 27 日，美国海军宣布：正在开发可遂行攻防任务的数量高达 100 万架规模的“超级蜂群”。美国海军无人机战术专家艾萨克・卡米纳表示：“虽然百万架规模无人机‘蜂群’可能还需要一些时间，但万架无人机规模的‘蜂群’攻击即将来临。”无人

机“蜂群”的数量规模还可以有效增强整体上的抗毁能力。无论由于什么原因损失10架或20架无人机，对于一个千架无人机的“蜂群”而言影响不大。对于上万架无人机构成的“蜂群”，损失数百架也微不足道，不会显著影响作战效果。

三、即时性战果确定，数量之多有助战场速决制胜

集群式智能化作战突出的特点之一必然是系统节点的星点式机动分布，以去中心化编组预防精确制导武器毁瘫要害目标。预警探测、广域监视、前沿侦察、电子对抗、饱和攻击等作战功能需求，需要承载不同功能任务的无人作战平台构成集群。多军兵种一体化联合作战的形式要求，决定了在同一个“蜂群”中，不仅要有陆上的机器人和无人战车，要有海上的水面无人舰船和水下无人潜艇，还要有空中的无人机。在实战中，必须根据作战任务的不同性质和规模，决定组成“蜂群”的无人机种类和数量，以构建适应任务需求的体系化“蜂群”。至2019年年底，俄军已装备超过2000架侦察无人机。目前，俄陆军部队每个旅或师级单位均编有无人机连，俄海军北方舰队编有无人机团，俄空降兵部队也装备大量无人机。

若对抗双方技术水平差距不明显，一方网络攻击不足以实现全面的网络压制，所谓战场上的情报侦察优势也就无从谈起。对于众多可疑的节点目标，必须通过饱和式攻击试错才能在众多虚假目标中找到真正的关键节点并加以摧毁，这种毁伤方式必须依托于众多单体的精确打击，同时亦需要更多的攻击点位才能在对方实现节点调整流转之前形成有效杀伤。集群式智能化作战首战即决战的特点将会进一步突出，一方防御体系如果出现重大损伤，无力拦截而导致敌突击力量长驱直入实施有效打击，只会形成多米诺骨牌式坍塌效应，最终演变为整个战场的全局失利。

第三节　以快打慢

“以快打慢”，揭示的是时间、空间因素对战斗进程和结局的影响规律。时间、空间是战斗的载体，是战斗赖以生存的外部条件，两者都对战斗进程和结局有着直接而重要的影响。从战争实践看，“兵贵神速”就在于可以达成出其不意、攻其不备的效果，可以最大限度地减少战争代价，可以给对方造成强烈的心理震慑。兵贵神速，一直是古今中外兵家奉行的作战制胜要诀。中国古代兵家反复强调的“兵贵速胜”、恩格斯关于“军队在运动中要比停驻时有 4 倍的价值”的论述，美国前国防部长科恩“以往的作战哲学是大吃小，今天的作战哲学是快吃慢”“抢占先机从来就是美军的不二战略”等形象描述，都精辟地概括了军队行动速度、机动能力对作战胜利的重要意义。历史上，“神速”是以时、天、周、月甚至年为单位来计算。古人也想“日行八百里”，但没有能“日行八百里”的工具。在智能化条件下，由于有了新动力的机械化平台，加上信息化的“眼睛”“耳朵”“鼻子”，辅以“智能化”的“脑子”，“神速”有了坚实的物质基础；因此，战场上往往是以分、秒为单位来计算时间，“秒杀”成为现实。纵览战史，从元朝成吉思汗率领蒙古铁骑快速横扫欧亚两大洲，到第二次世界大战初期的德军“闪击”欧洲多国，再到朝鲜战争时期我志愿军某师的“三所里穿插”等典型战史战例，无不因高度的快速机动性而著称于世。智能化战争中，不但作战手段、作战样式更加多样，而且“速度”由于嵌入了信息、网络、人工智能等高科技内涵，因而无论在物理空间还是虚拟空间，都已成为作战制胜的重要“砝码”。作战行动节奏空前加快，“发现即摧毁”使战争正在走向瞬时战争或“秒杀”战争，某种程度上具有一战定结局、初战即决战的特征。“兵”的“神速”，首先取决于投送工具的“神速”，这是物质基础；其次取决于“将”的神速，战略决策快、战役指挥快，才有作战行动的快，这是主观能动作用，二者缺一不可。但在物质基础一定的情况下，主观能动作用是决定性的。“9 · 11”事件爆发后，美军陆续开打两场战争，并且在军事上都以胜利告终，一个重要因素是战略筹划和作战指挥效率极高。从有关资料看，“9 · 11”事件爆发的第 10 天（9 月 20 日），美军中央总部司令就完成了打击阿富汗的作战行动方针并向总统汇报。2001 年 10 月 7 日，美国发动阿富汗战争，仅 86 天就推翻了阿富汗塔利班政权。可以说，这场战争的军事行动之所以取得如此效果，在很大程度上是因为战略决策和作战指挥上的边筹划、边部署、边展开、边行动。

智能化战争的作战中，战略、战役、战术各个层次，参战的诸军兵种之间，以智能化网络化指挥信息系统为支撑，人机高效协同、灵活自主作战成为基本趋势，速度成为制胜的核心要素。敌对双方相互较量，看谁能更快、更好地完成“观察—判断—决策—行动”（OODA）循环，速度制胜的关键是先于对手完成 OODA 循环，先于对手采取有效行动，让对手始终处于“观察—判断”或“观察—判断—决策”的死循环之中，而无法做出决策或实施作战行动。集群式智能化作战将高端性能系统的优良特性与小规模平台具有的小体积、高灵活性相结合，根据作战任务需求，快速组合形成多层嵌套的 OODA 循环网络，提高整个作战体系的作战行动速度和效率。其广泛分布的智能决策系统，可以根据任务需要，先于对手决策，干扰对手 OODA 循环中的判断环节，降低对手决策的质量和速度。

一、反应快，夺取先机

集群式智能化作战依托深度战场态势感知，借助大数据、云计算、人工智能和建模仿真技术，能够对海量战场信息进行精准分析研判，实现作战指挥由“以人的经验为中心”向“以数据和模型为中心”的智能化决策方式转变，作战筹划更加科学高效。分布式指挥信息系统确保各级指挥员在云网内实时进行信息共享、同步研判、交互指挥、及时纠偏，指挥决策流程不断优化，指挥控制精准瞬时。

美海军陆战队《2017 无人机侦察下的隐蔽伪装标准作业程序》中指出，现代战场上“被发现即等同于被锁定，等同于被歼灭”。在武器装备攻击性能几何式增长的今天，最好的防护就是隐蔽，性价比最高的防御莫过于伪装。随着各种无人装备性能的不断提升，它们在侦察领域的优势亦越发明显，在技术水平相差无几的对抗当中，所掌握的情报信息总量理应近似，也就几乎不会出现单方面的情报透明。此时的反应速度更多体现在情报处理速度，亦取决于指挥决策速度。利用更少的时间甄别有效情报信息，以更快的速度制定科学行动方案，快人一步便能占据主动，夺取先机。

2016 年 6 月，在“阿尔法围棋”（AlphaGo）诞生仅 3 个月后，美国辛辛那提大学公布：该校开发的一套人工智能系统“阿尔法”，在空战模拟对抗中，指挥仿真战斗机编队，击败了有预警机支持、有着丰富空战经验的美国空军退役上校。“阿尔法”在空中格斗中调整战术计划的速度是人类的 250 倍，从传感器搜集信息、分析处理到做出正确反应，整个过程不超过 1ms。“阿尔法”的核心技术为遗传模糊算法，它可以在与人类飞行员的无数次对抗中学习人类指挥决策经验，逐渐达到并超越人类水平。“阿尔法”可以同时躲避数十枚导弹并对多目标进行攻击，还能协调队友观察学习敌方战术。该技术是人工智能在指挥控制领域的重大突破，将会引发指挥控制领域的革命。

二、机动快，抓住战机

不论在古代还是现代，“快”始终是谋求胜利的核心要义。因为快，才有了霍去病 6 天急行 1000 多里，凭 800 轻骑斩杀匈奴 2000

余人一战封侯；才有了德国“闪击”波兰，仅伤亡3万余人便促使波兰1个月亡国；才有了以色列14架轰炸机远程迂回、长途奔袭，仅用2min便将伊拉克一座4亿美元的核反应堆彻底摧毁。集群式智能化作战同样如此，无论是空中“蜂群”突击，还是地面“蚁群”奔袭，一经发动便不达目的誓不罢休，没有感情的牵扯，没有生理极限的制约，精准找到起始与目标之间最近的那条路线，达成目的，快得果决干脆，令敌来不及反应，这就是无人作战最大的优势所在。依托智能化作战系统，指挥员针对战场环境变化自适应调整选择行动方式，无人作战由单平台遥控作战向多平台集群自主方向发展，形成“指挥员—作战集群”的简易指挥链，彰显人机协同的快速灵活自主特征。“会思考、能辨析、强隐身、高机动、打得准”的智能化武器系统在广域战场感知网络支撑下，能够自主搜索、发现、识别和攻击目标，实现敏捷性“察打一体”，发现即摧毁。交战双方谁能缩短从方案计划到行动实施中间的距离，更快跨越其中的障碍，谁便掌握了速决制胜的关键。

三、补充快，锁定胜机

战争并非简单的加减乘除，我们无法从表面的军力规模判断最终的战争结果。人民战争将传统战场中快速力量再生能力的重要性体现得淋漓尽致，在未来智能化战场无人作战中，这种再生能力依然重要。未来，它或许将体现在两个方面。一是快速的力量生成能力。未来的无人作战无须人类直接参与，有效规避了培育一名合格的参战人员所需的大量时间。这使交战过程中的力量再生成为可能，以3D打印技术为例，当前已经可以实现多种弹药、武器零件，甚至小型无人机的快速生产，一旦运用到无人武器装备的生产中，便可以极大地增强后续增援力量的持续补充能力，提升部队空中作战的实力、再生能力和韧性。二是快速投放重新加入战场的能力。就空中而言，无人机通过短距起飞、垂直起飞、携挂抛射等多种发射方式可以大大减少对机场跑道的严重依赖。地面之上，美军研制的骡子无人地面装备采用柴油、电力混合驱动，在摇臂式独立悬吊系统支撑下，可以适应多种复杂地形，顺利通过或攀爬各种地形障碍，具备高超的机动性能和良好的战场隐身能力。未来各式无人系列武器完全可以通过性能优势，实现快速的战场介入，从而一举改变现有战场局势。

第四节　以智克愚

“智能主导者胜”，揭示的是交战双方技术水平对作战进程和结局的影响规律。不同时代、不同战争形态，战场生态系统是不一样的，作战要素构成、制胜机理也完全不同。机械化战争是平台中心战，核心是“动”，主导力量是火力和机动力，追求以物载能、以物释能。作战要素主要包括人、机械化装备、战法等。制胜机理主要表现为以人为主导的决策，基于机械化装备作战运用的以多胜少、以大吃小、以快制慢，全面、高效、可持续的动员能力。信息化战争是网络中心战，核心是“联”，主导力量是信息力，追求以网聚能、以网释能。作战要素主要包括网络信息、人、信息化装备、战法等。信息贯穿于人、装备和战法之间，建立“从传感器到射手”的无缝信息连接，实现体系化网络化作战能力，以体系对局部、以网络对离散、以快制慢，成为取得战争胜利的重要机理。信息围绕人起到辅助决策的作用，但多数决策和平台操控还是以人为主。集群式智能化作战是认知体系战，核心是“智”，主导力量是智力，智力所占权重将超过火力、机动力和信息力。作战要素主要包括 AI、云、网、群、端等。追求以智驭能、以智制能、以优制劣、以智取胜，谁的 AI 多、谁的 AI 更聪明，谁的战争主动权就越大。随着智能辅助决策技术和“云端大脑”“数字参谋”“虚拟仓储”的出现，未来智能化战争的指挥决策将由单纯的人脑决策转向人机混合决策、云脑智能决策和神经网络决策。2018年，俄罗斯研制的人工神经网络全自动软件，能做到发现即摧毁。美军研发的智能化决策工具，旨在缩短决策周期，提高决策效率。俄罗斯“终结者兵团”轻而易举攻陷叙利亚叛军防御高地，纳卡冲突中阿塞拜疆利用无人机对亚美尼亚重装部队造成毁灭性打击，一举奠定胜局，从最近几场军事冲突不难看出，集群智能化水平对战争进程和结局的影响日益凸显，甚至可以直接左右胜利的天平。

一、以人主战向智能自主转变

随着以人工智能为代表的新一代信息技术在战场上的广泛运用，战争形态从信息化战争向智能化战争演变。集群式智能化作战将是立体、全维、全域作战，战争空间将从传统的空间领域，向极地、深海、太空等极限领域拓展，向认知域、信息域渗透并贯穿其他领域，作战领域更加模糊。未来战场上的作战任务千变万化、复杂多样，伴随智能化、无人化装备的大量应用，将给攻防作战样式及作战力量运用方式、流程、方法、规则和策略等带来革命性变化。人—机结合程度持续加深，战场力量结构功能和编组模式将发生颠覆性的变化，空中“蜂群”（无人机）、水中的“鱼群”（无人舰艇、无人潜航器）、陆上的“蚁群”（无人战车、无人坦克）、网电空间的“码群”等无人作战集群将大量涌现，成为未来战场的主要力量。无人机编组、战场机器人士兵编组及无人/有人作战单元的协同编组将走向战场应用，各类“混搭式”新型作战力量不断出现。人与机器的“共生混合”和机器之间的“自主适应”将成为未来战场力量编组的新形态，自主实施“分布式”“蜂群式”协同作战。无人机集群作战的本质是无人智能化作战平台通过物联网组成智能化作战体系，在集群作战算法的控制下，进行作战平台之间的自组织、自适应和自协同，是实现集群自主作战的一种作战模式。人与武器将逐步分离，人由战争的前沿退向后方，主要负责战略决策和战役指挥。无人作战集群将逐步走向战争第一线，成为战术层面的主要执行者。这就要求作战部队编组更加灵活、富有弹性，以及具备智能自主能力。

在参战力量的群体行为中，单个个体未必具有指挥官般的“智慧”，但个体之间的交互作用和协作行为，使整体可以通过组织协作完成复杂任务，即“1+1>2”的聚优效应。在未来战场上，各个作战平台、作战要素能够智能自主协同，可以一致进行机动突击与防御作战。未来将出现侵入式独狼作战、有人 / 无人协同体系破击战、无人系统编队独立作战、母舰“蜂群”集群作战等全新的作战方式。利用集群战法，精确选择打击目标，实施快速机动、多维攻击，融合相关作战要素，形成敏捷、高效、精确的新型作战力量体系，通过信息实时交互、动态自主组合、集群协同突防等方式，完成高效、精确和饱和的攻击。

人工智能和自主无人技术的发展，为战场力量组织实施基于任务优先的动态编组提供了强大的技术支持，自主无人系统将具备深度学习能力及更强的自主认知和决策能力。战场上的各种力量、单元和要素有机融合、群体协作，基于态势和统一任务，实施动态编组，并根据实施过程中作战任务的变化，进行灵活自主调控和随机结构重组。战场任务的分配一般按照保证最大益损比和任务均衡的原则进行，综合考虑任务空间聚集性、单机运动有序性及目标环境适应性，以集群编队的整体最优效率完成最大化的任务数量，充分体现集群协同作战的优势，实现战场力量体系重构，以随时应对各种不确定性因素给作战行动带来的影响。

美国海军以护卫高价值水面舰艇为典型应用场景，利用 13 艘携带防空机枪的无人水面巡逻艇（其中 5 艘为自动控制、8 艘为远程遥控），进行联合集群协同作战测试。对 1 架从其他舰船上起飞的直升机（模拟威胁）进行包围和阻拦，相关技术将用于舰艇、海湾或港口的伴随防护。美国 DARPA 的“拒止环境协同作战”项目，开发具备感知自身和周边环境、自主搜索发现目标、实施自主打击或数据收集能力的无人机集群协同技术，旨在搭建一套包含编队协同算法的模块化软件系统，适应带宽限制和通信干扰等电磁环境，利用合理的方式将各类功能载荷集成到无人机集群编队中，在单一平台功能受损的情况下集群仍然可以有序地执行任务。

二、中心聚集向边缘集优转变

虽然弓箭的出现使军队具有了远程攻击的能力，但是一旦被骑兵近程突击，就依然避免不了被单方面虐杀的结局。铁质兵器以其更胜一筹的坚固和轻便，迅速代替青铜兵器成为战场主流，但一支配给铁器的军队并不意味着其对配给青铜器军队的单方面碾压，真正的对抗还要看军队的战斗素养和谋略运用。随着军事科技的发展，传统大规模集群作战方式逐渐转换为小范围的非对称作战，战术边缘的作战活动在战争中将扮演重要角色。战术边缘又称“第一战术英里”，它远离指挥中心，通信、计算、服务资源受限，为了获得信息与决策优势，各级指挥单元利用泛在网络、微云等技术，实现信息与资源共享。战术边缘的移动计算设备，采用雾计算方法，整合为更大的作战单元，形成自组网下的微云。战术边缘获取的大量态势信息，在战术微云进行计算、存储、共享，可以极大简化与指挥中心的交互规模，提升信息交互时效，解决以往战术前沿服务能力不足的问题。

边缘计算运用了系统论的观点，通过系统网络结构的改变，使各平台自由组合生成不同作战功能，增加功能平台作用路径，以产生更多作战效能，实现“1+1>2”的作战效果；运用网络“去中心化”的特性，减少重心存在，大大增强了作战体系的稳定性。这种以网络智能耦合生成的作战体系，既成熟稳定、又灵活多变，可以更好地适应未来各种作战环境。

边缘计算通过协作行为与信息交互方式，以自主化和智能化的整体协同方式完成作战任务，在战场上的应用具有三个明显的优势。一是信息情报优势。边缘计算具有广泛分布的传感器，多平台能够相互协作完成对战场目标的精准定位。各作战平台联网行动，能够实现平台间的数据信息共享，可以达到一点发现、全网皆知，为实现一体化协同作战奠定基础。二是决策与行动速度优势。边缘计算具有自主决策能力，可以根据战场态势感知，在线自动分解作战任务，并赋予相应的作战平台，协同实施干扰压制、火力打击、毁伤评估等作战行动，大大缩短了战场“感知—决策—行动—反馈”周期，提高了战场行动的速度。三是协同作战优势。在边缘计算中，各作战平台能够自适应协同，可以一致进行机动突击与防御作战。在进攻作战中，高度协调地从多个方向连续或同时对已锁定目标实施连续攻击，在诱骗、干扰、电子攻击等软杀伤行动中自动协调最佳的攻击时机，有效避免相互干扰，提高整体作战效能；在防御作战中，运用边缘计算建立多层次、立体化的防御网，动态实施外围警戒，保护重要目标安全。

边缘计算在战场上的应用，将改变以往战场力量先组合成有形整体，然后再发挥整体力量作用的“有形合成”模式，而是采取一种在能力聚合基础上的力量功能耦合的“无形合成”模式，能够实现战场力量整体结构的最优化和整体效能发挥的最大化。利用集群战法，精确选择目标，自主实施快速机动、多维攻击，融合相关作战要素，打通“侦察—控制—打击—评估”链路，形成敏捷、高效、精确的新型作战力量体系，通过信息实时交互、动态自主组合、集群协同突防等方式，最终完成高效饱和攻击；将多类作战力量和配套保障条件等进行深度融合，提升多目标对抗、主被动干扰对抗、物理域 / 虚拟域一体化对抗等能力。通过提升自主交互和安全通信能力，使作战指挥体系更加扁平化，可以实现战场信息流程最优化，战场信息流转即时化和高效化，以及战场信息采集、传递、处理、存储和使用一体化。根据作战任务属性、作战人员背景，对辅助决策要素进行自适应调整，确保人机之间的高效协同互补，提升作战指挥决策的快速性和精准性。

运用边缘计算，通过网络相互联结、平台自主组群，形成广域动态分布的态势，实现去中心化与动态聚合，大大提升战场机动能力和指挥控制能力，为行动部署的动态性提供坚实基础，依靠动态组网的稳定性和灵活性及数量规模的不对称，实现克敌制胜。集群式杀伤就是利用不同功能的智能化无人作战平台，根据攻击目标性质，自主组网编组，形成广域分布的多组攻击群，从多域多向对目标进行攻击，使对方防不胜防。

三、全面碾压向非对称聚优转变

从现实角度出发，没有任何一支军队可以战无不胜，也没有任何一支军队是无懈可击的。然而，在很长一段时间之内，传统的军队之强必须体现在方方面面，强军的目的所在必然是追求战场上各个领域的全面碾压。更快的速度、更强的火力、更全面快捷的保障等必须作为传统军队追求的目标，因为任何一块短板都有可能带来战局的整体坍塌。然而这种情况在未来智能化战场可能将有所改观。一方面，随着技术水平的不断提高，军队武器装备的投入亦呈几何指数增长，不论是巨大的研发投入，还是日常装备的持久消耗，都将是对综合国力的巨大挑战；另一方面，随着战场的不断拓展，涉及的领域愈发多样，要想达成全面的碾压，投入之巨大难以想象。

而在古今中外战场上，采取“以长击短”的非对称作战方式，往往能最大限度发挥己方优势，取得较为理想的作战效果。未来智能化战场交战双方围绕各自的优势领域展开激烈交锋，取胜的关键或将取决于哪方能够把握关键的拓展优势，实现以点带面的战略突破。

第五节　以融制散

“跨域融合、集成释能”者胜。集群式智能化作战中“跨域对抗”“非对称制衡”作战机理将凸显，联合作战将由一体化联合作战过渡到跨域协同作战，本质是多种作战能力的跨域聚合、整体释能。随着智能技术的迅猛发展与广泛应用，各种智能化无人化作战平台应运而生，集群融合作战力量组合层出不穷。多种新型远战平台、智能化新概念武器的大量涌现，特别是太空 / 临近空间、定向能、高超声速、网络瘫痪控制等颠覆性技术的突破，使未来作战面貌呈现出空地海天一体、全球即时性打击、跨域战略慑控等特点。必须构建跨域融合的作战力量体系，以新型“跨域协同战”达成集成释能、全域慑控的目的。以跨领域、分布式、网络化的“云杀伤”协同作战系统为支撑，通过多种作战能力跨域聚合，实现作战指挥跨域贯通、作战信息跨域共享、作战兵器跨域穿行、作战行动跨域响应、作战功能跨域互补。跨域融合应凸显主域主控与跨域支援的紧密配合。

一、作战任务互补

人与机器各自拥有擅长的领域，智能机器适合在需求明确、边界清晰的特定领域工作，擅长存储、计算、演绎等活动，具有速度快、精确度高、稳定性强等特点，但是缺乏灵活性、思想性和创造性，适宜承担简单重复、精确性要求高、危险性大的作战任务；而人的思维灵活，擅长归纳、判断、推理、决策等活动，具有较强的认知能力、灵活性和创造性，能够对战场突发状况做出良好反应，但有一定的脆弱性，易受恶劣战场环境影响及身体限制，产生恐惧与疲劳，适宜从事基于思维和认知的创造性任务。因此，人机任务分配时，应仔细分析任务执行的约束条件及所需要求，对任务进行分解，根据人与机器的特点明确任务分工，制定周密的人机协同作战计划。

二、力量编组互融

随着有人/无人机编队、有人/无人地面作战平台的协同编组逐步走向战场应用，各种人机组合的作战力量运用不断刷新认知。无人作战力量担负侦察监视、目标引导、通信中继、后勤保障、火力突击等任务，不再处于配角从属地位，而是联合作战力量体系不可或缺的主战力量。在战场上，多域集群是由一定数量的“蜂群”“蚁群”“鱼群”和“码群”混合编组，基于多源数据融合、自组织网络结构等能力，实现协同执行任务和整体能力涌现的智能化系统。多域集群的总体功能组成复杂，单个平台或子群均具备其独特功能，如通信、探测、任务载荷等，总体呈现集群节点种类繁杂、数量巨大、功能完备的特点。同时，多域集群能根据任务进程和集群状态的变化，实时调整集群的配置，实现结构、功能的优化和重组。多域集群中单平台或子群之间能够自主进行实时的数据交互，或通过跨平台的协同实现数据信息共享，集群实时感知环境变化，协同执行任务。多域集群内发生的或集群与外界发生的数据交互具有动态性和适应性，在交互中，集群具有的自感知、自组织、自协调能力，可以产生能力涌现现象，展现出高效、智能的处置能力。

集群呈现出涌现性从而提升整个集群的效能，并不是单纯的各子群、节点功能的单纯相加，涌现性是无人机集群非线性加和的属性，即“整体大于或小于部分之和”。根据系统科学对涌现性的定义，集群的涌现性是集群内多架无人机以不同的结构方式，基于规模效应相互作用、相互补充，从而使整个无人机集群产生了新的能力或原有的能力发生了质的飞跃。

集群作战系统能力的涌现性源自各无人机之间、无人机与环境之间的相互作用。如图 2-2 所示，首先，在一个控制良好、具备涌现性的无人机集群内部，随着各无人机状态的改变，集群的状态也在动态调整，整个集群有序运转；随后，无人机集群发生结构上的改变，不同功能的无人机子群或具备特异性功能的无人机根据其功能控制的逻辑性及功能之间的配合，使无人机集群涌现出新的功能，表现出新的特性。涌现性的出现并不代表无人机集群能力涌现过程的结束，外部环境仍在动态变化。因此，集群相应的状态需要根据环境的变化进行结构和功能的持续调整，在这个过程中，不同的无人机子群或具备特异性功能的无人机的功能可能会发生新的交互，并出现新的能力涌现。

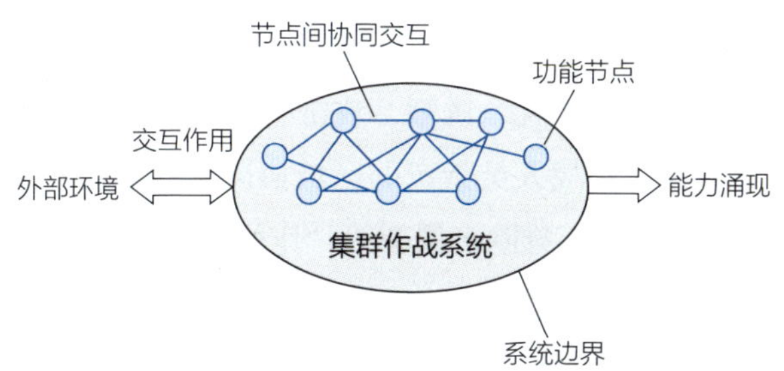

图 2-2　集群作战系统能力涌现原理

三、战场认知互信

在时刻面临生死的战场上，人机间的认知互信极为关键。未来，智能机器有望利用脑机接口、机器学习技术对作战人员的大脑活动信号进行训练，达到准确识别作战人员意图的目的。理解和信任是相互的，机器也要向作战人员解释其具体行动决策的背后逻辑及模型内部运行机制，以获取作战人员的信任，真正成为与人并肩作战的战友。因此，在机器认知能力有限的条件下，作战人员要对机器的可信程度、可靠性、作战效能，以及人员的感知能力、信任程度予以评估，明确何时、以何种程度使用或干预智能机器。机器也要以作战人员思维为模板，黑箱模型尽量白盒化，以作战人员易理解的方式输出呈现决策结果。通过不断的人机实践磨合，逐步达成战场认知同步。

四、行动协同互助

人与机器在行动过程中，协同方式、时机都应恰到好处，才能发挥各自优势。战前，基于对共同目标、任务约束、战场情报、承担角色等的充分理解，智能机器应用数据挖掘、平行仿真技术逼真模拟战场态势演化进程，辅助作战人员快速生成作战方案、制定作战计划等。战中，智能机器通过对目标的侦察探测、精准分类和威胁评估，与作战人员基于共享态势信息不间断协同沟通目标打击清单，自动协调引导、干扰、诱骗、攻击、支援等行动的最佳时机。战后，智能机器在作战人员指定的区域协同清理战场、救治伤员，如标记有生可疑目标、排除未爆弹等，作战人员则根据智能机器运行状态，及时进行干预。因此，未来作战，应科学设计人机协同的行动时机、行动序列及行动方式，合理制定行动协同规则，使人机行动密切配合、无缝衔接，最终形成整体合力。

第六节　以精胜粗

“精确点杀、高效控制”者胜，揭示的是现代战争中精确作战理念对战斗进程和结局产生的巨大影响。作战中实现“一箭封喉”“精兵制胜”“精器制胜”，是从古至今军队和军人孜孜以求的目标。中国古代兵家“兵之胜在于篡卒”“选精兵以击之，其军可破”“锐寡可以破坚众”等，都是在阐述“以精胜粗”的作战制胜机理。在智能化战争条件下，军队侦察、监视、识别、定位等能力的提高，武器射程、精度、威力、突防能力、机动能力、发射准备时间和可靠性等性能，以及指挥控制效能的巨大提升，极大地增强了军队快速、精确打击的能力，能够通过对敌作战体系的关键节点和要害目标实施“封喉”“斩首”“点穴”式的作战能量精确释放，达成击点、瘫体、控局的作战目的，避免陷入持久的消耗拉锯战，从而加快作战进程，提高作战效费比。因此，与过去战争中的作战相比，智能化战争中的作战是更加精确的作战，昭示着效能型部队正在取代规模型部队，作战筹划由过去的概略计划向精确计划转变，作战行动由过去重视步坦突击向重视空地精确打击、信息火力一体攻击转变，作战重心由过去的大量消灭敌人有生力量向精打体系节点目标转变，综合保障由“概略”向“精细”转变。这也充分说明，无论是冷兵器时代的战争还是热兵器时代的战争，无论是机械化战争、信息化战争还是智能化战争，作战中通过物质和能量释放来达成毁伤效果的规律没有改变，只不过“以精制粗”的作战制胜作用更加凸显了。这也进一步警示我们：必须建设高效能型部队，发展高精度武器装备，精确实施指挥控制，精确控制能量释放，精细化实施综合作战保障，谋取“以精胜粗”的作战优势。

集群式智能化作战将表现为高度智能化的“机器＋人＋网络”，指挥控制系统将以“人脑＋智能系统”的协作方式运行，制权争夺的重心将由“信息、海洋、天空”转向“智能、太空、网络”新三权，以精兵点杀谋取关键领域控制权将成为主导方式。针对未来覆盖全域多维、基于万物有“灵”的“互联网＋物联网＋智联网”一体的智能化复杂网络，对敌基础信息网、情报网、指挥网、保障网等核心目标实施网电协同攻击、欺骗迷茫、链路阻塞、接管控制等，使敌智能化作战网络失能失效或为我所用，达成决定性作战目的，针对智能化网络体系实施远程精确破击和高效控制的“控网瘫体战”将应运而生，控制战的地位作用更加凸显。太空作战将依托太空动能武器、定向能武器、太空智能机器人、空天轨道飞行器、太空网电对抗等全新技术，运用太空武器系统，实施精确拦截、全域突防、软硬杀伤，打击或控制敌太空信息系统关键节点目标，破坏敌智能化作战的“耳目”和“神经”，有力支援全域多维联合作战，大幅降低敌作战体系的效能。未来武器的生物化和人的武器化将界线模糊，针对人本身的控制将成为焦点，“攻心夺志”依然是未来战争最高作战目的，以对人脑和意识认知实施控制为目标的“认知控制战”可能演化为重要作战样式。以人的认知思维为目标，运用多种手段对认知体系施加刺激、影响和控制，达成扰乱敌指挥决策系统、诱导敌作战力量、瓦解敌民心士气的效果。如基于读脑、脑控技术，运用心智导控手段，实时掌握对方指挥员战略意图、作战企图、作战方法等，甚至直接作用于对方人员大脑，或将己方意识以脑电编码形式“注入”，干扰或控制其意识、思维和心理，最终夺取“制智权”，实现对敌作战人员的深度控制。

一、精确察情，提升作战效率

随着人工智能、大数据、云计算等颠覆性技术的深入发展和应用，智能化战场无人作战的诸多理念正逐步由脑海中的构想转变为现实，无人作战正逐步在更多领域代替人的作用，并扮演愈发重要的角色。而这一切的基石便在于侦察情报的有力支撑，得数据者赢先机，得数据者得胜利。不论是智能自主还是远程控制，有了精确的形势情报支撑，才能形成正确指挥决策指令；有了周边环境的精确数据，无人系列武器才能将指令转化为具体行动加以施行；有了敌方关键节点的精确标识，我方打击才能高效率实现节点毁瘫，进一步提高作战效率。未来情报之争的范围必将进一步拓展，逐步演变为涉及多个领域的数据之争、算法之争，而胜者将获得极高的效率加成和战力提升。

二、精确杀伤，提高作战效能

近现代以来，精确制导武器的出现无疑大大促进了现代战争的作战形态转变。就最近几次战争中精确制导武器的表现而言，它可以运用于“斩首”行动，从意识领域瓦解敌方抵抗意志，或突击打击，达成战术突然性的效果，抑或从正面制敌，压缩作战进程，缩短作战时间，以更快的速度击垮对方的防御体系。相较于其突出的效果，唯一制约的条件无外乎高昂的造价，使其的使用在某些情况下有种大炮打蚊子般的不适宜感。而随着技术水平的不断提高，精确制导成本必将进一步下降，对于未来智能化战场，精确杀伤或将作为未来军队的一种基本能力得到进一步普及和应用。与无人群组系列武器结合的精确制导武器，将爆发出极致的杀伤效果，有效应对未来作战中军队采用的去中心化星点式机动分布形态。

三、精确保障，优化作战效费比

“大炮一响，黄金万两。”现代战争就是交战双方综合国力的全面对抗，后勤保障至关重要。对于智能化战争而言，作战效果的极致提升背后伴随的便是武器制造成本的急剧增加。动辄千万的精确制导炸弹，价值亿万的各式战机舰艇，不仅战时的损耗惊人，日常的维护保养亦是不小的负担。如何把精确化管理调配更好地融入后勤管理中去，“将好钢用在刀刃上”，提高资源利用效费比，亦是争取战争胜利天平倾斜的重要方面。在 1991 年海湾战争中，由于运输过程和运输需求不透明，信息不畅通，美军运抵海湾战区的 4 万多个集装箱中，有 2.8 万个集装箱内所装物资不明，于是不得不拆开重新清点和分发，大大影响了物资补给速度。未来智能化战场物资调配必须在大数据支撑下形成精确化保障网络，集供给需求、损耗预估、机动补给等众多方面于一体，形成一套运转速度快、补给数量合理、供求关系动态平衡的新型保障体系，进一步优化作战效费比，为未来智能化战场的高强度无人作战作好保障支撑。

第三章 集群智能无人作战的技术支撑

科学技术进步的惊人速度要求经常注意研究军事技术装备及军事理论领域中最新的成就。

——瓦·达·索科洛夫斯基

本章将首先介绍无人集群的相关系统，而后通过研究无人集群的典型应用，抽象出无人集群系统运行的四个主要环节：感知、通信、计算、控制，然后以这四个主要环节为出发点，结合各领域技术的应用情况，力求阐明集群智能无人作战的技术支撑。

第一节 无人集群的相关系统

一、无人集群的通信系统

无人集群通信网络是无人集群高效交互信息、协同完成任务的基础。无人集群的控制、协同及任务相关的信息交互均依托通信网络完成。无人集群获取的战场数据在一定的通信网络架构中，通过通信链路实现传输与应用，由此构成了无人集群的通信系统。下面就从通信数据类型、通信链路类型及通信网络架构三方面展开详细论述。

（一）通信数据类型

通过无人集群网络，不同对象之间根据任务需要相互传递各类数据。从通信数据类型来看，主要可以分为以下三类。

1. 感知数据

感知数据是无人集群为达到一定作战目的，通过无人平台上携带的传感器对战场环境进行探测感知而形成的数据。这类数据根据作战目的分为主动探测与被动感知两类，主动探测的数据更具有针对性，被动感知的数据则较为杂乱。感知的过程实际上是“环境—无人平台”的信息交流过程。

2. 协同数据

协同数据是无人集群中各无人平台实现任务协作、协同决策、应急处置等所必需的数据，包括任务数据、路径点、位置信息等。这些数据使得无人集群具备一定的自主性，实现了“无人平台—无人平台”的信息交流过程。

3. 控制数据

控制数据是由操作员向无人集群下达指挥命令、进行任务分配或由无人集群自主决策、执行任务反馈产生的数据。此类数据具有双向性，实现了“有人平台—无人平台”的信息交流过程。

（二）通信链路类型

无人集群内主要存在两种类型的链路：控制和非有效载荷通信（Control and Non-Payload Communications，CNPC）链路和数据链路。无人集群内的通信链路如图 3-1 所示。

CNPC 链路是无人集群安全运行必不可少的高可靠、低延时、双向通信链路，通常用来传输无人平台与有人平台之间的控制数据，以及无人平台之间重要的协同数据，如用以避撞的位置信息等。考虑到 CNPC 链路对无人集群的重要性，CNPC 链路通常工作在受保护的频段，即 L 波段（1~2GHz）和 C 波段（4~8GHz），并有主备链路相互备份。

数据链路主要支持与无人集群具体任务相关的业务数据通信，

包括无人平台与无人平台之间的协同数据、感知数据，以及无人平台与有人平台之间的感知数据等。相比 CNPC 链路，数据链路对延时、可靠性有较高的容忍度，可以根据任务需求使用不同的频段，例如，LTE 频段、毫米波频段等。

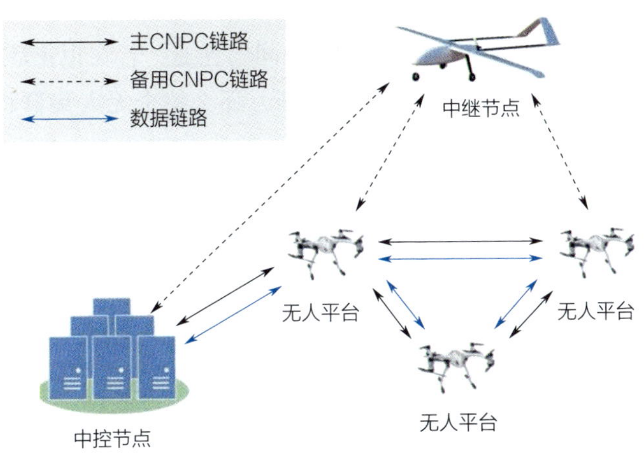

图 3–1　无人集群内的通信链路

（三）通信网络架构

无人集群中的 CNPC 链路对传输延时、可靠性有严格要求，因此通常采用两端节点直连方式组网，减少跳数，从而降低延时、提高可靠性。而数据链路由于对延时、可靠性的容忍度高，可以有多种网络架构形式实现无人平台与有人平台及无人平台之间的通信。

1. 中心式网络架构

如图 3–2 所示，在中心式网络架构中，所有无人平台与有人平台直接互联，而集群内各个无人平台之间不存在直接的数据互联。整个无人集群以有人平台为中心，无人平台之间的数据传输需要通过有人平台转发。在该网络架构下，无人平台与有人平台之间的数据传输质量通常较高，而无人平台之间的数据传输由于需要经过有人平台的转发，因此延时较大。中心式网络架构简单且易于部署实现，因此，成为最常用的无人集群网络架构之一。然而，与有人平台之间的远距离通信通常需要使用复杂、大型、高能耗的通信设备，因此对载机无人平台要求高，无法使用小型、低成本的无人平台。此外，采用中心式网络架构的无人集群存在单点失效的问题，整个无人集群网络依赖与有人平台之间的连通，若在拒止环境下，有人平台与无人集群之间的通信中断，那么整个无人集群将陷入混乱。

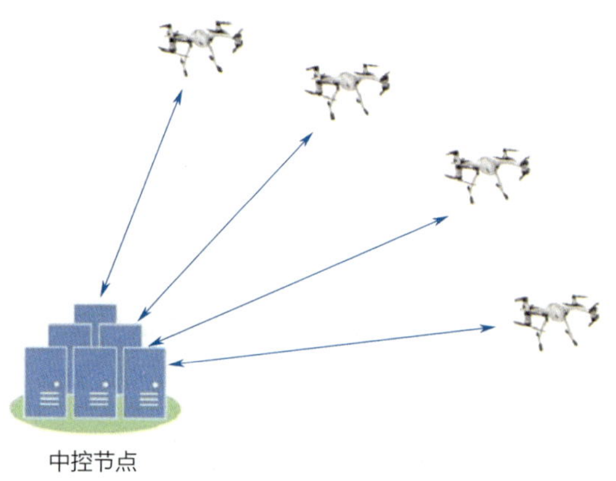

图 3–2　中心式网络架构

2. 基本无人平台 Ad Hoc 网络

如图 3–3 所示，在基本无人平台 Ad Hoc 网络中，有一个无人平台充当骨干节点，又称传输中继节点，该中继节点将数据从一个无人平台转发至有人平台或集群内的另一个无人平台。中继节点通常至少需要使用两个频段，一个用于与集群内无人平台通信，一个用于与有人平台通信。在基本的无人平台 Ad Hoc 网络中，仅有一个无人平台与远端的有人平台通信，其他无人平台由于相互距离较近，可采用简单、小型的传输设备，对载机无人平台要求低。为了保证网络的连通性，无人集群内各个无人平台的运动模式，例如，速度、方向等应尽量相似。

基本无人平台 Ad Hoc 网络通常适用于小规模、平台性能相似的无人集群。当无人集群内平台数量增多，特别是集群由性能异构的多类型无人平台构成时，基本无人平台 Ad Hoc 网络已不能适应无人集群组网的需求。由此产生以下两种无人平台 Ad Hoc 网络。

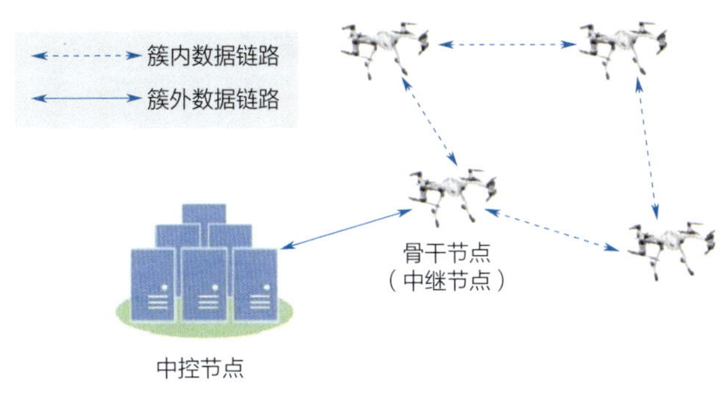

图 3-3　基本无人平台 Ad Hoc 网络

3. 分簇无人平台 Ad Hoc 网络

分簇无人平台 Ad Hoc 网络如图 3-4 所示。无人集群内的无人平台被分为多个分簇，每个分簇内组成基本无人平台 Ad Hoc 网络，分簇内的各个无人平台与分簇的骨干节点（又称簇头）相互连通。所有分簇的簇头无人平台均与有人平台或其他簇头无人平台相连。无人平台与有人平台之间进行数据传输时，首先将数据传输至簇头无人平台，再由簇头无人平台中继转发至无人平台或有人平台。当两个不属于同一分簇的无人平台之间需要传输数据时，需要分别通过两个分簇的簇头无人平台进行数据中继转发，才能实现这两个无人平台之间的通信。

分簇无人平台 Ad Hoc 网络适用于大规模、异构无人平台构成的无人集群，然而各个簇头无人平台需要与有人平台进行远距离数据传输，因此无人集群内仍需要有多个高性能的无人平台，且高性能无人平台的个数决定了无人集群的基本网络结构，网络结构灵活性较低。

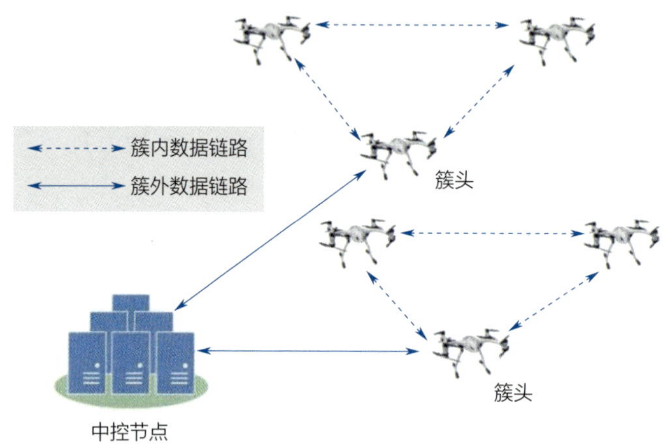

图 3-4　分簇无人平台 Ad Hoc 网络

4. 分层无人平台 Ad Hoc 网络

分层无人平台 Ad Hoc 网络如图 3-5 所示。类似分簇无人平台 Ad Hoc 网络，无人集群内的无人平台被分为多个分簇，各个分簇内组成基本无人平台 Ad Hoc 网络。与分簇网络的主要区别在于，分层网络中各个簇头之间形成层级关系，上层簇头无人平台与有人平台相连，而下层簇头无人平台不与有人平台直接相连，仅与上层簇头无人平台相连。因此，下层簇头无人平台无须使用大型、复杂的通信设备，对无人平台的性能要求低。在分簇时，可以根据需要，灵活确定分簇个数、选择簇头无人平台，从而大大增加无人集群网络结构的灵活性与适应性。

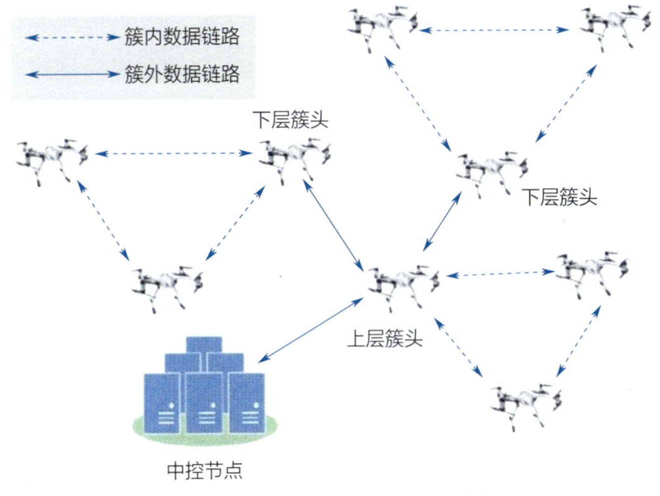

图 3–5　分层无人平台 Ad Hoc 网络

二、无人集群的计算系统

计算是无人集群信息处理的中枢。无人集群所有控制命令、协同决策、任务数据处理及集群演化均依靠计算来完成。无人集群计算功能主要依托平台实现，下面将重点介绍无人平台上计算硬件与软件平台的特点，以及无人集群内计算节点的选择等问题。

（一）硬件与软件平台

无人平台的计算能力来源于机载的主控单元（Main Control Unit，MCU）与相应的软件平台。

在硬件方面，现有无人平台普遍采用的是基于 ARM 的主控单元，如 STM32 系列与 Mega2560 系列芯片等。这些芯片的主频、计算功率较低，因此仅能支持无人平台简单的控制计算，不能支持算力要求高的智能决策计算、数据处理计算等。近年来，高通、英特尔及英伟达等芯片巨头推出了适宜无人平台进行机上智能计算的芯片，如高通公司的 Snapdragon 芯片、英特尔的 Arduino 芯片及英伟达的 Jetson TX2 芯片等。这些芯片各有特色，Snapdragon 芯片体积小且 CPU 主频高，Arduino 芯片可以与自带传感器协作提高感知精度，Jetson TX2 芯片以并行浮点计算见长，适合运行先进、复杂的深度学习模型。但这些芯片均面向无人平台等移动设备设计，性能相比数据中心使用的芯片有极大差距。

在软件方面，除无人平台上控制传感器、通信与计算模块等硬件设备的固件以外，主要有两类功能性软件，一是基础软件，如运动控制软件、导航与路径规划软件等；二是任务相关软件，如针对监视任务的图像视频识别软件等。随着近年来人工智能领域取得突破性进展，先进的人工智能算法，特别是深度学习，被越来越多地引入任务相关软件中，例如，在路径规划软件中使用深度强化学习算法，在图像视频识别软件中使用深度卷积神经网络等。在诸如 TensorFlow、PyTorch、OpenCV 等大量开源库的支持下，部署基于人工智能算法的软件平台难度也越来越低。但是，运行复杂的人工智能算法对无人平台有限的算力与续航力提出了严峻的挑战。

（二）计算节点

对于整个无人集群而言，各个无人平台、中继节点、有人平台均可充当计算节点。但受通信环境、算力等因素影响，在不同的作战环境下，执行不同的作战任务需要采用不同的计算模式。

计算模式通常分为两种：中心式计算模式和分布式计算模式。在不同的计算模式下，其计算节点也不尽相同。

在中心式计算模式下，配有超强算力的有人平台参与无人集群的计算任务，无人平台将复杂的计算任务下载至有人平台执行，并将执行结果回传至无人平台。该种计算模式对通信环境的要求高，无人平台与有人平台之间的通信链路需要保持稳定、持续的联通。

在分布式计算模式下，不存在类似有人平台这样的中心计算节点，各个无人平台可独立完成计算任务或互相补充算力，分布式地、协作地完成计算任务。该种计算模式对通信环境的要求较低，一般不依赖无人平台与有人平台之间稳定的数据联通。当单个无人平台算力较强或计算任务较简单时，甚至可以仅依赖单个无人平台而无须数据交互，或仅依赖无人平台之间的单跳数据交互完成计算任务。

三、无人集群与物理环境的交互模型

无人集群已在军事、民用等多个场景下得到广泛应用，下面将介绍无人集群的若干典型军事应用场景，并从这些典型应用场景中抽象出无人集群与物理环境之间的交互模型，总结发现无人集群有效运作的关键与核心，为技术支撑的深入研究提供方向。

（一）典型应用场景

无人集群的三种典型军事应用场景，包括战场侦察监视、战场搜索与救援、战场物资投送。

1. 战场侦察监视

战场侦察监视主要包括主动侦察与被动侦察两种模式。在主动侦察中，无人平台作为能量源，发射探测目标所需的电磁波，通过接收电磁波照射目标后的回波实现对目标的侦察。主要侦察设备包括激光雷达、测距仪、散射计等。由于无人平台扮演能量源角色，因此主动侦察能耗较大，对无人平台的性能要求较高。在被动侦察中，无人平台通过机载传感器收集、探测目标所发射或反射的电磁波。主要传感器包括加速度计、光谱辐射计、成像设备、电磁信号接收器等。常见的形式包括采用成像设备对战场目标与地理环境摄影成像、采用电磁信号侦察敌方电磁活动等。由于被动侦察中，无人平台不作为能量源，因此能耗相对较小，对无人平台的性能要求较低。无人集群可有机整合各种类型的无人平台，综合采用主动与被动侦察手段，高效地执行战场侦察监视任务。

无人平台在采集到各类数据后，将数据分布式地存储于集群内各个无人平台中，提高数据存储的可靠性，并在合适的时机将数据回传至后方指控中心。若通信链路通畅，也可将数据实时回传至后方指控中心。此外，无人集群还可以利用集群内各个平台的算力，对数据进行计算与分析，支持无人集群自主决策与规划，提升无人集群的智能性与完成任务的能力。

2. 战场搜索与救援

无人集群已广泛应用于人为或自然灾害后的搜索与救援行动，如防有毒气体扩散、失踪人员搜索等。以失踪人员的搜索与救援行动为例，无人集群按以下流程运作。首先，搜救中心划定搜救区域并下发给无人集群，无人集群自主确定各个无人平台的搜索路线。然后，无人集群开始搜索行动，在这一过程中，无人集群中的各个无人平台采用目标探测、目标识别、图像/视频数据回传等多种手段协同对目标区域展开搜索。接着，当有无人平台发现失踪人员后，相关信息通过无人集群网络在各个无人平台及后方救援中心之间传播，相关搜索无人平台取消搜索任务，携带救援物资的无人平台前往失踪人员处投送救援物资，部分无人平台协助对失踪人员进行跟踪，通信无人平台充当通信中继节点，用来高质量地完成前方图像/视频向后方救援中心回传的数据传输任务。

在搜索与救援行动中，无人集群需协同多种具备不同功能的无人平台完成目标搜索、数据中继传输、物资投送等多样化的任务，对无人集群的数据传输与自主决策有较高要求。

3. 战场物资投送

无人集群可用于军事行动中的大规模物资投送。例如，在作战行动中，通过使用无人集群穿越危险地带，向前线输送物资装备。

首先，无人集群需要根据物资重量、配送距离与无人平台的载荷能力、续航能力进行匹配，选择合适的无人平台配送物资。各个无人平台受领投递任务时，同时接收物资、投递位置信息及人员身份辨识信息。然后，无人平台自主运动至投递地址，并进行身份验证，采用人脸识别等手段进行匹配计算，匹配成功后，即完成投递任务。

（二）无人集群系统与物理世界交互模型

总结上述无人集群的典型军事应用场景，对无人集群与周围任务环境的交互过程进行进一步抽象，得出无人集群与物理环境的交互模型，如图 3–6 所示。

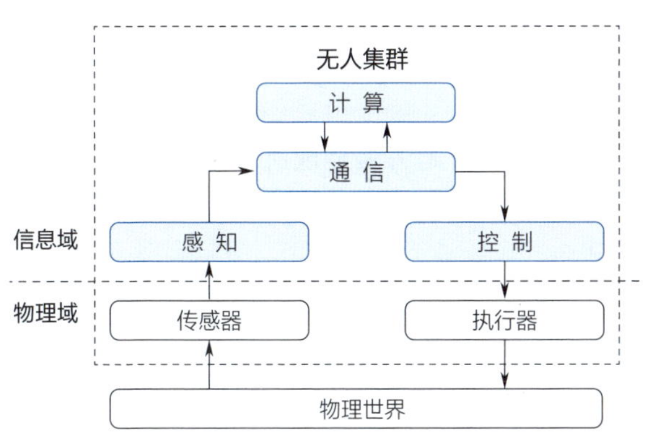

图 3–6 无人集群与物理环境的交互模型

从无人集群的各种典型应用可以发现，无人集群作为一个整体，首先需要通过集群内各个无人平台上的传感器从物理环境中获取数据，然后数据在无人集群内通过无人集群网络流转，支持无人集群内各个计算节点进行包括路径规划、任务决策、数据分析等各类计算，最后通过无人集群网络将计算得到的决策传输至各个无人平台，转化为控制无人平台行动的指令，作用于物理世界。从信息域来看，无人集群是一个集感知、通信、计算、控制为一体的信息处理网络。本章的第二至第七节将从感知、通信、计算和控制这四个环节入手，对云计算、物联网、大数据、人工智能、量子技术及虚拟现实六项关键技术进行研究，进而建立技术网络，给无人集群作战应用提供技术支撑，力求为进一步发展无人集群技术指明方向。

第二节　云计算

集群智能无人作战中，无人作战装备安装的传感器及互联互通信息网络等都将产生大量的实时数据，由于传统网络架构所能支持的节点容量有限，数据在网络传输中的冲突、拥塞概率上升，数据延迟增大。另外，无人平台能源受限，频繁大量数据传输能耗较高，使各种类型的无人平台容易受到干扰，进而影响至整个体系，造成体系效能下降。

针对传统网络架构无法满足现有计算需求的问题，我们运用云计算技术初步解决了无人平台对计算资源的渴求与自身资源受限的矛盾，随着技术的发展与进步，边缘计算的产生与运用进一步提升了无人集群系统的作战效能。本节将对传统云计算模型与边缘计算模型进行介绍，而后阐述边缘计算技术在无人集群作战中的具体应用。

一、云计算的基本情况

图 3–7 所示为云计算概念图。云计算从属于分布式计算，通过使用网络，对计算处理程序进行拆解，然后在由多部服务器所组成的庞大系统中搜索、计算分析后，向用户反馈处理结果。简言之，传统计算处理程序过于庞大，其工作性能无

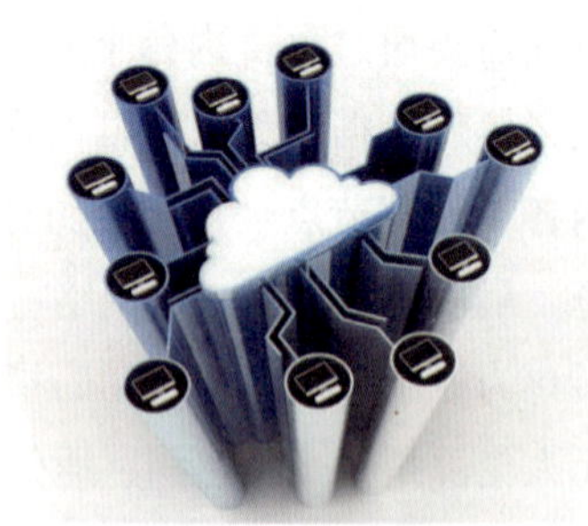

图 3–7　云计算概念

法充分发挥，故计算效率较为低下；而云计算将其分为多个子程序后，每个子程序都具有较强的计算能力，整体计算效果甚至与一些超级计算机相比也毫不逊色。

（一）云计算模型

云计算基于互联网为各网络终端提供动态、可扩展、虚拟化的计算资源。传统云计算模型如图 3-8 所示，各网络边缘节点将本地产生的数据通过互联网传输至远端云计算中心，由云计算中心执行资源调度和数据处理等计算任务，并将计算结果反馈至各网络边缘节点。云计算模型属于一种集中式方式，在该计算模型下，大数据的计算和存储均在云计算中心执行，各网络边缘节点享受了云计算中心提供的强大计算能力，弥补了本地计算能力不足的缺陷，为用户节省大量开销，创造出有效的规模经济效益。

图 3-8　传统云计算模型

但随着大数据、物联网等技术的发展，传统云计算模型越来越难以满足实际应用需要，其原因主要有以下几个方面。

（1）**数据量大。**线性增长的集中式云计算能力无法匹配爆炸式增长的海量边缘数据。

（2）**延迟高。**从网络边缘设备传输到云计算中心的海量数据增加了传输带宽的负载量，造成网络延迟时间较长。

（3）**保密性差。**边缘设备数据涉及个人隐私和安全的问题变得更加突出。

（4）**能耗大。**边缘设备，特别是小型无人设备具有的电能有限，频繁、大容量数据传输造成终端设备电能消耗较大。

由此发展出的边缘计算技术，可以很好地解决以上问题。

（二）边缘计算模型

边缘计算是指在靠近物或数据源头的一侧，采用以网络、计算、存储、应用核心能力为一体的开放平台，提供最近端服务。边缘计算在网络边缘增加执行任务调度和数据分析的处理能力，将云计算模型的部分或全部计算任务迁移到网络的边缘设备上，降低云计算中心的计算负载，减轻网络传输带宽的压力，可以产生更快的网络服务响应，从而提高数据的处理效率。边缘计算模型如图 3-9 所示。

图 3-9　边缘计算模型

与传统云计算模型相比，网络边缘节点无须再将数据传输至远端的云计算中心，而是就近传输至边缘计算层，经由边缘计算节点执行资源调度和数据处理等计算任务。由于应用程序在边缘侧发起，更加靠近用户终端，因而大大提高了处理效率，减轻了云计算中心负担，并为用户提供更快的响应速度。边缘计算层可以完成大部分实时性要求较高的计算任务，同时，其处理结果还可以继续传输至远端云计算中心进行二次处理，以进一步挖掘数据的价值。

边缘计算既可以是独立的开放平台，也可以是某一个网络边缘节点本身。当网络边缘节点满足边缘计算的功能、性能要求时，便可以承担网络边缘数据产生和计算处理的双重任务。通常情况下，网络边缘节点往往还拥有对原始数据进行预处理的能力，可以进一步减轻与边缘计算节点之间的数据传输负担。

二、云计算在集群智能无人作战中的具体应用

基于边缘计算模型，可以实现无人集群协同探测感知功能，即利用数量庞大的空中、地面、水面等无人探测感知节点，协同完成目标探测和环境感知。以海空无人集群协同探测感知为例，无人艇、无人潜航器及无人机等联合起来，对大范围海空目标、海上环境进行协同探测感知。此类应用具有以下四个特点。

一是节点数目多，信息量大。参与协同探测感知的无人平台数目成百上千，各节点可以获取雷达探测回波、微波合成孔径雷达图像、光学图像等大容量数据，对网络的传输带宽提出较高要求。

二是包含实时性应用。在武器射击信息保障等应用场合，无人平台协同探测的目标位置信息延迟要求短至毫秒量级，否则难以满足武器制导的实时、高精度要求。

三是无人平台能源有限。无人机、无人艇等无人平台体积小，是典型的资源受限平台，能源储备十分有限，往往限制其续航工作时间，并要求尽量采取节能措施。

四是无人节点易受干扰。各无人节点由于资源受限，抗外界干

扰、攻击能力较差，容易影响体系协同探测感知性能，要求从体系架构上设计一定的抗干扰措施，提高体系整体抗干扰能力。

上述特点决定了在传统集中式云计算模型下，大规模无人协同探测感知将面临数据传输压力大、信息传输延迟高、传输能耗大、体系抗干扰能力差等严峻挑战。因此，下面提出一种基于边缘计算模型的空海无人集群协同探测感知架构，如图 3-10 所示。

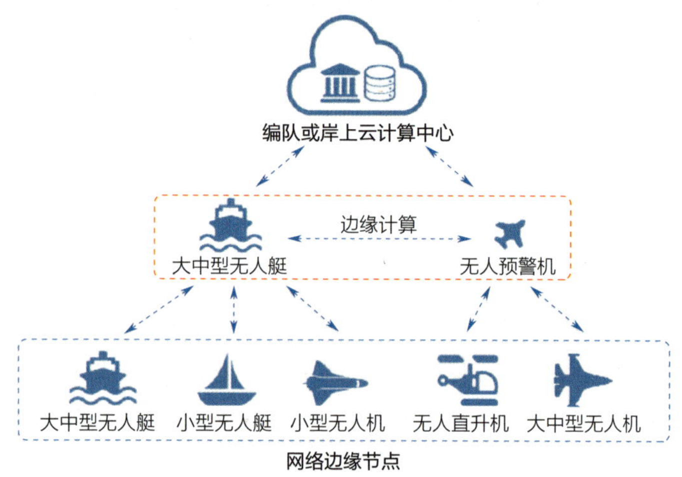

图 3-10　空海无人集群协同探测感知架构

在该架构中，各边缘协同节点在本地执行探测感知任务，生成原始数据或经过本地预处理的数据，传输至邻近的边缘计算节点，由边缘计算节点完成大部分信息处理及任务调度，各边缘计算节点的处理结果可以继续上传至远端云计算中心做进一步处理分析。

以图 3-10 中的空海无人集群协同探测感知架构为例，网络边缘节点包括海上的大中型无人艇、小型无人艇与空中的无人直升机、无人战斗机、无人预警机等，各边缘节点上配备雷达、光电等探测感知设备，获得大量目标、环境数据。无人艇及无人机获得探测感知数据后（可以经过一定预处理），向邻近的大中型无人舰艇、飞机平台传输，该大中型无人平台充当边缘计算节点，对各接入平台进行统一资源调度、任务规划和数据处理。

承担边缘计算任务的无人舰艇和空中枢纽平台，可以进一步将处理信息传输至编队或岸上云计算中心，对空海目标进行二次检测或对空海态势信息进行进一步融合处理。

对上述架构进一步阐述如下。

（1）大中型无人舰艇、无人机等平台自身既是边缘探测节点，同时由于计算、能源等资源相对丰富，又可以同时承担边缘计算节点的任务。

（2）小型无人艇、舰载无人机等平台由于计算、能源等资源相对匮乏，因此一般作为边缘探测感知节点使用，主要用于获得数据。

（3）各边缘节点获得原始数据后，可以进行一定的预处理，以进一步降低网络边缘节点与边缘计算节点之间的数据传输量。由于空海目标在空间中分布的稀疏性，各边缘节点传输一次检测结果的数据量极少，因此大幅降低了无线传输的数据量。

第三节　物联网

物联网是物物相连的互联网，是互联网的延伸，它利用局部网络或互联网等通信技术把传感器、控制器、计算机、人员和物等通过新的方式连在一起，形成人与物、物与物相连，实现信息化和远程管理控制。

无人集群是协同多个无人平台构成的无人系统，即无人集群是由各类无人智能机器通过通信手段实现协同功能而形成的无人系统，由此看来，无人集群就是一种物联网系统，研究物联网技术将有利于构建无人集群的技术网络。本节将对物联网的基本情况及其具体应用进行阐述。

一、物联网的基本情况

物联网技术并不是具体指某一技术，它是各种技术融合在一起的总称，除了那些技术特性相近的、可以融合的技术之外，不同的技术也由于物联网的存在能够融合在一起成为一个有机整体。

（一）物联网的概念

物联网（Internet of Things，IoT）是通过使用射频识别（RFID）、传感器、红外感应器、全球定位系统、激光扫描器等信息采集设备，按约定的协议，把任何物品与互联网连接起来，进行信息交换和通信，以实现智能化识别、定位、跟踪、监控和管理的一种网络。常见的物联网连接形式如图 3–11 所示。

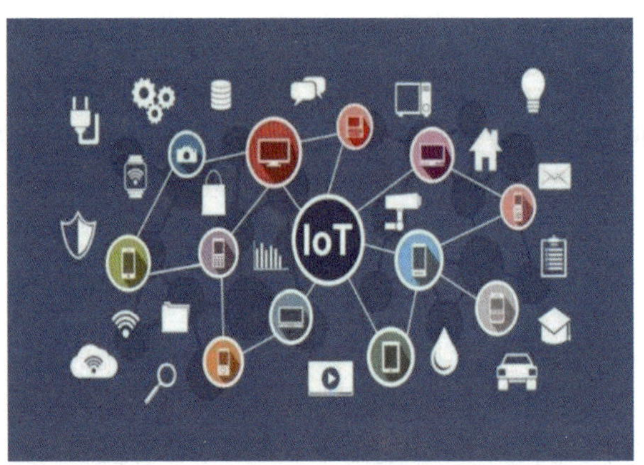

图 3–11　物联网连接形式

（二）物联网的架构

物联网有四层体系结构，分别为感知控制层、网络传输层、平台处理层和应用决策层。物联网架构如图 3–12 所示。

1. 感知控制层

如果把物联网系统比喻为人体，那么感知控制层就好比人体的神经末梢，可以用来感知物理世界，采集来自物理世界的各种信息。这层包含了大量的传感器。

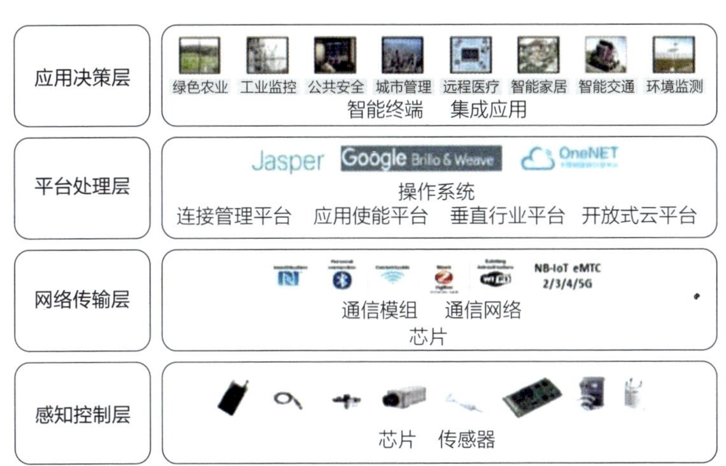

图 3-12 物联网架构

2. 网络传输层

网络传输层相当于人体的神经中枢，起到信息传输的作用。网络传输层包含各种类型的网络，如互联网、移动通信网络、卫星通信网络等。

3. 平台处理层

平台处理层相当于人体的大脑，起到存储和处理的作用，包括数据存储、管理和分析平台。

4. 应用决策层

应用决策层直接面向用户，满足各种应用需求，如智能交通、智慧农业、智慧医疗、智能工业等。

简单来说，物联网主要分为三个组成部分，分别是传感器、网络连接、数据处理，如图 3-13 所示。传感器被安装在各种产品中，它们就是万物互联的“物”，这些传感器或者是芯片，让产品拥有感知能力和数据处理能力。产品在收集完数据之后，就要上传到云端进行集中处理，这个过程就是通过网络连接完成的，而后进行数据处理。数据处理的目的在于，将原始的数据转换为有用的信息，数据处理一般都是在云服务器上完成的，这些服务器就是智能机器的大脑，常见的云服务器有亚马逊的 AWS 和阿里巴巴的 Alibaba Cloud 等，数据在这里经过处理之后，再以直观易懂的形式返回用户，满足用户的各种应用需求。

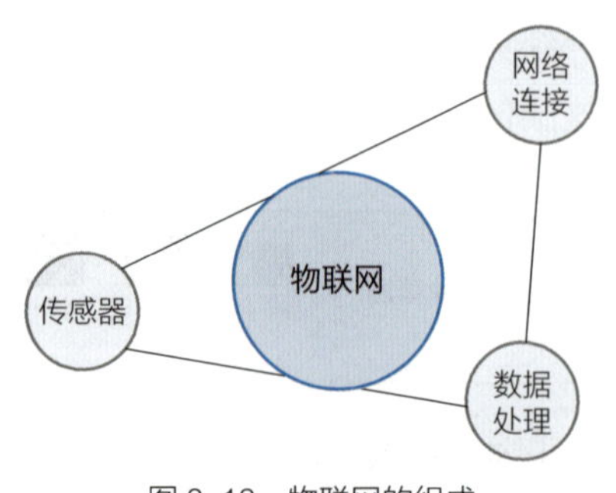

图 3–13　物联网的组成

（三）物联网的特征

物联网具有全面感知、可靠传递、智能处理三个主要特征。

1. 全面感知特征

全面感知特征即利用 RFID、传感器、二维码等随时随地获取物体的信息。物联网是具有全面感知能力的物品和人所组成的，为了使物品具有感知能力，需要在物品上安装不同类型的识别装置，如电子标签、条形码、二维码等，或者通过传感器、红外感应器等感知其物理属性和人性化特征。利用这些装置或设备，可以随时随地获取物品信息，实现全面感知。

2. 可靠传递特征

数据传递的稳定性和可靠性是保证“物—物”相连的关键。为了实现物与物之间的信息交互，就必须约定统一的通信协议。由于物联网是一个异构网络，不同实体间的协议规范可能存在差异，因此需要通过相应的软硬件进行转换，保证物品之间信息的实时、准确传递。

3. 智能处理特征

物联网的目的是实现对各种物品（包括人）进行智能化识别、定位、跟踪、监控和管理等功能。这就需要通过云计算、人工智能等智能计算技术，对海量数据进行存储、分析和处理，针对不同的应用需求，实现对物品实时智能化的处理。

（四）物联网的关键技术

物联网中的关键技术包括识别和感知技术、网络与通信技术、数据挖掘与融合技术等。

1. 识别和感知技术

识别和感知技术主要完成物品标识和信息的智能采集工作，包括传感技术、标识技术和定位技术等。

1）**传感技术**：包括无线传感器技术、光纤传感器技术、成像传感器技术、现场总线控制技术等。

2）**标识技术**：包括电子射频技术、条码技术等。

3）**定位技术**：包括室外定位技术（GNSS 定位、蜂窝网基站定位）和室内定位技术（蓝牙定位、WSN 定位、Wi-Fi 定位、UWB 定位等）。

2. 网络与通信技术

网络与通信技术主要完成数据传输，包括各类无线通信技术、互联网技术、传感网技术及通信和接口的标准化等。

1）**无线通信技术**：包括中远距离窄带无线通信技术、近距离宽带无线通信技术、近距离射频与微波通信技术等能满足各种物品接入与数据传输的技术。

2）**互联网技术**：包括骨干网技术、无线网络组网技术、泛在接入技术。

3）**传感网技术**：包括传感网组网技术、能效技术、节点容错技术、感知数据汇聚技术、QoS 技术、光纤传感网技术等。

4）通信和接口的标准化：包括网络协议与接口标准化。

3. 数据挖掘与融合技术

物联网中各种异构网络和不同类型系统产生大量的不同类型数据，如何实现这些数据的有效整合、处理和挖掘，是物联网平台处理层需要解决的关键技术问题。海量数据的高效存储与计算需要运用云计算技术进行，对具有异构、多源和时间序列特征的数据进行深度分析需要运用大数据技术，通过数据分析实现人、机、物高效融合需要人工智能技术实现智能控制。

二、物联网在集群智能无人作战中的具体应用

无人平台通过传感器对战场信息进行感知，实现“环境—无人平台”的交互过程，而后通过无人集群通信网络实现机机协同或人机协同，最后由无人平台自主行动或由人指挥无人平台行动，实现“无人平台—无人平台”“有人平台—无人平台”的交互过程。“环境—无人平台”的交互过程实现的是无人集群的战场感知能力，“无人平台—无人平台”的交互过程实现的是自主协同能力，“有人平台—无人平台”的交互过程实现的是指挥控制能力。因此研究物联网在集群智能无人作战中的具体应用可以从战场感知、自主协同、指挥控制及装备保障四个方面入手。

（一）战场感知

在集群智能无人作战中，军事物联网可以与军事信息网融为一体，为信息获取与处理提供新的手段，使战场情报信息的获取途径更广、传输速度更快、处理应用更科学，对战场认知也更加深入，给战场情报获取带来新的革命。一方面，可以消除侦察盲区，实现战场“无缝隙”感知，提高战场透明度；另一方面，能把战场上的

人员、无人装备都纳入网络，处于网络节点上的任一传感器均可以与设置在卫星、飞机上的各种侦察监视系统相连接，获取自身不具备的对目标的空间定位能力。美国军方就高度重视军事物联网发展，美军先后研发了收集战场信息的“智能微尘”系统，远程监视战场环境的“伦巴斯”系统、侦听武器平台运动的“沙地直线”系统、专门侦收电磁信号的“狼群”系统等，其中的“智能微尘”系统体积虽只有沙砾大小，但具备从信息收集、处理到发送的全部功能，十分强大，如图 3-14 所示。

图 3-14　超微型传感器——“智能微尘”系统

（二）自主协同

军事物联网使无人平台之间的自主协同成为可能。为了更好地说明这点，先举个例子，如图 3-15 所示，假设在一条工厂的流水线上，有 A、B、C 三个机器协同工作，某一天 B 突然出现了故障，但是 C 依然在继续操作，幸亏操作员及时发现了这个问题，并停止了整条流水线，挽回了损失。这是典型的人机交互，由于某个机器发生故障，别的机器并不知情，因而需要人来参与，以保证流水线协调工作。但是，利用物联网，机器可以相互交流，如图 3-16 所示，

图 3-15　人机交互场景

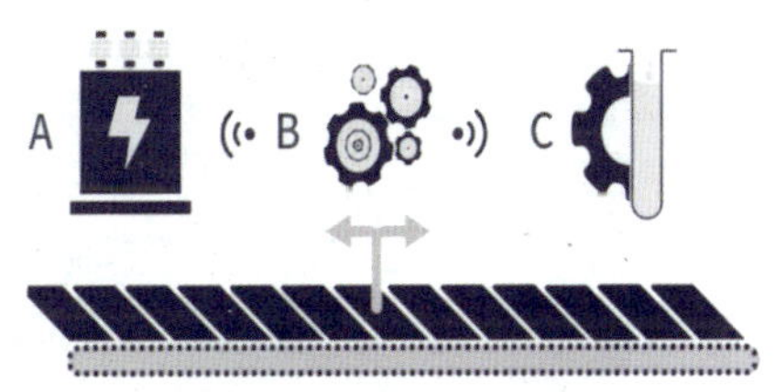

图 3-16　物联网场景

B 一旦发生了故障，可以马上将故障信息发送给机器 A 和机器 C，A 和 C 收到信息立刻停止操作，可以达到立即止损的效果。集群智能无人作战中，战场情况瞬息万变，无人集群在执行任务时难免会出现单个机器故障的情况。应用军事物联网技术，可以使机器与机器之间建立及时、有效的联系，避免出现机器误撞的情况，指挥员可以根据实际情况及时调整无人集群状态，防止贻误战机。

（三）指挥控制

军事物联网技术，能够为指挥员进行实时指挥提供物质条件。军事物联网如图 3–17 所示。指挥员通过指挥中心的信息显示系统，将整个战场态势尽收眼底，与指挥中心大型数据库相连的无数条数字链路将伸向战场的每一个角落，把敌我部队的方位、行动和战果以实时的方式传送给指挥中心，形成不断更新的综合战场态势图，指挥员可以据此做出正确决策，迅速定下决心，指挥无人集群立即做出反应，实时指挥作战行动。同时，以军事物联网技术组网的指挥信息系统是网络状形态，一方面，可以大幅缩短获取情报信息、传输信息、定下决心、实施作战行动、评估作战效果整个过程的时

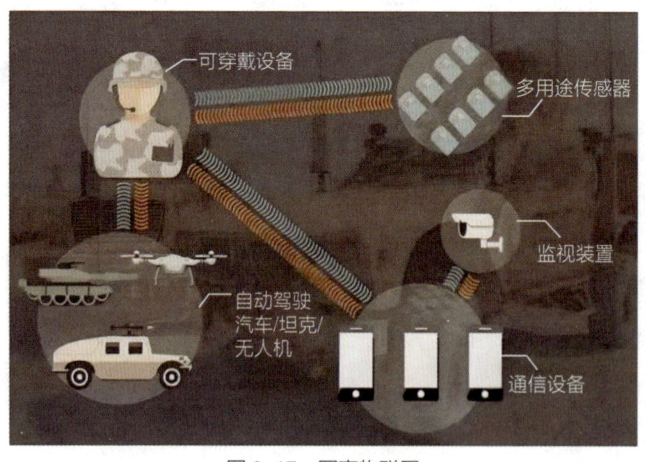

图 3–17　军事物联网

间，加快“观察—定位—决策—行动”的指挥节奏，使作战指挥更加快速高效；另一方面，可以有效提升无人集群指挥信息网络的生存能力，即使一个通道遭受硬摧毁或软杀伤，也还有其他的通道可以工作，使战场情报信息能够不断地被获取、传输、处理和运用，确保指挥员对集群智能无人作战行动进行持续稳定的指挥。

（四）装备保障

军事物联网技术对提高无人平台装备保障效率也具有重要作用。以前判断无人平台装备故障，维修人员需要“望闻问切”，费尽浑身解数，才能找准故障；现在通过安装在无人平台装备上的各种传感器，油压、气压、电压等数值都可以显示在终端，维修中心人员通过实时记录分析这些信息，就能够预判分析武器装备当前状态。通过内嵌的诊断传感芯片，操作员和维修点人员可以及时获知武器装备各部件的完好情况，便于查明故障情况，实现提前研判，尽早排除，实现战场维修精确化。由此可见，基于军事物联网的装备保障体系，可以借助传感器信息的广泛获取、深度融合与计算，方便快捷地实施装备保障行动，极大提高战场中的无人平台装备保障效率。

第四节　大数据

大数据是比较抽象的概念，由于其超过常用工具和基础结构的可容忍时间，大数据本质上是对数据科学新模式的重新思考与探索，其核心理念就是以一种更有效与合适的方式收集、管理海量数据并从中提取附加价值。

无人集群所采集的数据本身的规模庞大、语义与结构复杂、体量增长快等特点，使其具有更明显的大数据特征，大数据是无人集群系统的“血液”，无人集群的感知、通信、计算、控制都离不开大数据。本节将从大数据的基本情况讲起，而后阐明大数据在集群智能无人作战中的具体应用。

一、大数据的基本情况

（一）数据的概念

数据是事实或观察的结果，是对客观事物的逻辑归纳，是用于表示客观事物的、未经加工的原始素材。数据可以是连续的值，如声音、图像，称为模拟数据；也可以是离散的，如符号、文字，称为数字数据。

在计算机系统中，数据以二进制信息单元“0”“1”的形式表示。例如，英文字符“A”可以表示为“01000001”；汉字“杨”可以表示为“1101000111101110”；图像也可以用“0”“1”编码表示，我们可以对每种颜色进行编码，而后对每一个像素点进行赋值，由此即可实现图像的数据化。计算机系统中的电子数据形式如图 3–18 所示。

图 3–18　电子数据形式

（二）数据的度量

计算机中数据的最小单位是位（bit，b），第一位只能是 0 或 1。8 个二进制位构成 1 个字节（byte，B），是存储空间的基本计量单位。1 个英文字母占 1 个字节。在不同的编码集中，中文的占位不同，汉字国标扩展码（GBK）中 1 个汉字占 2 个字节；万国码（UTF–8）中 1 个汉字占 3 个字节。1KB（千字节）是 1024 字节。1MB（兆字节）是 1024KB。1GB（吉字节）是 1024MB，1TB（太字节）是 1024GB。1PB（拍字节）是 1024TB。1EB（艾字节）是 1024PB。

1ZB（泽字节）是 1024EB。

（三）大数据的概念

一般认为“大数据”是指在一定时间内难以依靠已有数据处理技术进行有效采集、管理和分析的数据集合，它通常满足以下 5V 特征：规模大（volume）、速度快（velocity）、形态多（variety）、真实性（veracity）和有价值（value），如图 3–19 所示。

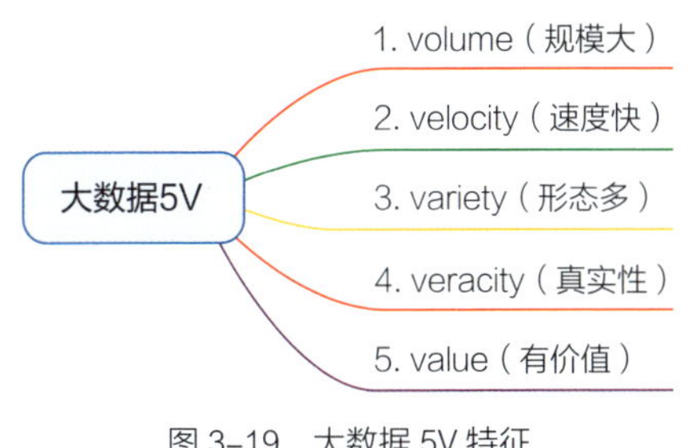

图 3–19 大数据 5V 特征

关于这 5V 特征，前 4 个 V 是其特征的表现，最为核心的是大数据具有的极大潜在价值。下面分别对这五个特征进行说明。

1. 规模大

规模大是指数据量从太字节级别跃升到拍字节级别，甚至泽字节级别。先 MAP3 时代，一个小小的兆字节级别的 MAP3 就可以满足很多人的需求，然而随着时间的推移，存储单位从过去的吉字节级别到太字节级别，乃至扩展到现在的拍字节、泽字节级别。随着信息技术的高速发展，数据开始爆发式增长。社交网络（微博、推特、脸书）、移动网络及各种智能工具、服务工具等，都成为数据的来源。淘宝网近 4 亿的会员每天产生的商品交易数据约 20TB；脸书约 10 亿的用户每天产生的日志数据超过 300TB。

2. 速度快

速度快是指数据高速持续生成，具有很强的实时性。大数据的产生非常迅速，主要通过互联网传输。生活中的每个人都离不开互联网，也就是说每个人每天都在向大数据提供大量的资料。并且这些数据是需要及时处理的，因为花费大量资本去存储作用较小的历史数据是非常不划算的，对于一个平台而言，也许其保存的数据只有过去几天或一个月之内的数据，再远的数据就要被及时清理，不然代价太大。基于这种情况，大数据对处理速度有非常严格的要求，服务器中大量的资源都用于处理和计算数据，很多平台都需要做到实时分析。数据无时无刻不在产生，谁的速度更快，谁就更有优势。

3. 形态多

形态多是指数据类型繁多，生物大数据、交通大数据、医疗大数据、电信大数据、电力大数据、金融大数据等，都呈现出“井喷式”增长，广泛的数据来源，决定了大数据形式的多样性。大数据的数据类型非常丰富，如文本、视频、音频、图片及其变化组合。但总体而言，其数据类型可以分为两大类，即结构化数据和非结构化数据。其中，前者占 10% 左右，后者占 90% 左右。

4. 真实性

真实性是指信息数据的准确性、信息来源的可靠性。在巨量数据中，不可避免地会夹杂着错误、重复或低质量的数据。数据的真实性直接影响分析结果的准确性和可靠性。例如，2016 年两会前夕，不法分子为博取关注在微信朋友圈中散布延迟退休年龄计算公式的谣言。

5. 有价值

有价值是指虽然可用信息在数据总量中的比例低，但通过对数据进行挖掘，能够从大数据中找出更有价值的结果。具体表现为通过从大量不相关的各种类型的数据中，挖掘出对未来趋势与模式预测分析有价值的数据，通过机器学习方法、人工智能方法或数据挖掘方法深度分析，发现新规律和新知识，并运用于农业、金融、医疗等各个领域，从而最终达到改善社会治理、提高生产效率、推进科学研究的效果。

（四）军事大数据

军事大数据并没有统一的定义，通常认为军事大数据是指能够支撑作战筹划、指挥信息系统与武器平台等军事应用运行的数据。其本质上还是大数据，只是应用领域侧重于军事方面。通过基础技术对海量军事数据进行采集、存储、挖掘、关联和分析生成有价值的信息，是军事大数据发挥作战能力的手段和途径。使用的基础技术包括采集获取、组织管理、分析挖掘、安全保密等。大数据处理的整体架构如图 3–20 所示。

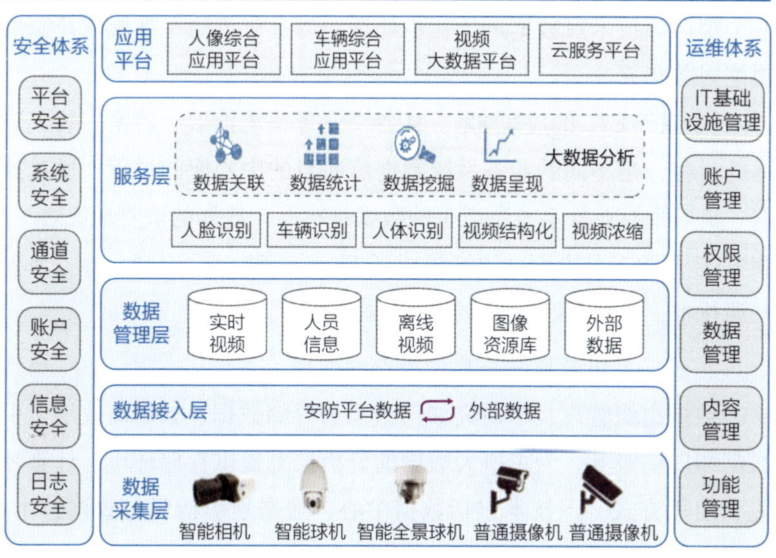

图 3–20　大数据处理的整体架构

1. 采集获取——数据采集与预处理

数据采集获取经由传感设备、地理信息系统、军事仪器、互联网、媒体及军事相关的业务系统等渠道获取各种军事数据源。包括传感器数据采集获取、基于爬虫技术的网络数据采集获取、基于ETL 的数据抽取等方式。

1）传感器数据采集获取。传感器常用于探测军事活动中武器装备、人、战场环境等的状态信息与特征，通过有线或无线网络，将这些状态信息与特征传送到数据采集点。军事物联网技术、智能传感器技术、数据传输技术等技术的发展可以大大提高数据采集获取的实时性和智能性。

2）基于爬虫技术的网络数据采集获取。基于爬虫技术的网络数据采集获取按照一定的规则，利用爬虫技术自动抓取网络上的军事领域数据。军事开源情报数据是军事大数据的重要来源之一，现有研究主要是利用这种方式搜集军事开源情报数据，然后通过分词、提取关键词等技术对数据进行初步处理，为进一步的军事领域开源情报挖掘做准备。

3）基于 ETL 的数据抽取。从各个业务系统抽取、转换、装载数据的过程，是不同的业务系统数据流向目的中心库的过程。通过抽取、集成现有业务系统所产生的数据是军事大数据的重要来源之一。在 ETL 开源工具方面，逐渐形成了 Flume、Sqoop、Kafka 等一系列开源技术，能够有效支撑数据的采集和传输。

2. 数据组织管理——数据存储和管理

数据组织管理技术研究如何组织和存储数据、如何高效地索引数据和提供服务，为军事大数据的分析挖掘提供存储环境、计算环境和使用方式。该技术包括数据中心、数据索引构建与查询技术、数据推荐服务技术等。

3. 分析挖掘——数据处理与分析

军事大数据的分析挖掘技术针对海量历史数据，构建各军兵种特征知识库，以知识库为基础，分析挖掘出有价值的信息，为部队的日常管理和作战决策提供有力支撑。

1）**统计分析**。针对数据的特点和统计分析需求，采用相应的方法进行数据的初步处理。统计分析主要包括指标计算、假设检验、显著性检验、方差分析、偏相关分析、距离分析、回归分析、主成分分析、因子分析、判别分析、对应分析等方法。统计分析不仅可以发现数据的统计学规律，也可以为进一步的数据挖掘和决策分析提供支撑。虽然统计分析方法已较为成熟，但在大数据条件下计算量大，需要庞大的硬件资源为其提供支撑，特别是输入 / 输出（I/O）数据会有极大的占用。

2）**数据挖掘**。数据挖掘是指从大量的、不完全的、有噪声的、模糊的、随机的数据中，提取隐含在其中的、人们事先不知道的，但又是潜在有用的信息和知识的过程。与统计分析相比，数据挖掘一般不预设主题。数据挖掘的主要方法有分类、估计、预测、相关性分组或关联规则、聚类等。在大数据环境下，数据挖掘算法的实施面临着执行效率、算法并行化、平台易用性等方面的重大挑战。数据挖掘是在态势信息化条件下支撑辅助决策的重要技术手段。现有研究人员开展了大量关于军事数据挖掘的研究，下一步还需要在多媒体数据挖掘、文本数据挖掘、时态数据挖掘、Web 数据挖掘等方面开展深入研究。

3）**深度学习**。通过模拟人脑分析学习的过程建立具有阶层结构的人工神经网络，在计算系统中实现强大的非线性处理能力。深度学习与大数据有天然的内在联系，任何深度学习模型都需要大量的数据进行训练，随着军事大数据时代的到来，深度学习在军事方面得到了广泛运用。

4. 安全保密——数据安全和隐私保护

安全保密是军事大数据运用的重要内容，安全保密技术既要对数据进行保护以防止泄露，也要保证数据能够追溯审计。区块链、安全多方计算等技术为解决数据流的安全保密问题提供了很好的解决方案，同态加密、群签名、环签名、零知识证明、差分隐私等技术为上述方案提供了工具支撑。

1）**区块链。**区块链是一种去中心化的部署方式，区块链能够保证数据不被篡改、具有极强的公信力，因此，区块链技术天然适用于军事领域。区块链的运行机制如图 3–21 所示。美国国防部下属的 DARPA、北约通信与信息局等机构非常重视区块链的军事应用，而我国专门成立了战略支援部队信息工程大学区块链研究院从事区块链及其在军事领域的应用研究。

图 3–21　区块链

2）**安全多方计算。**安全多方计算最早由姚期智提出，研究如何在不泄露输入数据的条件下提供数据安全计算服务，具有输入隐私性、计算正确性及去中心化等特性，可以广泛运用到安全几何计算、安全信息检索、安全多方排序等方面，具有很强的军事应用特征。

二、大数据在集群智能无人作战中的具体应用

研究大数据技术在无人集群中的具体应用可以从无人集群的感知、通信、计算与控制环节入手。

（一）形成战场感知

无人集群从战场获取的数据大部分是非结构化数据，如图像、声音等。无人平台对这些数据的处理需要运用大数据技术，主要表现在无人平台的驱动方式已经从最初的传统算法驱动逐渐向数据、智能算法和算力的复合驱动转变。如果把算法比作“大脑”，那么算力就是“躯体”，数据则是“血液”。算法离不开海量优质数据的支撑。算法体现效率，数据决定质量；没有海量的数据资源，算法就成了无本之木，就会算不准。例如，美军使用计算机视觉技术识别可疑目标，开发的训练数据集多达 100 万张标注图像，只有当数据集足够庞大，才能增强算法的适应性。

（二）加速情报处理

应用大数据技术，能够大幅提高无人集群的情报处理能力，这主要体现在两个方面：一是大大提高情报信息处理效率。无人战争中战场情报信息数量极其庞大，并且大部分是非结构化数据，如果采用常规方式处理这些海量信息，犹如“大海捞针”，不但耗时高，而且效率低。而利用大数据对情报信息进行处理，则理论耗时可达到秒级，处理速度呈指数级跃升。二是能够发现更多有价值的情报。在信息受侦察手段、战场环境等因素制约时，利用大数据技术能够对来自多无人平台的信息快速进行自动分类、整理、分析和反馈，能够从大量相关或看似不相关的、秘密的或公开的信息中挖掘分析出有关目标对象的高价值军事情报，从而有效化解情报、监视和侦察系统不足的困境。

（三）辅助指挥决策

族群式智能无人作战是在“数据+算法”驱动下快速高效运行的，表现为“感知—指控—行动—评估”循环实施。在战场感知环节，无人系统利用自身携带的各种传感器获取环境特征，利用信息融合算法融合多种传感器探测信息，获取的战场信息都可以自动转化为作战数据输入网络系统，在比对、分析、处理、融合后，自动生成情报、信息和数据。在指挥控制环节，根据感知终端提供的共享情报信息数据，在大数据技术的支撑下，经过作战指挥系统基于数据和算法的“决策”，形成可供选择的行动方案。在作战行动环节，无人平台根据接收的作战指令和相关数据，结合实时战场情报信息，对敌采取相应的作战行动。在作战评估环节，应用战场感知的目标毁伤数据，通过评估功能模块对毁伤效果进行计算，得出的数据通过战场信息网络系统反馈至指挥员，为确定是否进行下一个流程的循环提供基本依据。在智能化作战体系中，每一个作战要素、作战环节的运行，都是依据“数据+算法”驱动，快速地运行循环，获取对抗优势，以达成作战目的。

第五节　人工智能

人工智能是研究和开发用于模拟、延伸及扩展人类智能的理论、方法、技术及应用系统的一门技术科学，无人系统与人工智能技术结合，形成了具有自主态势感知、决策和行动能力的智能无人系统，智能无人集群即由一定数量的智能无人系统组成的集群，可以说是人工智能技术赋予了无人集群自主特性，无人集群的感知、决策、自主控制功能的实现都离不开人工智能技术的支撑。本节将对人工智能的基本情况进行介绍，并重点对深度学习进行讲解，最后对人工智能在无人集群中的具体应用进行阐述。

一、人工智能的基本情况

人工智能是利用计算机模拟人类智能行为科学的统称，它涵盖了训练计算机使其能够自主学习、判断、决策等人类行为的范畴。AI 是人工智能的英文 Artificial Intelligence 的首字母的组合，它是当前人类所面对的最为重要的技术变革。AI 技术给予了机器一定的视听感知和思考能力，能够让机器做一些之前只有“人”才做得好的事情，主要集中在视觉识别（看）、自然语言理解（想）、机器人（动）、机器学习（自我学习）等领域，如图 3–22 所示。

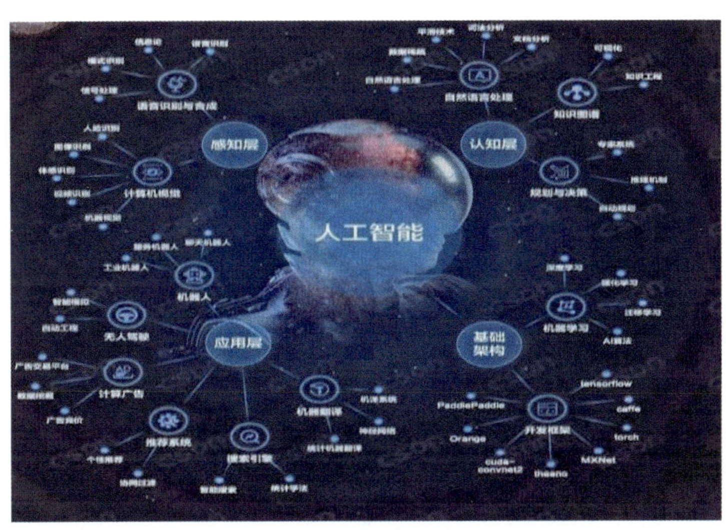

图 3–22　人工智能主要领域

在技术层面，AI 分为感知、认知、执行三个层次。感知技术包括机器视觉、语音识别等各类应用人工智能技术获取外部信息的技术，认知技术包括机器学习技术；执行技术包括人工智能与机器人结合的硬件技术及智能芯片的计算技术。在人工智能快速发展的大潮中，仿人智能、机器智能、群体智能、人机混合智能的军事应用日益突出，军事智能正在成为一个专门领域，强势推动军事力量形态和战争形态的发展演变。

人工智能技术的出现与应用，使战争形态的改变更具有彻底性和根本性。运算智能，特别是云计算已经将人类稳稳地送上了第一级台阶；感知智能，以大数据为基础的技术，让人类走上了第二级台阶；认知智能，以深度学习算法为驱动的技术，让人类努力向第三级台阶迈进；人机增强型智能，虚拟现实增强技术、类脑认知技术、神经网络技术，正在探索如何迈向第四级台阶。

二、人工智能的实现机理

机器实现人工智能需要具备类人的感知能力、认知能力及执行能力。

（一）智能机器的类人感知——智能传感器

智能传感器是智能无人装备感知外界的重要帮手，它们犹如人类的感知器官，智能机器的视觉、力觉、触觉、嗅觉、味觉等对外部环境的感知能力都是由传感器提供的。同时，传感器还可以用来检测无人装备的自身工作状态，以及无人装备探测外部工作环境和对象的状态，并能够按照一定的规律转换成可用的输出信号。

无人装备的传感器可分为内部传感器和外部传感器。内部传感器主要用来检测机器内部系统的状况，如各关节的位置、速度、加速度、温度、电机速度、电机载荷、电池电压等，并将所测得的信息反馈至控制器，形成闭环控制。而外部传感器则用来获取有关机器的作业对象及外界环境等方面的信息，是机器与周围交互工作的信息通道，用来实现视觉、接近觉、触觉、力觉等感光功能，如测量距离、声音、光线等的传感器。

1. 视觉传感器

机器视觉是使机器具有感知功能的系统，其通过视觉传感器获取图像进行分析，让机器能够代替人眼辨识、测量、判断、定位物体等。视觉传感器的优点是探测范围广、获取信息丰富，实际应用中常使用多个视觉传感器或者与其他传感器配合使用，再通过一定的算法可以得到物体的形状、距离、速度等诸多信息。视觉传感器结构如图 3–23 所示。

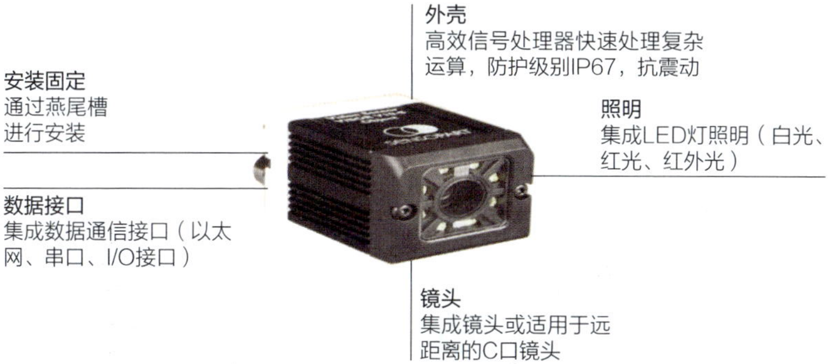

外壳
高效信号处理器快速处理复杂运算，防护级别IP67，抗震动

安装固定
通过燕尾槽进行安装

照明
集成LED灯照明（白光、红光、红外光）

数据接口
集成数据通信接口（以太网、串口、I/O接口）

镜头
集成镜头或适用于远距离的C口镜头

图 3–23　视觉传感器结构

2. 声音传感器

声音传感器的作用相当于一个话筒，用来接收声波，显示声音的振动图像，但不能对噪声的强度进行测量。声音传感器主要用于感受和解释在气体（非接触感受）、液体或固体（接触感受）中的声波。声音传感器的复杂程度可以从简单的声波存在检测到复杂的声波频率分析，直到对连续自然语言中单独语音和词汇的辨别。声音传感器如图 3–24 所示。

图 3–24　声音传感器

3. 距离传感器

主要用于智能移动机器人的距离传感器有激光测距仪（也可用于测角）、声呐传感器等，近年来发展起来的激光雷达传感器是目前比较主流的一种，可以用于智能机器导航和回避障碍物。距离传感

器如图 3–25 所示。

4. 触觉传感器

触觉传感器主要是用于智能机器模仿触觉功能的传感器。触觉是人与外界环境直接接触时的重要感觉功能，研制满足要求的触觉传感器是智能机器发展的关键一步。随着微电子技术的发展和各种有机材料的出现，人们已经提出了多种多样的触觉传感器研制方案，但目前大都属于实验阶段，达到产品化程度的不多。触觉传感器如图 3–26 所示。

图 3–25　距离传感器

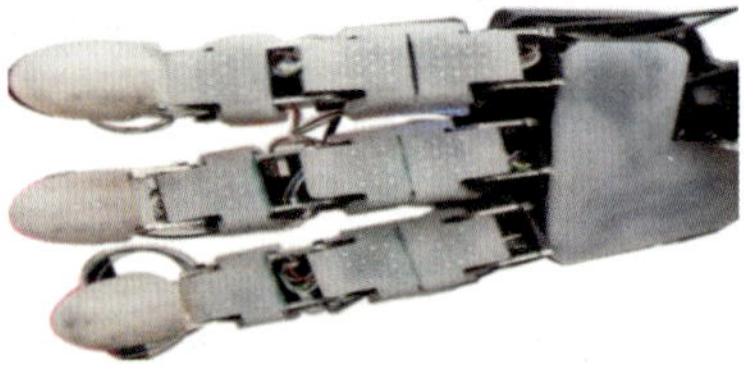

图 3–26　触觉传感器

5. 接近觉传感器

接近觉传感器介于触觉传感器和视觉传感器之间，可以测量距离和方位，并且可以融合视觉和触觉传感器的信息。接近觉传感器可以辅助视觉系统判断对象物体的方位、外形，同时识别其表面形状。因此，为准确抓取部件，对智能机器接近觉传感器的精度要求非常高。这种传感器主要有以下两点作用：一是发现前方障碍物，限制智能机器的运动范围，以避免和障碍物碰撞；二是在接触对象物前得到必要信息，如与物体的相对距离、相对倾角，以便为后续动作做准备。再获取物体表面各点间的距离，从而得到有关对象物表面形状的信息。接近觉传感器如图 3–27 所示。

6. 滑觉传感器

滑觉传感器主要是用于检测机器人与抓握对象间滑移程度的传

感器。为了在抓握物体时确定一个适当的握力值，需要实时检测接触表面的相对滑动，然后判断握力，在不损伤物体的情况下逐渐增加力量，滑觉检测功能是实现智能机器柔性抓握的必备条件。通过滑觉传感器可以实现识别功能，对被抓物体进行表面粗糙度和硬度的判断。滑觉传感器按被测物体滑动的方向可以分为三类：无方向性传感器、单方向性传感器和全方向性传感器。其中，无方向性传感器只能检测是否产生滑动，无法识别方向；单方向性传感器只能检测单一方向的滑移；全方向性传感器可以检测多个方向的滑动情况，这种传感器一般制成球形以满足需要。滑觉传感器如图 3-28 所示。

图 3-27　接近觉传感器

图 3-28　滑觉传感器

7. 力觉传感器

力觉传感器主要是用来检测智能机器自身力与外部环境力之间相互作用力的传感器。力觉传感器通常安装于智能机器的关节处，通过检测弹性体变形来间接测量所受力。安装于智能机器关节处的力觉传感器通常以固定的三维坐标形式出现，有利于满足控制系统的要求。目前出现的六维力觉传感器可以实现全力信息的测量，因其主要安装于腕关节处而被称为腕力觉传感器。腕力觉传感器大部分采用应变电测原理，按其弹性体结构形式可分为两种：筒式腕力觉传感器和十字形腕力觉传感器。其中，筒式腕力觉传感器具有结构简单、弹性梁利用率高、灵敏度高的特点；而十字形腕力觉传感器结构简单、坐标建立容易，但加工精度要求高。力觉传感器如图 3–29 所示。

8. 速度和加速度传感器

速度传感器有测量平移和旋转运动速度两种，但大多数情况下，只限于测量旋转速度。利用位移的导数，特别是光电方法让光照射旋转圆盘，检测出旋转频率和脉冲数目，以求出旋转角度，在圆盘表面预留透光缝隙，通过两个光电二极管辨别出角速度（转速），这就是光电脉冲式转速传感器。加速度传感器是一种能够测量加速度的传感器，通常由质量块、阻尼器、弹性元件、敏感元件和适调电路等部分组成。传感器在加速过程中，通过对质量块所受惯性力进行测量，利用牛顿第二定律获得加速度值。根据传感器敏感元件的不同，常见的加速度传感器类型包括电容式、电感式、应变式、压阻式、压电式等。速度传感器如图 3–30 所示。

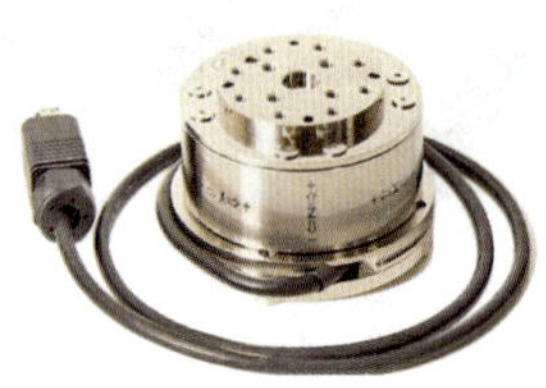

图 3–29　力觉传感器

图 3–30　速度传感器

智能机器要想做到如人类般灵敏，视觉传感器、声音传感器、距离传感器、触觉传感器、接近觉传感器、力觉传感器、滑觉传感器、速度和加速度传感器这八种传感器极为重要，尤其智能机器的五大感官传感器是必不可少的。从拟人功能出发，视觉、力觉、触觉最为重要，目前已进入实用阶段，但其他的感官，如听觉、嗅觉、味觉、滑觉等对应的传感器还有待一一攻克。

（二）智能机器的类人思考——人工智能算法

人的大脑一直是一个未解之谜。人类如何思考、人类的大脑如何工作、智能的本质是什么，是古今中外的哲学家和科学家一直在努力探索和研究的问题。早期的研究者将逻辑视为人类智慧最重要的特征。让计算机中的人工智能程序遵循逻辑学的基本规律进行运算、归纳或推理，大多是直觉和下意识的“经验”。基于知识库和逻辑学规则构建的人工智能系统（如专家系统）只能解决特定的狭小领域问题，很难被扩展到宽广的领域和日常生活中。于是，一些研究者提出了一种全新的实现人工智能的方案，就是机器学习。

人类的聪明之处就在于可以通过既有的认知触类旁通地推理出未知的问题。就像人类看书（书就是数据）时，依靠自身的思考与学习从书中提炼出智慧；机器学习（如图 3–31 所示）则是让计算机利用已知数据得出适当的模型，并利用此模型对新的情境给出判断的过程。

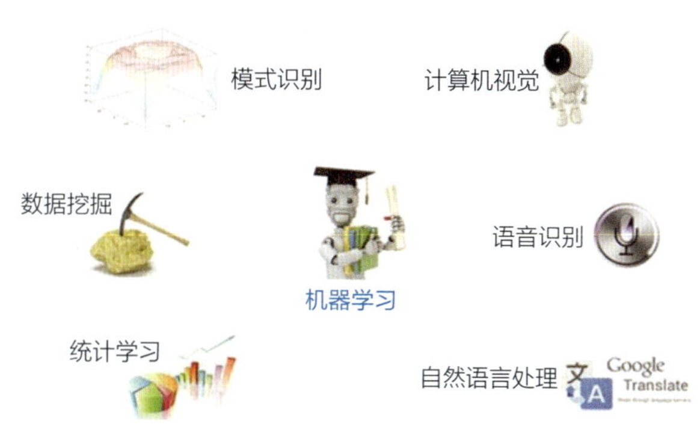

图 3–31　机器学习概念图

智能算法是“机器学习”的核心；机器学习又是“人工智能”的核心，是使计算机具有智能的根本途径。计算机通过大量样本数据的训练能够对以后输入的内容做出正确的反馈。训练的过程就是通过合理的试错调整参数，使出错率降低，当出错率低到满足预期的时候，就可以拿出来应用了。整个过程可以作如下类比：数据是输入，经过机器学习形成的一组算法的封装是“引擎”，输入的数据通过“引擎”的转换输出为数据的能量，进而供人们应用。

智能算法是无人系统认知作战问题的基础，是进行数据分类挖掘、信息分析判断、方案评估选择的关键。在未来战场上，无人系统可以通过算法自主分析和认知海量作战数据，甚至可以从战例中挖掘出作战规律和战法，用策略网络选择下一步如何行动。用价值网络预测行动后的输赢，不断自我博弈，积累对抗经验，进而使无人系统在实际作战中，拥有更科学的算法支撑，能够更加准确地预测战场局势，自主处理战场态势，并熟知敌我双方指挥官的思维习惯、性格脾气和行为特征，分析对手可能采取的措施并选择最优战法，为争取战场优势提供有力支撑。

（三）智能机器的自主学习——深度神经网络

深度学习模型的灵感来自人类大脑视觉皮层及人类学习的方式，以工程化方法对功能进行简化。深度学习模型是否精确反映了人类大脑的工作方式还存在争议，但重要的是这一技术的突破让机器第一次在语音识别、图像识别等领域实现了与人类同等甚至超过人类的感知水平，并从实验室走向产业，发挥价值。

1. 深度学习的概念

人工智能、机器学习、深度学习三者的关系：简单来说，机器学习是实现人工智能的一种方法；深度学习是实现机器学习的一种技术。图 3-32 给出了三者的关系。机器学习使计算机能够自动解析数据、从中学习，然后对真实世界中的事件做出决策和预测；深度学习是利用一系列“深层次”的神经网络模型解

图 3-32　人工智能、机器学习、深度学习三者的关系

决更复杂问题的技术。

深度学习是机器学习的重要分支，作为新一代的计算模式，深度学习力图通过分层组合多个非线性函数来模拟人类神经系统的工作过程。其人工神经网络算法与传统计算模式不同，本质上是多层次的人工神经网络算法，即模仿人脑的神经网络，从最基本的单元模拟人类大脑的运行机制，能够从输入的大量数据中自发地总结出规律，再举一反三，应用到其他场景中。因此，它不需要人为地提取所需解决问题的方法或者总结规律来进行编程。深度学习使得机器学习能够实现众多的应用，使所有的机器辅助功能成为可能，拓展了人工智能的领域范围。

2. 基于深度学习的视觉感知技术

广义上说，所有军事目标都可以被分为两类：“合作”与“非合作”目标。

“合作”目标是指那些能够主动发射信号，也就更容易被探测到的目标。以雷达为例，雷达一旦启动就会通过电磁频谱释放能量。雷达通过发射信号来“观察”目标，但这些信号反射能量的同时也暴露了雷达自身的位置。敌方通过追踪电磁频谱的能量来源，就能够找到雷达。这也是“哈比”无人机这类自主武器寻找雷达的方法。它们使用被动传感器，只要静静地等待并聆听“合作”目标（敌方雷达）广播自己的位置，然后寻找到信号来源即可摧毁目标。

“非合作”目标就是那些不会广播自己位置信息的目标。这些“非合作”目标可能是船只、关闭了雷达的飞行器，静谧航行中的潜艇或坦克、自行火炮和导弹机动发射车。要发现“非合作”目标，需要主动雷达向外界环境发射信号来探测目标。雷达和声呐都属于典型的主动传感器，雷达发射电磁能量，声呐发送声波。这类主动传感器（在发送信号后）观察反射回来的能量并试图从环境噪声中识别出潜在目标。雷达“观察”反射回来的电磁能量，声呐则“听取”反射声波。

交战双方就好像两个在一片漆黑中较量的对手，相互聆听并睁大眼睛观察，企图在黑暗中隐藏自己并同时发现对方的蛛丝马迹。人的眼睛是被动传感器，只能简单地接受亮光。要在黑暗中看清物体，就需要借助手电筒等外部光源。但使用手电筒也会同时暴露自己的位置，使自己变成对方的“合作”目标。寻找“非合作”目标就像在黑暗里找关闭了自己手电筒的人，非常困难。

如果背景里的杂乱回波很少，通过主动探测的方式便可轻松发现目标。但在嘈杂环境中，即使要发现之前已经确认的目标也很困难。移动目标可以通过多普勒频移观察到。目标的移动会改变雷达返回信号的频率，使其从固定背景中脱颖而出，但要在嘈杂环境中寻找固定目标，却很困难。

尽管人类视觉认知处理的过程非常复杂，但静止并进行了伪装的目标仍然会欺骗人的眼睛，要发现融入背景中的目标，计算难度非常大。军方目前通常使用合成孔径雷达探测“非合作”目标。配备有雷达的载具，尤其是飞行器，通常在飞越目标上空时会发出一束雷达脉冲信号。这种技术和传感器阵列产生的效果相同，是一种能够提高图像分辨率的强大技术手段，得到的结果是由黑白小点组成的图像。虽然合成孔径雷达生成的图像不像光电或红外照相机拍摄得那么清晰，但它的功能十分强大——能够穿透云层，适应全天候监视的需要。但要设计出能自动识别合成孔径雷达图像的算法难度极大。停放在跑道上的坦克、自行火炮和飞机的 SAR 图像的识别难度超出了人的能力限度，历史上出现的各种有关合成孔径雷达的算法，得出的结果远远不及人类识别。

人工智能近年来的发展重点一直是目标识别和感知，得益于深度学习技术的进步，该领域发展迅猛。深度学习使用的是一种神经网络，这是一种类似人或动物大脑中神经元结构的人工智能手段。

神经网络执行任务并不遵循“如果……就……”的顺序，而是基于网络中节点的强度来工作。成千上万甚至以百万计的数据样本被反馈至网络，通过调整网络中节点间连接的不同权重，达到使用数据对网络进行“训练”的结果。神经网络就是以这种方式“学习”的。在学习的过程中，调整网络设置直到获得正确的输出结果。图 3-33 所示为深度神经网络示意图。

深度神经网络是指那些在输入层和输出层中间加入很多“隐含层”的神经网络，也是机器学习的基础。在输入层和输出层间添加更多层，可以提高网络的复杂程度，从而使深度神经网络能够处理更复杂的任务。有些深度神经网络的结构甚至超过 100 层。

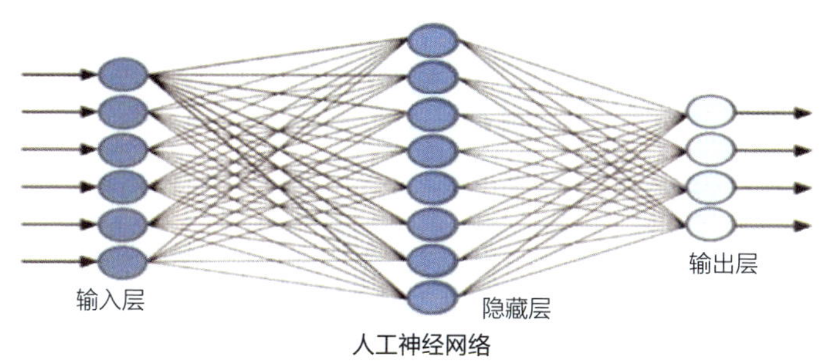

图 3-33　深度神经网络示意图

网络的复杂程度对于图像识别技术来说至关重要，深度神经网络在这一领域已经取得了引人注目的进展。2015 年，微软公司的一组研究人员宣布，他们创造了一种远超越人类识别能力的深度神经网络。这种网络识别包含 15 万张图片在内的标准数据库，出错率为 4.94%，高于人类 5.1% 的平均水平。几个月后，他们凭借 152 层的神经网络将错误率成功降低到 3.57%。

自然界中的生物感知外界物体的大小、形状、明暗、颜色、空间位置距离等重要信息，80% 以上的信息是通过视觉功能获取的。基于深度学习技术的视觉感知在智能无人机器上的应用已非常广泛且日趋成熟，特别是基于视觉的导航与避障技术的研究，实现了无人平台在没有 GPS 或 GPS 信号弱的情况下实现导航和避障。单无人智能机器视觉控制技术的成熟，使集群平台能够利用立体视觉技术进行信息获取与交互、集群任务协同、集群编队与队形变换，完成复杂条件下的目标识别判断与精准任务成为可能。

3. 深度神经网络的局限性

任何一种算法都有其不完备性，深度学习算法也不例外。该方法在面对具有可微分（函数连续）、强监督（样本数据标定很好、样本类别 / 属性 / 评价目标恒定）学习、封闭静态系统（干扰少、鲁棒性好、不复杂）等任务时有效，而在面对不可微分、弱监督（样本分布偏移大、新类别多、属性退化严重、目标多样）学习、开放动态环境下的任务时，该方法效果较差，计算收敛性不好。

另外，深度学习并不遵循传统的编程规则，而是通过模糊的神经网络算法模型直接从数据中进行学习。相对于其他机器学习方法，使用深度学习生成的模型非常难以解释。这些模型可能有许多层和上千个节点，单独解释每一个层或点是不可能的。对于设计人员来说，这实际上就是一个“黑箱”。计算机程序员可以查看神经网络的输出结果，了解结果的正误情况，但要理解系统为什么会得出某种结论——尤其是预测故障，则相当具有挑战性。

欺骗图像是利用深度神经网络的漏洞欺骗机器识别的错误图像。欺骗图像通常有两种形式：一种看起来呈现出抽象的波浪线和波浪形状，另一种是人眼看来毫无意义的静态图像。匪夷所思的是，神经网络竟然将这些毫无意义的图像识别为具体物品，且置信度超过了 99%。问题并不在于神经网络错误识别目标本身，而是它错误识别图像的方式十分怪异，明显不符合人类的直觉。这些神经网络以人类从未有过的犯错方式，将无意义静态的或抽象的形状错误识别为物品，这使人们难以准确预测神经网络可能发生故障的具体情境。

这一特点也被攻击者用来实施欺骗攻击，其原理如图 3-34 所示。此外，这不仅是某种特定神经网络的弱点，而且这个漏洞目前已经扩散到用于目标识别的大部分深度神经网络中，应用于视觉目标识别的人工智能在“欺骗图像”面前表现出的脆弱性，充分彰显了验证学习系统行为中存在的问题，它有可能会让你在不知不觉间失去“发现错误”的机会。

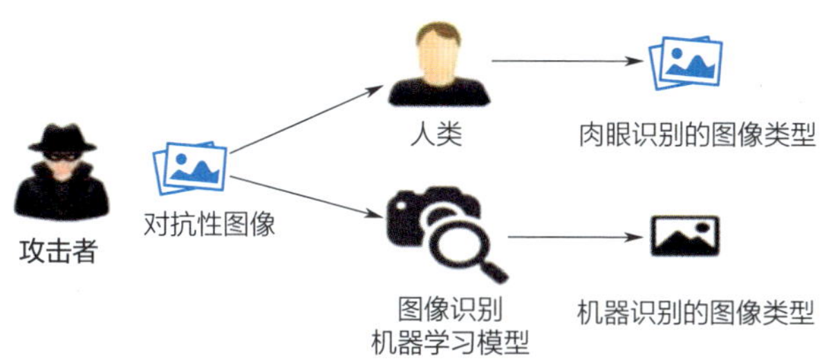

图 3-34 欺骗攻击原理

如图 3-35 所示，图中最左边很明显是一只熊猫，机器也以 57.7% 的判别率认出这是只熊猫，但加了中间肉眼难以辨认的抽象图后，模型反而以 99.3% 的判别率辨认这是只长臂猿。

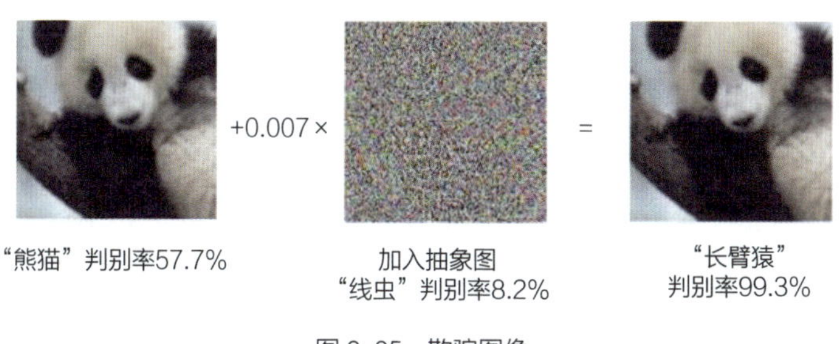

图 3-35 欺骗图像

这对集群智能无人作战意味着什么？试想，如果利用深度神经网络技术发展无人平台的目标识别和感知技术，敌方能够轻易通过“欺骗图像”手段，操纵系统行为，使其攻击错误目标，并使其在

“人在回路外”的情况下进行自主分类、瞄准和击杀目标，那么这种恶意攻击可能会异常迅速地导致致命悲剧的发生。

最后，如今的深度学习技术还有另一个问题，它需要大量的数据作为训练基础，而训练所得到的结果难以应用到其他问题上。因此，如何在面对各种复杂战场情境任务时恰如其分地解决这些难题，就需要结合其他的方法取长补短、协调配合。

三、人工智能在集群智能无人作战中的具体应用

无人集群中的人工智能技术主要包括机器视觉、自主系统训练、自主任务决策和攻击。

（一）机器视觉

机器视觉是指通过计算机模拟人类视觉能力，使机器获得视觉信息并进行处理和分析的技术。机器视觉提供目标检测和分类等态势感知能力，并且当多传感器融合时，它可以在复杂环境中进行检测、跟踪和定位。机器视觉对于基于视觉的导航也是必不可少的。无人集群利用机器视觉工作，首先操作员亲自操控无人集群，从摄像机和激光雷达收集视觉和空间数据，再对数据进行标记。新标记的数据将利用无人装备的机器学习算法运行，以训练无人装备在摄像机的视野范围内区分物体，并关联类似对象以避免危险的能力。目前，无人集群正在探索利用机器视觉算法在无人装备进行自主飞行时扫描和躲避障碍物。认知视觉导航和图像拼接是利用视觉数据和机载人工智能处理技术进行自主导航的研究领域。如图 3–36 所示为图像识别技术的应用。

（二）自主系统训练

智能无人集群是人工智能和无人平台结合发展的一个关键领域，人工智能为智能无人集群提供了一种快速、自适应和灵活的方式来

图 3–36　图像识别

探索集群行为的最佳交互规则，利用人工智能来校准集群运动和战术，从而增强系统自主性以减轻人工负担。通过机器学习、深度神经网络、卷积神经网络等，无人集群可以利用训练数据自主完成集群感知、集群编组、集群组网等功能，逐步形成态势感知、计算、机动、火力等优势。未来，无人集群使用最优化的人机结合算法训练，将有助于保持有竞争力的战场优势。

（三）自主任务决策与攻击

无人集群自主任务决策与攻击就是在竞争的电磁环境中，对监视、侦察和攻击过程进行预编程，执行复杂的命令，完成作战目标。随着现代无人系统复杂性的增加，无人集群协同作战概念的出现，传统的任务规划和执行往往无法满足多样化作战的需求。以遗传算法、“蚁群”算法和人工神经网络为代表的人工智能方法可以为执行自主任务提供可靠决策。无人集群依靠云平台，利用分布式智能计算机系统，进行集中指挥、分散控制和分散执行。自主任务执行可以同时在多个无人装备上进行，即使一个或几个无人装备被摧毁，还可以通过剩下的或新增的无人装备继续执行作战任务。

第六节　量子技术

无人集群固然有其作战优越性，但由于当前的技术水平制约，还无法做到完全自主行动，因此其远程操作的作战方式必然带来了作战局限性，主要表现在通信有延时、通信易被干扰及通信不安全等问题。量子技术的发展则给突破无人集群技术瓶颈带来了希望。本节将对量子技术及其在军事领域的应用进行阐述，而后结合智能无人集群当前存在的技术难题，提出以量子技术解决的思路与构想，力求为量子技术在智能无人集群中的后续应用探寻方向。

一、量子技术的基本情况

量子技术是指以量子力学基本原理为基础，与信息技术相结合，通过量子系统的各种相干特性（量子并行性、量子叠加性、量子纠缠性和量子不可克隆性等）进行计算、编码和信息传输的全新信息技术。

量子技术是基于量子比特的全新技术，图 3–37 所示的量子叠加解释了量子系统的相干特性。经典计算用比特表示 0 和 1，比如，开关的“关”状态表示 0，“开”状态表示 1。显然，一个经典比特在同一时刻只能表示 0 或 1 两个数中的一个，而量子比特的载体遵循量子力学的规律，可以处于 0 和 1 的相干叠加态，即一个量子比特可以同时包含 0 和 1 的信息，这种特性称为量子叠加，系统能处于量子叠加的能力被称为相干性。对叠加的量子比特进行操作，就同时完成了对 0 和 1 的操作。

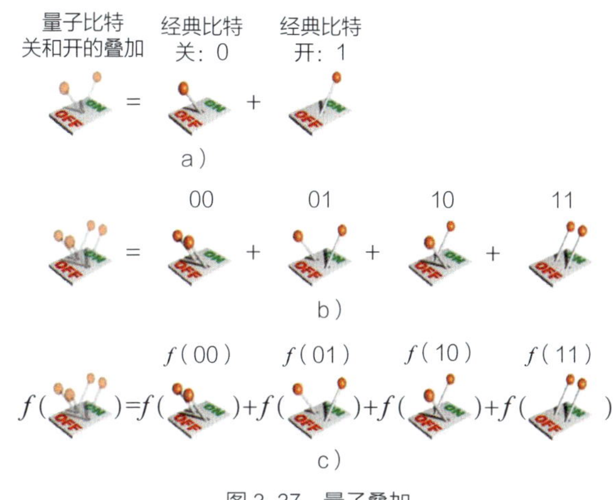

图 3–37　量子叠加

a）1 个量子比特可以同时包含 0 和 1 的信息

b）2 个量子比特可以同时包含 00、01、10 和 11 的信息

c）对 2 个量子比特的运算同时完成了对 00、01、10 和 11 的运算

注：这里的“+”指量子力学中的量子叠加，不是四则运算中数的加法；准确说，是希尔伯特（Hilbert）空间中的矢量加法。

量子物理中充满了各种违背人类直觉的诡异现象，而它们恰恰是构造量子技术的基本要素。图 3–38 展示了“让这个世界以概率方式运行”的测量和“拥有诡异超距作用”的量子纠缠。a）对叠加的量子比特进行测量，会改变叠加的量子比特，以概率的方式变为 0 或 1。量子纠缠是一种特殊的量子叠加状态。b）有两个量子比特，将 00 和 11 叠加在一起，如果对这两个量子比特进行测量，它们会塌缩到 00 或者 11。但是，如果第一个量子比特变成了 0，那么第二个量子比特也一定会变成 0；同样地，如果第一个变成 1，第二个也一定会变成 1。c）关键在于，无论这两个量子比特相距多远，即使一个在地球，一个在火星上，一个量子比特发生塌缩，另一个也会以关联的方式瞬时塌缩。

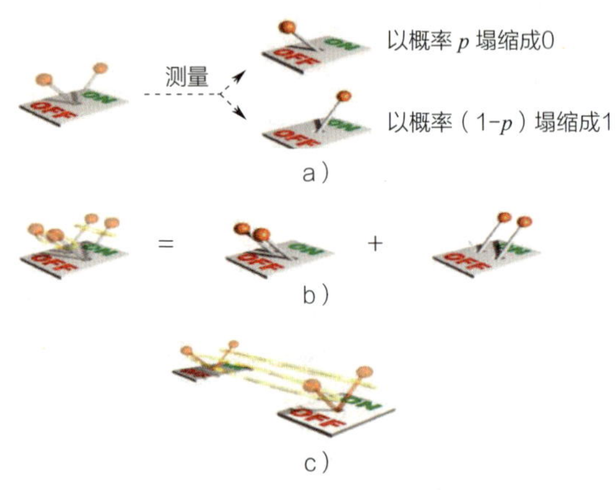

图 3-38　量子测量与量子纠缠

a）测量量子比特会导致其以概率的方式变化成（塌缩）经典比特的状态；

b）量子纠缠：两个量子比特处于一种特殊的叠加态，对这两个量子比特进行测量，若第一个比特塌缩成 0（关），那么第二个比特也塌缩成 0（关），若第一个比特塌缩成 1（开），那么第二个比特也塌缩成 1（开）；

c）量子纠缠的“超距”作用：无论两个纠缠的量子比特相距多远，也会发生测量的关联塌缩现象。

（一）量子技术的分类

量子技术主要包括量子通信技术、量子计算技术、量子成像技术、量子导航技术、量子传感技术等，如量子通信主要研究量子密码、量子隐形传态、远距离量子通信等方面的内容；量子计算主要研究量子计算机和适合量子计算机的量子算法。当前，量子技术已成为全球最引人瞩目的前沿技术领域之一，各国在量子信息领域争相投入巨资，以期待取得突破。

（二）量子技术的发展现状

近两年，量子技术发展势头迅猛，巨大潜力日益显现，其各个细分领域取得若干重大突破，各国竞争也进入白热化阶段。美国、中国、英国、欧盟各国、日本等分别将量子技术提升至国家战略高度，国际社会纷纷加大研发力度和投入，力争抢占技术制高点。2014 年，英国设立"国家量子技术计划"，每年投资 2.7 亿英镑用于建立量子通信、传感、成像和计算四大研发中心，在大学和企业之间形成紧密合作关系。2016 年，欧盟宣布了 10 亿欧元的"量子技术旗舰计划"（为期 10 年），重点在通信、计算、传感、模拟这 4 个量子技术领域加大投入；加拿大向滑铁卢大学的量子技术项目投入 7600 万美元资金；澳大利亚 2016 年国家创新和科学议程为推进量子计算的商业应用，专门投入 5300 万美元建立公私合作伙伴关系；韩国政府积极推进量子通信，与该国最大的通信运营商 SK 电信在全国 5 个研发中心建立了量子密钥分发测试平台；日本专门成立量子信息和通信研究促进会及量子科学技术研究开发机构，计划未来 10 年投入 400 亿日元用于量子技术研究。技术领先的美国，也一直持续加大对量子技术研发的投资力度，已通过"量子信息科学和技术发展规划"等项目，每年投入约 2 亿美元用于量子信息各领域研究。2018 年 6 月，美国推出《国家量子计划》法案，计划在 10 年内拨给该国能源部、国家标准与技术研究所和国家科学基金 12.75 亿美元，全力推动量子科学发展，同时拥有各政府部门、科研院所、IBM、谷歌、微软等科技巨头及众多活跃的初创企业等雄厚的基础研究和应用转化实力。

为抢占第二次量子技术革命的制高点，我国近年来对量子技术的重视和支持力度也逐渐加大，先后推出"自然科学基金"、"863"计划和重大专项等来支持量子信息的研究和应用。经过多年发展，中国在量子通信领域成绩斐然，2016 年 8 月，"墨子号"量子卫星

（见图 3–39）成功发射升空，2017 年 9 月 29 日，世界首条量子保密通信干线“京沪干线”与“墨子号”科学实验卫星进行天地链路，成功实现洲际量子保密通信；我国在量子计算方面也迈入世界领先行列，2017 年 5 月，由中国科技大学、浙江大学、中国科学院—阿里巴巴量子计算实验室、中国科学院物理研究所联合研发的全球首台光量子计算机在上海亮相，标志着在该领域我国已经达到世界一流水平；但中国在量子模拟、量子精密测量、量子传感、量子成像等方面的研究力量还较薄弱，目前整体落后于欧美国家。

图 3–39 “墨子号”量子卫星

（三）量子技术的发展趋势

从当前情况看，量子技术的发展趋势主要体现在 5 个方面。

1. 量子通信技术走向大规模应用

目前，量子通信技术正朝着高速率、远距离、网络化的方向快速发展。瑞士、美国、法国、澳大利亚等国均有一些公司的量子密码相关产品上市出售，标志着量子保密通信开始进入大规模实用阶段。欧美等发达国家纷纷制定国家战略，推动实现量子技术的市场应用，将相关研究转化为适用于市场、能带来利益的创新产品，这些战略的实施将会帮助量子行业带来盈利、规模增长和可持续发展。

2. 量子计算技术趋于实用化

量子计算技术已经从实验室演示走向大规模实用化和产业化阶段。量子计算机具有天然的量子并行计算能力，能够应对传统计算方法难以解决或无法解决的问题，实现计算能力质的飞跃。量子计算可以对现有密码体系进行快速破译，整体颠覆现有的以数学为基础的密钥体系；可以有效解决高性能、大数据计算问题，大大提高研发效率，解决气象预报、药物设计、石油勘探等所面临的大规模计算难题，揭示高温超导等复杂物理机制。

3. 量子传感技术进入商用阶段

量子技术在量子传感、量子精密测量、量子成像等多个方面发展，可以大幅提升医学检测、潜艇定位、卫星导航、引力波探测等技术的精度和准确性，并实现对时间、重力、位置等的超高灵敏度测量；可以在很大程度上替代传统信息技术，特别是在国防、电信、金融、医疗等对精度、性能、可靠性要求较高的领域，量子技术得到更多的重视。例如，量子传感能以极高精度实现导航和定位功能，大幅提高军事设备在 GPS 拒止环境下的导航和探测能力。

4. 量子技术多路并举推进

量子信息科学的物理基础涉及光子、原子、固体晶格杂质和超导电路等多种实现方式及技术路线，这些技术路线均可以适应特定的应用场合，但其应用缺陷也显而易见。为此，该领域将重点考虑多条技术路线并行的不确定性，同时发展对应的必要技术工具，避免因单一技术路线而造成技术误判。

5. 量子技术革新作战模式

量子技术是引领未来军事革命的战略性、颠覆性技术之一，将为导航、授时、计量、通信和信息处理、电磁频谱深度控制、电子战等领域带来深刻变革。美国以“微型曼哈顿计划”给将要部署的量子计算机相关计划命名，将量子研究重要性等同于原子弹研制，由此可见量子技术对未来作战的重要影响与作用。

二、量子技术在军事领域的应用

量子技术以速度快、功耗低、存储能力大、计算能力强、保密性好等特点，对现代战争形态和制胜机理产生深远影响。

（一）量子通信

量子通信技术是利用量子纠缠效应等特性进行信息传递的一种新型通信方式，是一门新型交叉学科，主要涉及量子密钥分配、量子隐形传态等，近年来已经逐步从理论走向实用，并向军事领域发展。量子通信的主要优势在于它颠覆了传统的保密与窃密技术，通过用量子态作为信息加密和解密的密钥，使任何想测算破译密钥的人，都会因量子态改变而无法得到有用的信息，并且会留下痕迹而被合法用户发现。而一次一密、完全随机的加密方式，也令加密内容不可破译，使军事通信在原理上实现无条件安全和保密，进而能够打造一个高效、安全、隐蔽的新型军事通信网络。量子通信还可以有效弥补水下通信短板，为构建隐蔽性更强、覆盖范围更广的军事通信网络提供重要支撑。

（二）量子雷达

量子雷达是量子度量学的一个重要研究方向，其本质是将光量子作为光频电磁波微观粒子来对目标进行探测，具有突出的优越性能，非常适合军事领域的应用，能够在未来战场中发挥重要作用。量子雷达概念如图 3–40 所示。量子雷达的优势特点主要体现在两方面：一是依靠强大的反隐身技术和极远的探测距离，有可能使几乎所有的空中目标都逃不过量子雷达的探测，从而彻底颠覆隐身飞机的作战优势；二是体积小、功耗低、抗干扰能力强、不易被敌方电子侦察设备发现并易于成像。量子雷达可以在舰船、潜艇、车辆、战斗机、预警机等平台上应用，能够有效扩展各类装备平台的探测距离，并且能够在夜间、烟尘环境及其他能见度不良的环境下，及时发现隐身目标，削弱隐身飞机威胁，实现高精度的预警探测，提高部队战斗力和生存率，还可以进一步应用于导弹防御和空间探测，成为未来战场上的“千里眼”和“顺风耳”，引领侦察探测进入一个新时代。

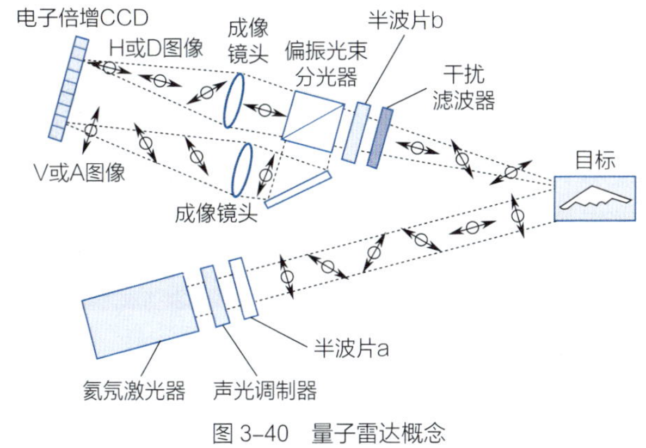

图 3-40　量子雷达概念

（三）量子计算

量子计算利用量子态叠加原理和量子纠缠特性，具有传统计算方式无法比拟的高速处理、高保密存储信息、并行计算的优越能力，是顺应未来战场需要的新一代高性能计算技术，在军事领域具有十分广阔的应用前景。量子计算能够满足信息存储处理、武器装备研制、战场态势分析、信息安全等对计算速度不断提高的现实需求，为军事复杂问题提供高效的解决方案。在武器装备研制方面，量子计算可以有效解决高性能、大数据计算问题，加快导弹攻防系统、大型海空作战武器平台、军事航天装备等复杂武器系统的设计和试验进程，大幅提升武器装备研发效率，有效支撑先进武器装备研制需求，为未来战场提供更加尖端、实用的武器装备；在作战指挥方面，量子计算能力与人工智能、大数据分析等技术相结合，可以对战场海量数据进行实时分析处理，进一步提升战争预测、作战方案制订与评估等能力，在作战规划、指挥决策、后勤保障等方面具有重要作用；在信息安全方面，用量子搜寻算法攻破现有密码体系，经典计算机需要 1000 年，量子计算机只需不到 4min 的时间，其强大的并行处理能力使现有 RSA 公开密钥体系无密可保，对基于经典保密系统技术的信息安全构成了根本性威胁。而基于量子力学的测不准原理，量子计算技术将提供一种理论上绝对安全的量子密钥分配方案，为军事信息安全提供强大支撑。图 3–41 为量子计算机。

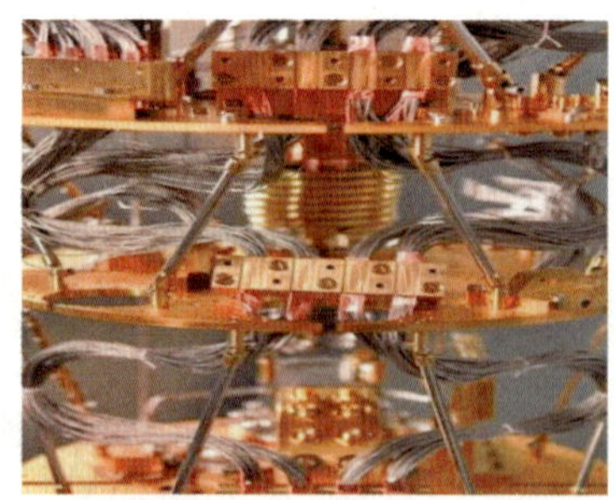

图 3–41　量子计算机

（四）量子导航

量子导航（如图 3–42 所示）是基于量子效应和微加工技术的惯性导航系统，不需要与外界信息交换就可以进行自主导航，具有高精度、低能耗、小体积、低成本等优势，以及不依赖卫星的全空域、全时域无缝定位导航能力，实现了武器装备精确自主导航的现实需求，同时降低了制导系统载荷消耗，可以大幅提高武器可靠性与作战效能，可用于预警机、潜艇、无人机、直升机等装备的导航和精密测量，也可用于武器导航（特别是战略型洲际导弹和精确打击导弹）和单兵作战，提升武器装备的战场生存力和战斗力，进而革新武器装备使用模式与对抗模式。如量子罗盘应用于核潜艇可以使其

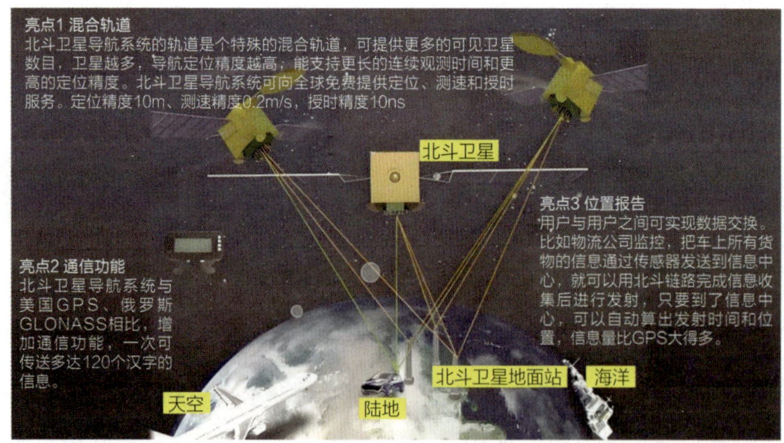

图 3–42　量子导航

摆脱对卫星导航系统的依赖，实现量子精确定位，为发射导弹提供服务；应用于航天器、深空探测器等领域，其自主导航将更加自主、安全，可以避免敌方恶意破坏。

（五）量子材料

量子技术与材料、化工等技术相结合，能够根据战场需要研发出许多新型材料。如量子隐身材料，可以通过弯曲光线达到视觉隐身，甚至逃过红外望远镜和热力学设备的追踪，身披“隐身衣”的武器装备与人员更容易潜入敌方阵地、摧毁敌有生力量，甚至在敌方战场前段和敌方经过路径事先布置隐身武器装备而不被敌方发现，十分有利于打乱敌方力量部署，夺取战场主动权。量子电池是利用量子物理进行热力学研究，借鉴量子纠缠发生过程短的特点，将量子比特制作成电池，具有充电快、容量大、寿命长、稳定性好等特点，量子电池的发展和使用，将使无人机、舰船和常规动力潜艇的能源补给能力得到大幅提升，增加航程和航时，也可以为集成化电子设备、装备野战保障、单兵野外生存等提供新能源。此外，量子涂层技术还可以保护武器装备的核心部件不被电磁击穿。图 3–43 给出了量子材料的概念图。

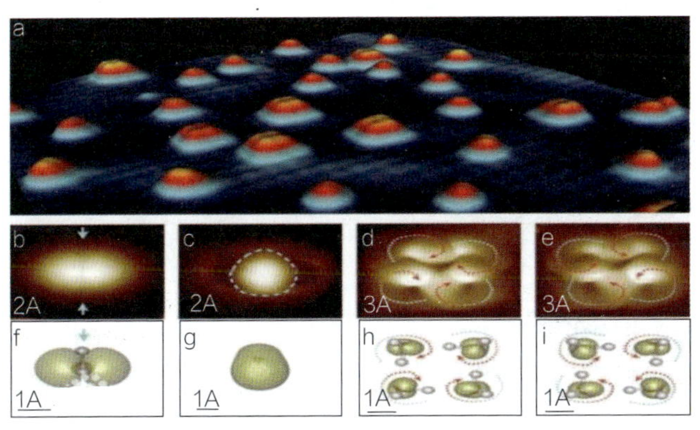

图 3–43　量子材料概念

（六）量子医疗

世间万物均有个性化磁场，并蕴含着能量，而量子作为一种有非连续运动能量波的微粒子，可以与人体细胞的磁场能量波形成共振和传导，振荡剥离细胞的毒垢，纠正磁场波动混乱的细胞，并且修复受损细胞，补充细胞能量，提高人员生命力。利用量子医疗技术可以准确探知、查找、测定存在于人体内的潜在疾病，发现早期癌症、糖尿病、心脑血管疾病等各种疾病和潜伏隐患，适合健康普查和疑难病筛选，还可以对情绪、压力与心理状态进行精准量化与评估，并鉴定各类药物和食物的成分及功效，筛选有效药物；可以对人的器官系统自动频率进行改善，并能提供解毒、过敏调理、营养素均衡、抗疲劳等多种医疗方案，能够为参战人员的身心健康提供良好的服务保障。

三、量子技术在集群智能无人作战中的应用构想

首先来看看集群平台当前存在的问题。

（一）单体能力弱

集群平台总体规模通常与单体体积成反比，即集群规模越大，个体尺寸越小。以当下研究较为成熟的空中“蜂群”为例，个体的体积制约了无人机整体性能（飞行速度、飞行时间和载重能力等），如采用电动力装置的无人机，飞行时速一般不超过 100km，续航时间一般在 1h 以内。亿航公司的“千机变”无人机集群，仅能编队飞行 9min；中国电科集团（中国电子科技集团公司）的 119 架固定翼无人机集群，飞行时间也不到 0.5h。

（二）信息依赖强

信息交互是集群平台作战的内在关键，无人系统作战单元通常需要依赖卫星定位，以确定和校正自身位置、姿态。集群内的无

人装备之间还需要共享数据，并进行任务、航路的规划与协同。在实际作战中，集群对信息交互的要求会更高，除需要可靠的控制链路外，还需要建立可靠的局域网，因此对无线通信依赖大，容易被干扰。

（三）协同难度大

集群平台既要保持编队稳定、可靠、能自主规划路线，还要感知作战态势，规划作战任务，实施作战协同，这就要求集群平台控制系统具有极高的计算能力。以空中“蜂群”为例，从实验情况看，保持编队稳定、自主飞行规划、自主任务规划的难度呈阶梯式增长。目前美国虽已实现 1218 架无人机稳定编队飞行，却仅实现了 103 架无人机的自主规划飞行，而实现集群对抗的无人机“蜂群”试验规模仅为 10 架。

倘若量子技术发展成熟并应用于集群式智能无人平台中，那么量子通信技术可以确保通信网络更为安全保密；量子雷达技术可以提高无人装备的侦测性能，破除战场迷雾；量子计算技术可以为无人系统提供强大的算力，一方面提高系统辅助决策能力，在 OODA 循环中抢占先机；另一方面为算法优化提供算力支撑，使无人系统更加智能与高效；量子导航技术可以使无人系统摆脱对卫星导航系统的依赖，且定位更为精确稳定，为有人 / 无人系统火力协同提供可靠服务，另外，量子导航体积小、能耗低的优势也进一步提升了无人系统的作战持久性，为系统的战时部署提供了技术支撑；量子材料技术不仅可以实现无人装备“隐身”效果，把握战场主动权，而且量子电池可以使无人装备能源补给能力得到质的提高，增加续航力。

量子技术具有极大应用前景，它们一旦进入无人作战领域，将对集群智能无人作战、对未来战争产生重大影响。

第七节 虚拟现实

虚拟现实（Virtual Reality，VR）是指人在计算机创造的虚拟空间中，通过自然的方式进行人机交互的技术。无人战场是有人平台远程操作无人平台的战场，对无人集群的操作一般是远距离进行的，由此带来了不可避免的感知延时问题，但可以运用虚拟现实实现人机交互，使操作员仿佛置身于真实的战场环境中，进而解决这个问题。本节将对虚拟现实中的实时建模技术、全息投影技术及增强现实和混合现实技术进行介绍，而后对虚拟现实在无人集群中的应用构想进行阐述。

一、实时建模技术

实时建模技术主要有3D扫描仪技术、3D摄像机技术、多重影像建模技术等。3D扫描仪技术主要通过创建物体几何表面的“点云”来插补成物体的表面形状，越密集的点云可以创建更精确的模型，缺点是扫描范围有限，无法扫描巨大的物体。3D摄像机技术主要通过两个及以上的3D镜头，拍摄出类似人眼所见的针对同一场景的不同图像。多重影像建模技术则是通过拍摄大量、多角度的照片，对物体进行建模。三种实时建模的方式各有优长，应用中要根据实际情况进行合理选择。

（一）武器装备实时建模

对于武器装备仿真而言，实时建模技术也是未来发展的重要趋势。随着国内外武器装备的推陈出新，大量的新武器装备被研制，对于武器装备仿真的需求也越来越大，特别是对于武器装备零件的建模。传统的武器装备建模技术是通过计算机软件进行绘制，建模周期较长，如果没有三视图或清晰准确的照片，就无法保证建模的精确性。而利用实时建模技术，仅仅通过 3D 扫描仪、3D 摄像机的拍摄扫描就可以直接得出武器装备的实际数据，建模工作流程自动化，大大提高了工作效率。如图 3–44 所示为 3D 摄像机。

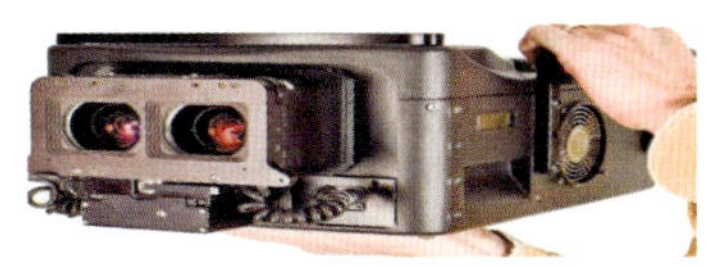

图 3–44　3D 摄像机

（二）战场环境实时建模

战场态势瞬息万变，传统的计算机建模效率较低，无法满足需求。近年来，无人机已经成为军事大国们争相发展的重点。利用倾斜摄影技术，在地理信息软件中规划采集数据区域，设置重叠率、镜头倾斜角度等信息，再将这些信息导入建模软件中，通过软件的合成计算，便可以得到可交互、可编辑的三维场景模型，如图 3–45 所示。

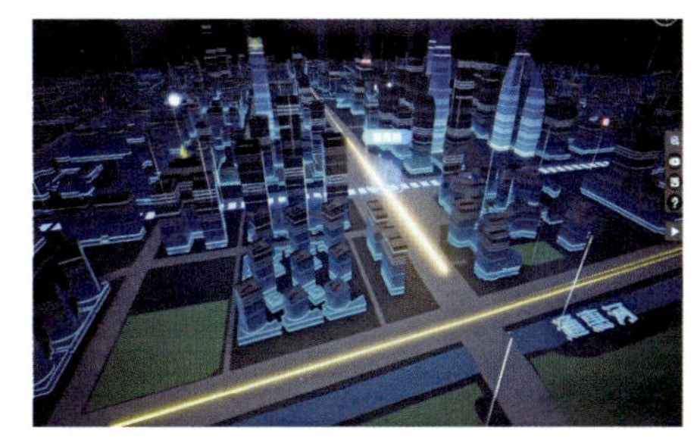

图 3–45　三维场景模型

（三）全景技术军事应用

全景技术，又称 3D 实景技术，是一种新兴技术，其与视频、声音、图片等传统的流媒体技术最大的区别是“可操作、可交互”。全景技术是利用单反相机或无人机拍摄的 360° 实景照片，经过特殊的拼合、处理获得的全方位、可互动观看的虚拟场景。全景技术在虚拟场景构建上不同于传统的建模技术，只需要几张照片，就可以真实地将场景重现出来，具有真实感强、沉浸感强、交互性能好、制作周期短、操作简单、发布形式多样、数据量小等特点。随着全景相机和大量简易的全景合成软件的开发，全景技术的门槛将越来越低，也将被越来越多的行业关注。图 3–46 所示为全景相机。

图 3–46　全景相机

（四）战场环境勘测

战场环境勘测需要大量的信息，包括地形地貌、房屋建筑、天气情况等，信息收集是否快速准确、建模是否精准逼真，都对后期决策起到重要作用。以往人们都是通过计算机软件建模的方式仿真战场环境，这种方式工作量大，制作成本高，建模时间长，并且难以建立精确的三维模型。即使能够建模，光源、纹理、色彩、天气等元素也难以与实际情况吻合，不够接近真实场景，事倍功半。而全景技术，通过相机拍摄（相机难以拍摄的地区或危险地区可以利用无人机拍摄）的真实照片构建虚拟场景，确保场景的真实可信，贴近实际；较短的制作周期也降低了虚拟场景的制作成本，便于更新地景信息。同时，还可以利用地理信息系统（GIS）的电子地图支持功能实现地图的生成、管理、显示和网络共享，并建立战场环境库，减少重复的建模工程，为实战化训练提供辅助力量。图 3–47 所示为 GIS 地理信息系统。

图 3–47　GIS 地理信息系统

（五）装备仿真可视化

武器装备仿真是虚拟技术的重要应用途径。传统的武器装备仿真主要是应用 3D Studio Max、Maya 等软件进行武器装备外形的建模，但战斗机、直升机、装甲车等装备的驾驶室场景建模难以实现，只依靠图片、视频等多媒体展示，无法进行移动观看，传递的信息有限。利用全景技术，通过拍摄驾驶舱内部的照片，制作可以旋转观看的虚拟场景，还可以利用全景软件的“热区”功能，进一步在场景中插入一些文字、图片介绍。图 3–48 所示为武器装备建模技术。

图 3–48 武器装备建模技术

二、全息投影技术

全息投影技术，又称虚拟成像技术，是利用干涉和衍射原理记录并再现物体真实三维图像的技术。目前已实现的全息投影技术可以分为空气投影和交互技术、激光束投射技术、360° 全息显示屏技术几类。美军曾在海湾战争中应用过此类技术，利用两架喷气式飞机飞到科威特沙漠的上空，“画”了一幅巨大的伊拉克国旗，又打了个巨大的白叉，使伊军士气一落千丈，也为全息投影技术赋予了心理战效益。除此之外，全息投影技术还可以用于构建电子沙盘、召开电视电话会议等。

（一）全息电子沙盘

与传统沙盘相比，电子沙盘具有简便、直观、精确的特点，并且可以动态显示，内容丰富，应用领域广泛。目前应用虚拟现实技术构建的电子沙盘主要是利用计算机建模技术，佩戴虚拟现实头盔或增强现实头盔观看，沉浸体验远胜于传统沙盘，但虚拟现实电子沙盘无法自然地交互，也不利于面对面的交流，在训练中实用性较差。而全息投影技术构建的电子沙盘，既具有虚拟电子沙盘带给使用者的动态更新、实时交互、方便联网的特点，又具有传统沙盘操作简单、易于面对面交流的特点。全息电子沙盘不同于计算机建模技术构建的电子沙盘，其仅依靠立体投影仪便可以显示，不需要构建复杂的环境，大大降低了使用成本。但由于目前无介质显示技术并未得到很大突破，全息技术仍存在许多局限性。图 3–49 所示为全息电子沙盘。

图 3–49　全息电子沙盘

（二）全息电视电话会议

全息投影还可以应用到电视电话会议中。早在多年前，美国商业大片就描绘了全息投影电视电话会议的场景，现在，随着科技的进步，这种技术将很快应用于现实。据国外媒体报道，已有多家企业和研究机构正在进行全息投影的商务应用开发。全息电视电话会议如图 3–50 所示。

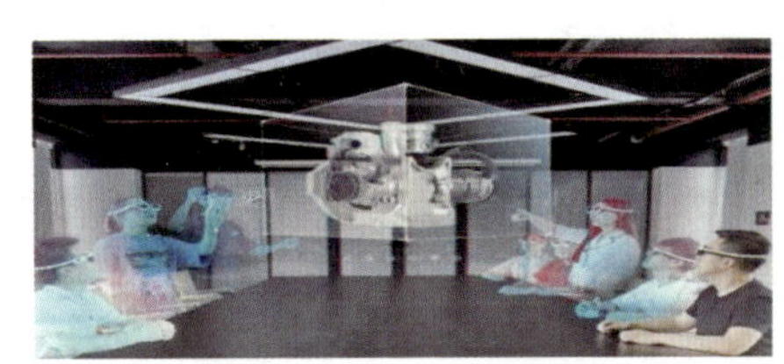

图 3–50　全息电视电话会议

三、增强现实技术和混合现实技术

增强现实（Augmented Reality, AR）技术，是一种将真实世界信息和虚拟信息“无缝”集成的新技术，简而言之就是用计算机实时产生三维信息来增强人对真实世界的感知。混合现实（Mix Reality, MR），包括增强现实技术和增强虚拟技术，指的是合并现实和虚拟世界而产生的新的可视化环境。在新的可视化环境里物理和数字对象共存，并实时互动。混合现实同时具有虚拟现实和增强现实的特点，但混合现实的交互程度比增强现实更高，它们之间的关系如图 3-51 所示。

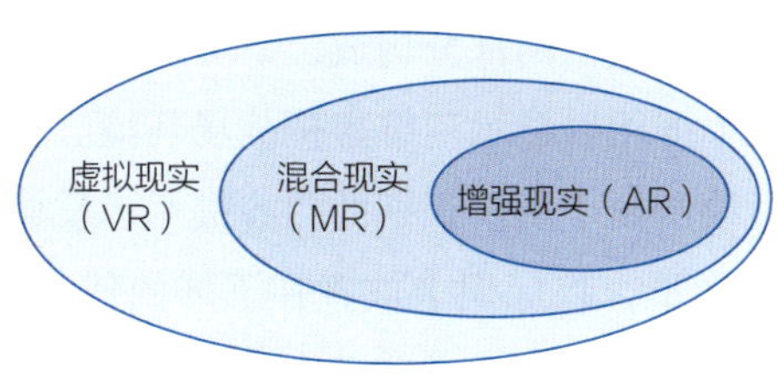

图 3-51 虚拟现实、混合现实、增强现实的关系

（一）武器装备维修整套解决方案

增强现实技术和混合现实技术目前已经应用于尖端武器、飞行器的研制与开发、虚拟训练、武器装备维修等军用领域。特别是在工业领域，我国自有产权的工业用 AR/MR 眼镜已经可以通过深度学习的方式提高机器视觉在工业领域的识别成功率，将其应用于武器装备维修中，AR/MR 眼镜将多种辅助信息显示给维修人员，包括虚拟仪表的面板信息、被维修设备的内部结构信息、被维修设备的零件图信息等，并能提供整套维修方案，有效降低维修技术门槛。

（二）增强现实沙盘

电子沙盘和增强现实技术相结合的研究是虚拟现实技术在作战指挥中应用的重点。增强现实电子沙盘由电子沙盘底板和虚拟沙盘场景组成。不同于全息电子沙盘和虚拟现实电子沙盘，增强现实电子沙盘可以像传统沙盘一样，使用手的操作完成沙盘设计，并通过虚拟头盔内置的识别功能或显示器进行虚拟动态演示。既具有虚拟沙盘动态显示、易于交互的特点，也具有传统沙盘易于操作、便于交流的优势。目前这项技术还处于探索阶段，很可能在不久的未来得到实现。

（三）可视化战例研讨系统

增强现实技术的二维码识别功能还可以用于可视化战例研讨系统中。目前我军自主研发的战例互动研讨桌面主要由下屏二维平面投影和上屏三维立体显示两部分构成，下屏用以显示二维传统军事地图态势标绘，上屏用以显示三维虚拟战场环境。利用带有二维码的标识卡，正面绘制便于用户识别的内容提示，反面绘制便于计算机识别的二维码图形，将标识卡放置在下屏的任意位置移动旋转，上屏会在对应位置出现相应三维装备实时部署。标识卡的内容既可以是态势标绘，也可以是具体作战行动，还可以是光照、天气等辅助信息。通过各种标识卡的不同组合，用简单、高效、自然的方式进行战例教学和战法试验，让指挥员沉浸在虚拟环境中体验真实的作战效果。

四、虚拟现实技术在集群式智能无人平台中的应用构想

基于虚拟现实技术提出一种无人集群智能控制系统，该系统使用头盔显示器，把操控手的视觉、听觉和其他感觉封闭起来，利用虚拟现实技术根据实时场景产生一个三维虚拟视景空间，并利用位置跟踪器、数据手套以及其他手控输入设备和声音等手段使操作手产生一种身临其境、全心投入和沉浸其中的感觉，可以充分利用虚拟现实技术的高沉浸感、交互性好等优点，通过三维场景显示、任务辅助决策和控制等交互手段，帮助操纵手完成对无人平台、任务载荷及通信设备的监测和控制。图 3–52 所示为智能控制设备概念图。

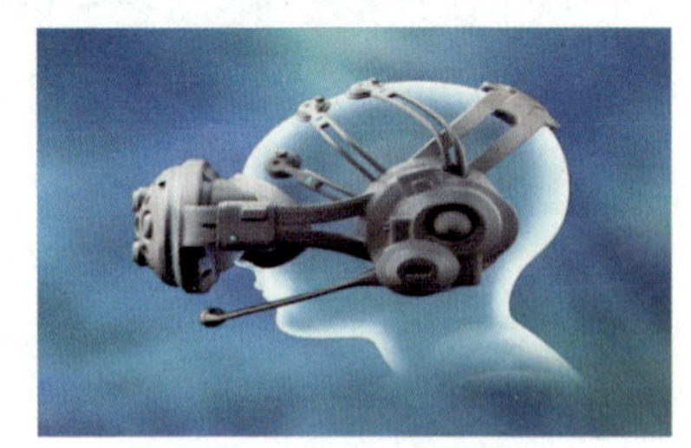

图 3–52　智能控制设备概念

（一）基于虚拟现实的无人集群智能控制系统的组成

基于虚拟现实的无人集群智能控制系统作为无人平台操作人员和整个无人系统的界面接口，主要由智能控制系统交互设备、智能控制系统主机和智能监控系统数据终端三部分组成，如图 3–53 所示。

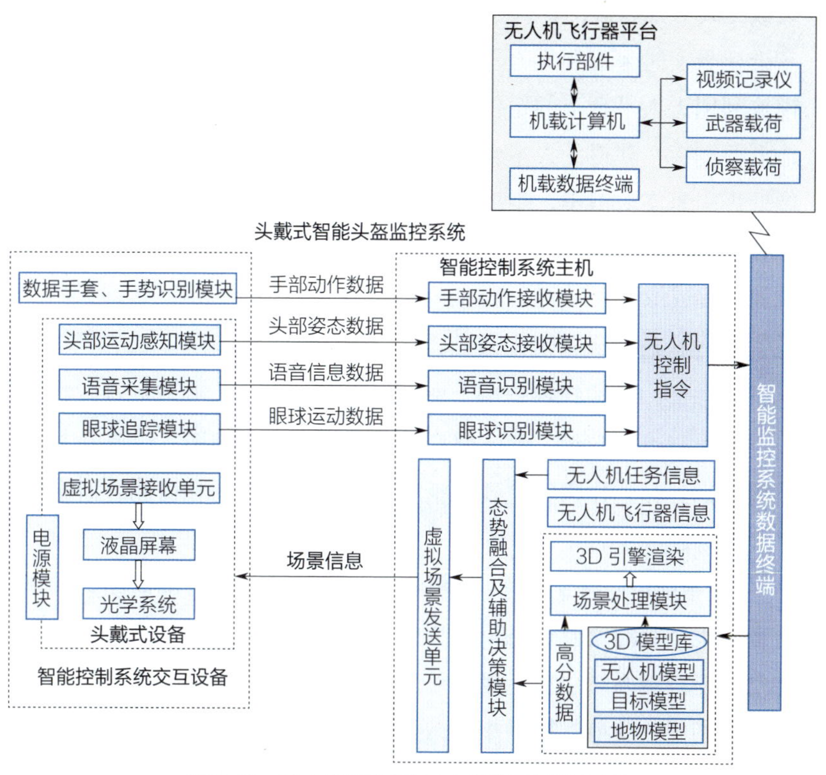

图 3–53　基于虚拟现实的无人集群智能控制系统

1. 智能控制系统交互设备

智能控制系统交互设备包括虚拟现实头盔显示器、数据手套、手势识别和语音采集等装置，主要用于人机交互。虚拟现实头盔显示器是一种利用光学系统直接将显示屏产生的虚拟景象呈现在人眼前的头戴式设备，具有通信、显示和定位功能，由图像信息显示源、光学成像系统、头部位置检测装置、电路控制与连接系统、定位传感系统、头盔与配重装置构成。

2. 智能控制系统主机

智能控制系统主机，作为计算和存储设备与头戴式设备通过有线或无线方式连接，具有控制指令转换、战场态势融合及辅助决策、三维视景实时生成和无人平台作战仿真等功能。三维视景实时生成模块利用无人平台上的定位装置实时获取无人平台当前位置，调取地形数据库，获得无人平台执行任务区域的地形场景数据，通过图像处理引擎实时渲染，生成三维虚拟画面，并在画面上叠加平台状态数据并输出至虚拟现实头戴装置的图像信息显示源，最后由光学成像装置成像。

3. 智能监控系统数据终端

智能监控系统数据终端主要负责实时发送无人平台及有效载荷指令和上行语音数据，并实时接收无人机的下行遥测、语音和有效载荷数据。其工作内容主要包括智能控制指令发送和遥测、侦察信息接收与显示两部分。

1）智能控制指令发送。数据手套、手势采集、头部运动感知和语音采集等智能交互设备采集无人平台操作手发出的控制信息并传送给智能控制系统主机；经过手势、语音和运动识别模块转化为无人平台和任务载荷的控制指令；经地面数据终端，传送至无人平台；无人平台接收指令后，使无人设备按照指令要求进行姿态变化，与此同时驱动无人设备上的任务载荷执行作战任务。

2）信息接收与显示。无人平台通过数据链，将侦察图像和状态检测信息实时回传至智能控制系统主机，由战场态势生成模块将无人设备执行任务情况及实时生成的三维视景信息融合处理后，由虚拟现实头戴式设备显示出来。

（二）基于虚拟现实的无人集群智能控制系统的关键技术

为适应未来集群式智能无人平台执行更加复杂任务的需要，基于虚拟现实的无人集群智能控制系统应从以下 5 个方面进行探索。

1. 系统总体与评估技术

基于虚拟现实技术的集群无人平台智能控制系统作为一种新兴的前沿技术，融合了现代信息处理、虚拟仿真和人机交互等技术，是对传统技术和试验手段的进一步补充和完善。为能在复杂战场环境中实现智能控制和无人平台相互间更好地配合，有效提高无人平台的系统综合性能，亟须突破系统总体和评估技术。基于虚拟现实的无人智能控制系统总体方案包括系统各组成部分的构成、功能、用户界面设计、实现方式和交联关系。在进行总体方案设计时，应根据使用需求确定基于虚拟现实无人智能控制系统的总体框架，以用户体验为核心设计要素开展用户界面设计，建立合理可行的仿真模型和评估手段。

2. 轻型虚拟现实头戴显示器设计

作为基于虚拟现实技术的集群无人平台智能控制系统中重要的显示和交互设备，头盔显示器体积大、质量大、目视光学部件过厚，会降低系统的便携性及用户体验。因此，头戴显示器设计的优劣不仅关系到成像质量的好坏，还关系到使用者的舒适度。为此，在设计头盔显示器时需要重点考虑视场、分辨率、质量、出瞳距离、直径、眼瞳距和光能利用率等技术参数，并在视场、分辨率、重量之间做好权衡，使头盔显示器向着成本低、体积小、质量轻、系统轻薄、用户体验更舒适的方向发展。

3. 头显高精度跟踪定位技术

在基于虚拟现实技术的集群无人平台智能控制系统中，操纵手和虚拟场景所处的位置是相对的，要达到虚拟与现实的自然融合，必须实时地检测操纵手所处的位置和角度，并按照观察者的视场重建坐标系，显示虚拟场景和目标。考虑到系统本身、周边环境以及操作过程中各种干扰和随机误差对跟踪及定位精度的影响，要求虚拟现实头戴设备应利用先进的滤波和预测技术以提高跟踪定位的精度。

4. 低延迟姿态生成技术

基于虚拟现实技术的集群无人平台智能控制系统中虚拟环境的投放是一个快速刷屏的过程，当用户在虚拟现实环境中移动头部、转动眼球时，眼前图像随之改变。但由于中央处理器和图形处理器的运行负荷，二者对人体运动的响应必有所滞后，由此在操控手内耳感受的运动和眼睛感受的图像之间将会出现错位。轻微情况下，操纵手会感觉到跳帧或伪影，而严重情况下影像将会摇晃、碎裂，使用较长时间后，使用人员极易出现头疼、恶心甚至呕吐等不适反应。因此，必须借助高效的渲染引擎、高速的调度、快速的三维显示及系统优化等先进技术改进延迟，使虚拟现实设备的延迟越低越好。

5. 虚拟现实人机交互技术

基于虚拟现实技术的集群无人平台智能控制系统应以无人平台操作手为中心，建立一种新型、自然的人机交互技术。为此，应对无人平台的操作使用需求进行分析，建立无人平台人机多种应用场景下的交互方案、头部姿态、手势和语音等多维输入与无人平台操作指令的映射方案，开展嘈杂环境下高精确的语音识别、手势识别、人工智能等技术研究，提高交互能力。

第四章 集群智能无人作战的目标任务

军事活动的效果只能从部署和实施战斗中产生，决不能从部署和实施战斗以前存在的条件中直接产生。

——克劳塞维茨

自然界中动物的生存策略也有两种类似模式，一种是处于食物链绝对顶层，像老虎、豹子、金雕等，个体力量强大，独自生存；另一种是处于食物链相对底层，像蚂蚁、蜜蜂、沙丁鱼等，个体力量弱小，群体生存。集群无人装备的发展思路源于群体生物的生存策略，力求通过集群优势实现战斗力提升。从发展过程和趋势看，智能无人集群技术不是某项单一技术，而是无人控制、群体智能、人工智能、无线移动网络等多种相关技术的综合运用。近几年，智能无人集群技术无论是在基础理论、工程技术方面，还是在实践应用方面，都呈现出快速的发展势头，世界主要大国在军用和民用领域展开了激烈的角逐。本章主要阐述集群智能无人作战的目标任务，主要从集群式智能无人作战的作战空间、主要任务、力量编组和任务规划四个方面展开。

第一节　集群智能无人作战的作战空间

历史上最先出现的作战空间是陆地，专业上叫作“陆上空间”或“陆战场”，实际上作战空间不仅包括陆地，还包括江、河、湖等内陆水域；人类进入航海时代后，出现了海战，作为作战空间的

“海上空间”或“海战场”就出现了；人类具有航空能力之后，空战出现了，随之就有了作为作战空间的“空中空间”或“空战场”。随着科学技术的发展，人类开始进入太空，“太空空间”或“天战场”随即出现。陆、海、空、天四维空间有一个共同特征，即它们都是物理空间，在宇宙和自然界客观存在。

随着科学技术的进一步发展，电磁波的出现并在军事上广泛应用，使电磁空间成为新的作战空间；随着互联网的出现，网络空间开始出现并成为作战空间。加之，随着对军事活动认识的深化，人们开始意识到战争的最终和最高目的是影响战争主体，即人的情感与决策，因此，人的认知和思维空间也成为作战空间。

一、在传统物理空间的集群智能无人作战

进入 21 世纪，随着科学技术的进步，无人技术和产业得到快速发展，已经广泛应用于各领域，在军事方面可以完美地替代人去执行 4D 任务（枯燥乏味、环境恶劣、危险性高、深入敌方；dull，dirty，dangerous，deep）。从传统作战空间划分，可以将任务空间分为太空、空中、地面、水面和水下等作战空间。

（一）太空小型卫星集群作战

目前，世界各军事强国都在加快部署各自的航天系统。同时，这些国家也都意识到：未来战争中，通过攻击和控制敌方太空系统的各种卫星设施，使其无法发挥作战效能或失去作用将是克敌制胜的关键。2007 年中国试射了一枚反卫星导弹，成功击落了一颗中国自己研制的报废气象卫星。美国率先于 2010 年 11 月 3 日将首个太空机器人送入太空。美国 Space X 公司开展的“星链”计划，需要发射大约 40000 余颗卫星，如图 4–1 所示，旨在实现为全球提供宽带互联网服务的目标。星链计划是否将为未来的无人卫星集群作战提供通信平台亦未可知。

美国国防部正在酝酿对“太空怒火”计划进行调整：到2040年左右部署首艘核动力空天母舰，到2050年部署3艘空天母舰，并组建3支“空天舰队”。每支舰队将由1艘空天母舰、4架航天飞机、2艘太空拖船、1座空间补给站组成。空天母舰除配备常规作战装备及侦察设施外，将组建小型卫星作战集群，以便在“爆发多维空间战争”时发挥无人集群作战优势。未来的以空天母舰为基地的小型无人卫星集群作战可能成为空间局部战争的重要组成部分之一。

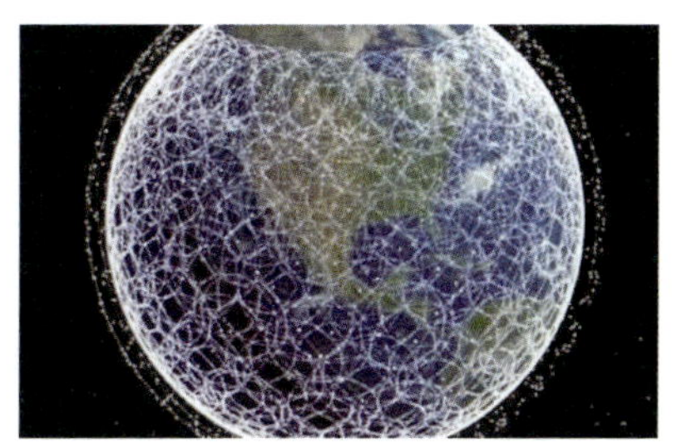

图4-1 “星链”计划

（二）空中智能无人集群作战

近年来，随着无人系统和智能技术的不断融合发展，空中无人机集群作战的实战化程度不断提升，正在逐步走上战场，拉开智能化战争的大幕。尤其是以美国为首的一些西方无人机技术强国，近两年不断推陈出新研发新系统、新技术，以抢占智能化战争的新高地。

2016年4月，美军发布了《小型无人机系统路线图2016—2036》，突出强调了小型无人机系统及其集群对情报、侦察与监视领域的重要意义，并提出这是一个“填补战术与战略之间空白”的重要领域。正是基于这种认识，美军先后展开了多项智能化无人机集群作战系统与技术研究，包括由美国海军进行的可以在舰艇、飞机等平台上利用发射管发射的、具有自主能力的无人机集群“蝗虫”项目，可以在30min内、在17.5km范围内投放数千架无人机覆盖5000km^{2}的“蝉”项目；由美国DARPA进行的用于发射大量微小型无人机对敌防御系统实施饱和攻击的“小精灵”项目，用于城市环境作战的、由小型战术分队操控超过 250 架无人机等无人系统集群作战的“进攻性蜂群使能战术”项目。

随着智能化战争的悄然到来，智能化装备也大量出现在战争中，而无人机集群作战作为智能作战的重要形式，正在崭露头角。未来无人机将成为两军交战的“急先锋”，在未来战场上，无人机集群可能会成为各级指挥员手中的“胜利之刃”。

（三）地面智能无人战车集群作战

地面无人化作战是相对复杂的一种作战样式。因为地形地貌起伏多变、障碍物众多，无论是机动突击、火力打击和通信联络，还是编队行动、协同作战，都面临诸多困难。

2015 年，在叙利亚战争中，俄罗斯将成建制的无人化部队用于打击叙利亚恐怖组织，使恐怖分子第一次感到无人装备“勇往直前”“无所畏惧”的力量。俄罗斯出动 6 台多用途战斗机器人、4 台火力支援战斗机器人和 3 架无人机，同“仙女座”–D 自动化指挥系统（见图 4–2）建立无人作战集群，实施侦察与打击，一举消灭 70 名武装分子，而与其配合的叙政府军仅有 4 人受伤。

图 4–2 “仙女座”–D 自动化指挥系统

典型地面无人化集群作战包括单一无人系统作战、地面有人 / 无人协同作战、中低空有人 / 无人协同作战、空地一体无人化作战、中低空无人机“蜂群”作战、中远程巡飞 / 末敏弹群攻击、地面无人平台集群协同作战、单兵 / 无人混合编组作战、地面无人值守系统等。

（四）水面智能无人船艇集群作战

海上无人化集群作战，不仅涉及海上作战区域，还涉及陆海、空海等跨域无人化作战。从战略上看，航母、大型驱逐舰等有人装备将长期存在，不可能完全无人化，但存在武器平台无人化和伴随平台无人化的趋势。从战役和战术上看，海岛防御、登岛作战、区域作战和海外军事行动中，无人化的比例将逐步加大，甚至可能完全无人化。

2018 年 4 月 14 日凌晨，美、英、法依托地中海、红海和波斯湾的舰艇编队，从空中、海上和水下作战平台共向叙利亚 3 处疑似化学武器生产、研究和存储设施发射了 105 枚导弹，其中包括“战斧”巡航导弹、联合空对地导弹、空射巡航导弹和潜射巡航导弹，呈现出防区外、多方位、无人化、高密度打击的特点。这些事件表明，无人系统结合智能弹药作为军事对抗的重要手段，已经越来越多地应用于实战。

海上无人作战主要有三类：一是依托有人舰艇实施的无人化作战，主要是以航母、大型驱逐舰、两栖攻击舰等有人舰艇为主要依托的无人系统作战；二是以无人系统为主的集群对舰对陆对潜作战；三是海上无人化登陆作战和地面作战。

（五）水下无人航行器集群作战

未来水下无人航行器将逐渐替代部分传统平台执行长期重复、持久枯燥、隐蔽危险的任务，甚至扩展延伸原有平台的某些功能，如替代潜艇和水面舰在关键海域进行长时间反潜巡逻，执行抵近侦察、探测、目标指示等任务，并承担信息中继、火力打击等功能。未来水下无人航行器将逐渐成为水下触敌战斗各环节的主要力量，是基于信息域作战中夺取信息优势、实施精确打击、完成特殊作战任务的重要手段之一。

有人 / 无人协同、无人系统集群作战是未来水下无人航行器作战运用的重要方向。有人 / 无人协同作战充分利用有人平台的信息处理、协同组织和决策能力，及无人平台的隐身性、长续航性、集群性等特点，将进一步提升体系的协同态势感知能力及协同攻击能力，实现感知探测能力、分析决策能力、协同打击能力的优化组合与配置，提升体系生存能力。无人集群作战将形成多维度立体式的作战网络，拥有传统平台所不具备的隐蔽、抗损、可重构等特点，成为“打不垮”的前沿侦察、监视与打击力量。

水下智能集群组成一体化侦察、探测、打击网络，协同作战和作业，是提高其作战能力和作业效率的有效手段，也是水下无人航行器的重要发展趋势，而现阶段有限的水下通信能力、低标准的自主控制水平、能量存储技术限制、单一的布放回收方式等仍是制约水下无人航行器实现作战能力提升的重要因素。未来可通过声学、电磁学、光学等多种通信方式，增强其水下与跨域信息传输能力；可以采用多种探测识别方式相结合的模式完善环境感知和目标识别能力，以更加智能的信息处理方式进行运动控制与规划决策，提升无人航行器自主化程度；可以通过发展高密度能量源、采用高精度航行器为其他航行器提供导航信息的方式提升水下长航时远距离抵近作战能力；探索以大型航行器部署小型无人系统和研究不回收自毁性无人系统概念，提升布放回收效能，以实现无人系统作战能力的突破。

二、在信息空间的集群智能无人作战

信息域是信息存在和活动的领域，其战争的作战样式主要有七大类，分别是信息战、网络中心战、网络战、电子战和心理战。

（一）信息战

信息战，是为夺取和保持制信息权而进行的斗争，亦指战场上敌对双方为争取信息的获取权、控制权和使用权，通过利用、破坏敌方和保护己方的信息系统而展开的一系列作战活动。

（二）网络中心战

网络中心战是一种美国国防部所创造的新军事指导原则，以求化资讯优势为战争优势。其做法核心是用极可靠的网络系统链接分散的作战力量，共享战场态势，这样就可以形成新的组织，创新战斗方法。

（三）网络战

网络战是为干扰、破坏敌方网络信息系统，并保证己方网络信息系统的正常运行而采取的一系列网络攻防行动。

（四）电子战

电子战是指敌对双方争夺电磁频谱使用和控制权的军事斗争，包括电子侦察与反侦察、电子干扰与反干扰、电子欺骗与反欺骗、电子隐身与反隐身、电子摧毁与反摧毁等。

（五）心理战

心理战是利用卫星定位测向、电视转播技术、计算机信息处理技术、网络技术、信号模拟和失真技术、声像技术等高新技术手段对敌方施加心理刺激和影响的作战样式。

信息域作战，既是战争能量集中在有限交战空间精确释放的局部战争，又是遍及陆海空天电网全维空间并日益向新兴空间拓展的新型战争，既有目的、规模、手段有限等局部战争的特征，又超出以往局部战争表现出的许多并非“局部”的特点。对此，在进行军事斗争准备的过程中要辩证理解、准确把握。在政治多极化、经济全球化、社会信息化深入发展的当今时代，和平、发展、合作、共赢已成为不可阻挡的时代潮流，人类社会正在日益形成兴衰相伴、安危与共的命运共同体。维护和平的力量上升，制约战争的因素增多，战争目的越来越受到有限政治目的的限制，机械化战争时代那种以彻底摧毁和消灭敌方为目标的“无限战争”或“绝对战争”正渐行渐远，局限在一定地域范围内进行的有限战争将成为战争常态。

三、在认知空间的集群智能无人作战

认知域即与人的认知相关的空间，包括思想、观点、感知、情感、信念等，人的认知活动在这个空间展开。认知域作战通过特殊手段直接作用于大脑认知，以影响其情感、动机、判断和行为，甚至达成控制大脑的目的。大脑作为认知载体，或将成为未来战争主战场，制脑权即将成为认知域作战的关键所在，是战争制权的最高层次。

与当前熟知的物理域作战、信息域作战不同，认知域作战更加体现了“不战而屈人之兵”的作战思想。认知空间的博弈和对抗古已有之，几乎贯穿人类几千年战争史，我国古代称为“攻心术”“心战”。在原始社会，部落首领通常利用击鼓的声音和踏步的曲调激励己方士气，从精神上震慑敌人。这可以说是认知域作战的雏形。冷兵器时代和热兵器时代初期，人们逐步认识到战争的正义性及人心向背等因素对战争胜败的影响，广泛采用发布战争檄文、战表、告示等方式来揭露敌人罪状，从而激发将士斗志，产生先声夺人的效果。

第二次科技革命后，广播成为重要的信息传播手段，认知域作战运用的渠道进一步得到拓展，英国广播公司（BBC）和卢森堡的“战地之声”都曾发挥过巨大的攻心作用。第三次科技革命后，认知域作战不再单纯局限于以语音、文字等为载体的媒体宣传，还可以运用影视图像、虚拟现实、认知控制等多样化的手段。现代认知域作战逐步高强度化、全方位化，大大提高了认知域作战的规模、水平和功效。第四次科技革命以来，伴随着人工智能技术的发展，尤其是计算机语音合成和图像处理技术的成熟，可以替换人脸、改变声音，若用于军事，实现“偷梁换柱”“以假乱真”等兵家诡道之谋，更显奇效。

认知域作战的武器是信息，凡是信息可以传播到的地方，都可以成为战场。信息传播的关键是媒介，而媒介在当下的网络社会无处不在。随着网络技术的发展，信息的收集、存储、处理等高度依赖信息网络。信息对一体化联合作战指挥的主导作用日益凸显，从理解意图、分析研判、定下决心、指挥控制、火力打击到作战评估的各个环节，都离不开信息网络的支撑。无处不在的媒介为开展认知域作战提供了先决条件和有效支撑。

第二节　集群智能无人作战的主要任务

无人系统包括空中无人机系统、水面无人艇系统及水下无人潜航器系统等，将多个无人系统所构建的集群应用于作战，通过不同的作战样式实现不同的作战任务。

一、传统物理空间集群作战的主要任务

（一）无人机集群作战的主要任务

无人机集群作战拥有单个无人平台作战无法比拟的优势，可以在广域搜索、侦察监视、精准打击等任务中大显身手，其作战样式主要包括以下几种。

1. 攻——实施多域打击

无人机编队可以携带不同类型设备和弹药，同时对敌方陆地、海上、空中和网络等多个作战域实施全方位、多样式的攻击，从而破坏敌方的跨域联合能力，以较小的代价实现作战目的。

2. 扰——进行战术欺骗

无人机通过释放大量假目标，迷惑敌防空指挥系统，诱骗敌雷达开机，进而实现对敌关键目标定位及摧毁。还可以充当掩护，无人机集群组成前沿电子战编队，对敌方的预警雷达、制导武器进行电子干扰、压制、欺骗等，掩护己方核心作战能力。

3. 侦——扫描战场环境

挂载各种侦察探测设备的无人机集群编队，能够轻易躲避敌方防空雷达的侦测，潜入对方防护严密的区域进行抵近侦察，并通过集群间的数据链，将情报中继传回，为作战提供可靠的敌情保障。

4. 联——开展协同作战

一种是人机联合，大量低成本无人机携带大量各种类型的传感器及导弹，组成前沿作战编队，而有人驾驶飞机则从后方对集群无人机进行指挥控制，或与有人机组成编队，由有人驾驶飞机控制无人机僚机编队作战。另一种是机群联合，无人机集群可以形成一个具备侦察、干扰和打击能力的复合编队，或由若干个无人机集群分别配置侦察、火力模块，再组成一个大型突击编队。

下面以无人机集群作战实例"'蜂群'战法"来说明无人机集群的作战应用。"蜂群"战法是指由数十架小型无人机，根据作战任务自行编组，形成攻击"蜂群"，协同对敌发动攻击的作战方法。其核心是以小取胜、以量取胜、快速协同取胜，体现了动态聚能、精准释能、以量取胜的制胜思想，打通了"侦察—控制—打击—评估"链路，融合了相关作战要素，形成敏捷、高效、精确的新型无人化作战体系。2015 年 4 月，美海军研究团队对这一战法进行了实验验证，模拟在良好气象条件下，一艘安装"宙斯盾"系统的驱逐舰遭受 5~10 架来自不同方向无人机攻击的情况。结果表明，采用"蜂群"战法能够突防目前海上综合防御能力较强的"宙斯盾"系统。大规模、低成本、多功能的无人机集群（见图 4–3）通过空中组网、自主控制、群智决策，完成对海上作战目标的侦察监视、干扰和打击。

图 4–3　无人机集群

（二）无人车集群作战的主要任务

总体来说，无人车集群在具体作战运用中，其主要任务的具体表现形式如下。

1. 察打一体任务

作为有人作战装备的替代品，遂行作战任务是无人车集群的基本职能。无人车集群遂行作战任务，通常是在无人作战平台上安装各种致命性武器和非致命性武器，以及微型计算机传感器等监测、火控系统等，使无人作战装备具备侦察、打击等功能。如在无人侦察平台上安装精确火力打击系统，可以有效打击时敏（时间敏感）目标，实现察打一体。

2. 情报侦察任务

未来战争中的侦察与反侦察、探测与反探测的争夺日趋激烈，为了获得广泛的信息资源，必须充分研发与利用各种侦察装备。无人侦察装备以其独特的优势，在战场侦察中的作用越来越突出。陆军无人侦察装备可以深入前沿和危险地区执行目标侦察和指示等危险任务，如可以在敌阵地执行各种复杂危险的侦察任务，或者实施火力侦察，或者对沾染区进行标示、取样，或者摸清敌方设伏状况，并实时将侦察情况传送给指挥员。其先进的传感器和卫星通信数据链，可以在全天候环境下提供实时视频图像，使战场情报侦察的及时性和有效性都有了质的提高。

3. 巡逻警戒任务

解除人员的疲劳，使人员从大量重复的工作中解脱出来，是发展无人车集群装备的一个重要目的。对重要地区、重要目标实施警戒以保护其安全，是地面无人车担负的主要任务。运用无人作战车集群对指挥所、通信枢纽、机场、后方基地和重要通道等重要目标实施警戒，及时发现敌渗透侦察和袭扰行动并提供早期预警，或者以自身火力阻止敌行动，从而粉碎敌破坏活动。

4. 工程保障任务

在达成作战目的的前提下尽量减少人员伤亡，是发展地面无人作战集群的初衷。为更好地保护作战人员、减少人员伤亡，一些必须执行的、危险系数较大的和人类不可能完成的任务可交由地面无人作战系统执行。担负工程保障任务主要是指地面无人作战集群执行以下任务：摧毁和清除障碍物；设置障碍物，建立安全防护；对地面、水面、地下和水下爆炸物进行探测和清除。在作战中，开辟通路等工程保障任务通常是在敌火下作业，加之工程保障装备的火力和防护能力都比较弱，在作业过程中装备器材损耗多、人员伤亡大，更主要的是难以保证开辟通路任务的完成。而与机动突击装备的机动性和火力相配套的无人扫雷破障装备，既可以执行无人操作的探雷、扫雷和排除爆炸物等任务，又能避免不必要的人员伤亡。

5. 通信中继任务

为弥补通信距离受限、受地形天候影响较大、卫星通信网建设不完善或卫星信号易受干扰等不足，通过地面无人作战集群中继组网构建战区或军兵种级通信网络，实现通信中继。地面无人作战装备应具有依托无人战车等装备和联合战术通信系统担负通信中继任务的能力，应具备有线、无线、卫星、语音、数据和图像等多种通信手段的中继通信功能，对上能连通上级指挥机构，对下到达作战平台和单兵，横向与友邻建立无线连接，实现复杂电磁环境条件下的“动中通”、“抗中通”、“扰中通”，保证各类通信的可靠顺畅。

6. 引导打击任务

在精确作战为时代特征的信息化战争中，敌后定位、引导打击将成为地面无人作战集群作战中的主要行动之一。地面无人作战集群有热成像仪、红外夜视仪、定位系统等先进的侦察监视和通信系统，可以大大提高目标侦察的精确度和信息传递速度，为及时摧毁敌要害目标起到关键作用。其任务通常包括引导我火力打击系统对敌重要目标实施精确火力打击，引导我电子对抗部队对敌电子战目标实施精确毁伤，引导我空中或地面穿插迂回力量对敌支撑节点实施突击。

（三）无人艇集群作战的主要任务

无人艇集群可以广泛执行扫雷、反潜、信息作战、侦察监视、目标指示、通信中继和反恐攻击等任务，其作战主要任务包括以下几种。

1. 反水雷战

无人艇集群用于浅海和极浅水域的水雷侦察和扫雷行动，执行的任务包括远程施放、拖曳、回收猎雷声呐；清查航道，提供海底图像的细节；将视频图像和声呐数据传给反水雷舰，为反水雷舰艇进出港口提供港口护卫。

2. 反潜作战

无人艇集群用于扩展海军探测敌方潜艇的能力，可以执行海上防御、通道保护、港口侦查，以及保护海军水面战斗群的反潜任务等。

3. 支持海上信息作战

无人艇集群通过携带不同功能载荷，抵近敌信息平台，可以在危险海域执行电子干扰、通信中继、电子欺骗、海上反辐射攻击等作战任务。

4. 支持水面舰艇作战

无人艇集群用于为海上舰艇提供保护，执行海上封锁 / 拦阻、对可疑目标打击、特种作战、后勤支援与补给、战场评估、取证等任务。

美国海军于 2014 年和 2016 年分别进行了 CARACaS（机器人智能控制与感知系统的控制架构）技术演示验证。2016 年演示验证成功，无人艇集群协同、自主地实施了巡逻任务，任务执行过程只有远程人员监控，没有直接的人员操控。2014 年演示验证中所有无人艇都预置同样程序，但因缺乏协同规划造成多艇蜂拥而至的行为，2016 年的实验显示 CARACaS 新增了协同任务分配、更多的行为和战术及自动舰船识别等能力。集群无人艇能够制定计划、进行任务分工，采用的行为引擎（behavior engine）能使编程人员创建一个复杂行为模式库，更容易使 CARACaS 软件进行行为更新，集群无人艇最终将能执行大量不同任务。

（四）无人潜航器集群作战的主要任务

近年来水下冲突的可能性越来越大，无人潜航器将从秘密探测器和追踪器，转变为水下攻击武器和协同作战装置，无人潜器集群作战也将成为可能，其作战任务主要包括以下几种。

1. 协同感知行动

无人潜航器集群利用多型水下传感器，按照任务分工、编成与部署，发挥传感器的各自优势，传感器之间相互配合，完成复杂条件下对水下目标的检测与定位及对水文、地理环境的感知，为水下作战提供情报信息。

2. 协同干扰行动

无人潜航器集群利用艇载干扰设备，通过协同各自的航线、节点和干扰信号，干扰对方水下武器覆盖区，使对方武器短时间内无法正常工作，为己方水下武器装备行动创造条件。

3. 协同诱骗行动

无人潜航器集群利用艇载诱饵装置，根据指控系统指令适机欺骗对手的感知系统，引诱敌方水下火力开火、攻击错误目标、使其消耗弹药，为己方水下有人 / 无人攻击编队行动创造条件。

4. 协同伏击行动

无人潜航器集群使用艇载弹药等，按照指控系统指令启动预先蛰伏部署的兵力，或与有人潜艇配合使用，从多个阵位、多个角度对敌方单个或多个水下目标实施伏击。

5. 协同水面行动

无人潜航器集群利用传感器、通信设备，根据预定程序或指控系统临时指令，为水上己方舰船发送水下情报信息，引导其排雷、反潜攻击行动。

6. 协同空海行动

无人潜航器集群利用传感器、通信设备，根据预定程序或指控系统临时指令，向空中待战的航空器、海上待战的反潜舰船发送水下情报信息，引导其攻击敌方水下目标行动。

7. 集群对抗行动

无人潜航器集群根据指控系统指令，使用所有艇载传感器、信息战设备、通信设备、各种弹药，与敌方的无人潜航器集群和敌方空中、海上反潜武器展开侦察与反侦察、干扰与反干扰、欺骗与反欺骗、攻击与反制等对抗行动。

美军正在构建一支新型的水下无人作战部队，2020 年拥有至少 1000 套水下机器人，2025 年达到 2000 套。届时，水下作战任务将更多由无人作战系统承担。美军已建成的无人潜航器集群、各型无人潜航器可参与集群协同作战。

二、信息域集群作战的主要任务

与战争能量聚焦在有限空间集中释放相反，信息域相关作战空间之深远广阔远远超过历史上的任何战争。

从 1957 年首颗卫星上天到航天卫星在军事领域的广泛应用，1982 年电子战在贝卡谷空战中大显身手，到此后历次战争中交战双方在电磁领域的激烈对抗，从 1969 年阿帕网投入运行到 1999 年网络战在科索沃战争中真正打响，基于信息域作战，相关作战空间早已突破陆海空限制拓展到了太空、电磁、网络等广阔的新空间。从这个意义上说，基于信息域作战并不“局部”。

例如，美军击杀本·拉登表面上看是一场仅由两架“黑鹰”直升机、24 名“海豹”突击队员实施的战术突击行动，其背后却是由 1 架担负实时传输和监听的隐身无人侦察机、多架担负空中待战掩护任务的 F/A–18 战斗机、1 支担负战略支援的航母编队、若干颗侦察和通信卫星、2 个中亚基地和 5 个指挥中心及近万名各类支援保障人员组成的庞大系统为这一行动提供保障，其相关作战空间之广阔超过 20 世纪中的两次世界大战。

事实上，基于信息域作战能量的聚焦、战场的缩小正是以相关作战空间前所未有的扩大为前提的。例如，在信息域作战中发挥着重要作用的精确制导武器，就是以基于陆海空天电网多维空间构建的信息系统为支撑，离开多维信息系统的保障，其命中精度和作战效能将大打折扣。今后，随着军事技术的突飞猛进，与信息域战争相关的作战空间还将继续向更大纵深、更多维度、更广空间拓展，呈现出多维一体、融合互动、无限拓展的发展趋势。例如，临近空间已成为各方争夺空天制权的重要领域，太空已成为各方战略竞争新的制高点，美俄两军早已着手准备“全球快速打击”和“战略性空天战役”，天地支援作战、天际对抗、天地对抗已初现端倪，天战场将成为基于信息域作战的主导性战场，空天战略打击等新型作战样式将继续改变基于信息域作战的面貌。

信息域作战能量释放空间的有限性、相关作战空间的广阔性，要求战争主体能够在广阔的空间范围内构建作战要素无缝链接、作战单元自主协同、作战力量整体联动的一体化联合作战体系，在决定性的时间里把分散在各个空间维度的战争能量有效聚焦到有限交战空间上。

因此，在信息域作战中，全维造势、异域协同是作战力量运用的鲜明特点，多维空间融合、诸军兵种一体的联合作战是作战行动的典型样式，“平台作战、体系支撑、战术行动、战略保障”是战役战斗的基本要求，在防区外对全纵深目标实施精确打击成为重要的作战任务。

三、认知域集群作战的主要任务

恩格斯曾指出：“一旦技术上的进步可以用于军事目的并且已经用于军事目的，他们便立刻几乎强制地、而且往往是违反指挥官的意志而引起作战方式上的改变甚至变革。”近年来，脑科学与人工智能技术发展呈跨界融合趋势，这是 21 世纪科学领域最突出的进展之一。在人工智能技术支撑下，人脑的无穷潜力将被开发出来，脑科学技术的发展有望催生出“读脑”“类脑”“控脑”“强脑”等以大脑为直接目标的认知域作战新任务。

（一）“读脑”

“读脑”，即提取人脑中的信息，如大脑中储存的图片、文本、语音、视频等，可以用于获取敌军情报等。现代认知神经科学及功能磁共振技术已经可以无副作用地实时解读大脑中的神经元活动信息。通过读取这些信息，对大脑活动进行定量分析，最终实现解析和阅读人脑思维活动的目的。目前，基于功能磁共振成像的视觉解析技术已被证实可以恢复大脑看到的图像。2019 年的一项研究表明，基于脑电波信号的人工语音合成技术可以提取大脑中的信号，合成人类可以直接理解的语音。

（二）“类脑”

“类脑”，即通过模仿人类大脑神经元处理信息的方式使机器更加智能化。机器可以采用类脑方式处理海量信息并完成自主学习，像人脑一样提升自我智能水平。目前，类脑的主要研究方向是类脑神经芯片、有主动学习能力的处理器、智能化机器人等。未来，军事领域中的反恐防暴机器人、应急救援机器人、侦察机器人、无人机等仅用一个类脑芯片，就可以实现实时目标监测、跟踪、语音控制、避障等作战功能。

（三）“控脑”

“控脑”，即利用外界刺激，如电、磁等方式对大脑神经活动进行干扰、破坏甚至控制，进而改变人的认知功能。从原理上讲，就是通过技术手段影响敌军士兵的神经系统，使其在外界信号指引下，做出损害己方利益的行动，如改变命令、放下武器等。目前，世界多个机构正试图在某些动物的大脑中植入电极芯片来控制其行为，从而使其变成难以察觉的间谍，实现侦察、跟踪、监视和攻击等任务。

（四）“强脑”

“强脑”，即通过神经反馈技术或电磁刺激技术等方式对人的认知功能进行增强，可以用于提高人员军事训练效益，增强战斗力。实时神经反馈技术可以训练和重塑大脑，改善大脑认知功能，从而提高认知作战能力。以色列的一项临床试验证明，通过神经反馈技术训练士兵，可以有效缓解其“述情障碍”，增强士兵的抗压能力。

运用脑科学技术进行认知域作战，可以更加直接地达成战争目的。因此，脑科学技术在军事领域的地位和应用价值日益凸显。脑科学及相关科学的快速发展和融合为认知域作战理论变革、武器装备发展带来了重大机遇，争夺制脑权已成为军事强国竞争的新领域，认知域作战进入制脑权争夺时代。

第三节　集群智能无人作战的力量编组

以群体智能为核心技术的无人集群系统自主协同作战（如图 4-4 所示）是未来战争重要样式，美军已经启动高度自主智能化集群武器装备的研究。我军也在积极探索利用人工智能算法提高无人系统的智能化水平，以取得战争主动权。进一步看，现代战争中战场环境瞬息万变，仅仅通过单系统的协作不可能完全掌握战场环境和态势，海、陆、空多类智能系统的协同感知、联合攻击必将成为未来战争的作战模式。展望未来，谁懂得如何更好地使用无人集群智能系统，谁就有望在战争中取得巨大优势。

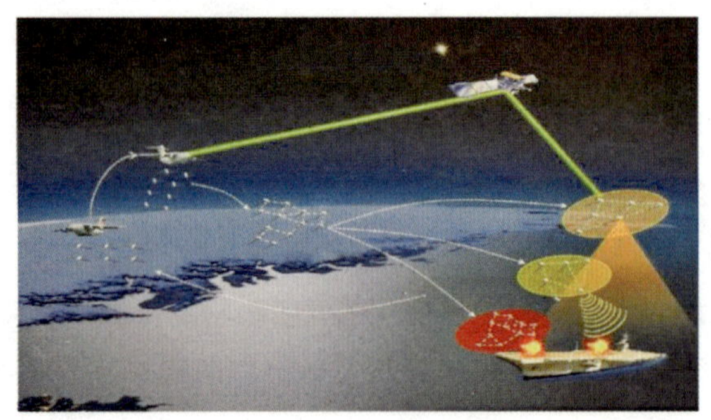

图 4–4　协同作战

一、力量编组的特点及作用

（一）数量规模化

单个无人平台个体载荷小、功能简单，破坏力必然有限，但将力量编组规模化，即可大幅提升其功能的复杂度和破坏力强度。以蝉翼无人机为例，该型机小如蝉，可以携带天气、温度、湿度、气压传感器或声学探测、生化探测等微型电子设备，由空中平台“撒放”，降落地面后通过数据链互联成网，在指定区域形成稳定的“无人探测集群”。无人机集群所产生的积累性作战效果，使扩大规模成为基本的作战需求。2020 年 8 月 27 日，美海军宣布：正在开发可遂行攻防任务的高达 100 万架规模的“超级集群”。美海军无人机战术专家艾萨克·卡米纳表示：“虽然百万架规模的无人机集群可能还需要一些时间，但万架无人机规模的集群攻击即将来临。”

另外，无人机集群的数量规模，可以有效增强整体上的抗毁能力。无论因为什么原因损失 10 架或 20 架无人机，对一个上千架无人机的集群而言影响不大；对于上万架无人机构成的集群，损失数百架也微不足道，不会显著影响作战效果。2023 年 5 月 13 日乌克兰西部赫梅利尼茨基州的一处关键基础设施遭遇无人机袭击，升起了蘑菇云，甚至发生了 3.4 级地震，俄军参与此次行动的是“口径”巡航导弹和21架无人机，其通过规模化、体系化的无人机集群运用实现了极具破坏性的后果。

（二）构成多元化

首先，预警探测、广域监视、前沿侦察、电子对抗、饱和攻击、战术诱饵、主动防御、网络战等作战功能需求，决定了需要以承载不同的任务系统的无人作战平台构成集群；不同的设备载荷，决定无人作战平台具有不同的重量和尺寸，小如昆虫，大如巨鸟。其次，多军兵种一体化联合作战的形式要求，决定了在同一个集群中，不仅有陆上的机器人和无人战车，有海上的水面无人舰船和水下无人潜艇，还有空中的无人机。在实战中，必须根据作战任务的不同性质和规模，决定组成集群的无人机种类和数量，以构建适应任务需求的体系化集群。

（三）控制算法化

无人作战平台虽然自身并不载人，但它离不开操作员的控制。一个操作员控制一个或者数个无人平台是可能的，一个人控制数十个无人平台就已经不太可能。由成千上万个无人平台组成的集群，已经完全不可能由人来控制，没有人具有如此快速处理如此之多战场信息的临机反应能力。实现对成千上万个无人作战平台的实时控制、开发和运用算法，把大量的信息处理交给算法和无人平台内置微型处理器去完成，是唯一选择。算法表达规定了对无人作战平台指挥控制的程序和细则，使大规模无人作战平台，像一大窝白蚁和蜜蜂筑巢觅食般有条不紊，作为一个团队细致分工协作并有效工作，完成战场侦察、目标攻击和效能评估等作战任务。

（四）防护强度化

由于指挥所与无人机、有人机与无人机、无人机与无人机之间的通信只能通过无线手段，无线通信具有天然的开放性，这就给对手的入侵与控制以可乘之机。与此同时，己方对集群实施控制的算法，也有被对手破译的危险。如果控制的算法被破译，不仅会造成对手以己方制定的内部规则来击败自己，甚至有己方集群为对手所用的可能。为此，必须加强对己方无人作战系统集群的防护，加强通信保密和算法加密，具体方法包括：对大规模集群的不同子群采用多样化的通信和控制加密算法，以免一处被破译而危及整个集群，这也有利于及时发现某个部分的异常情况；将控制软件和加密算法程序进行定制和固化，堵塞对手的“偷天换日”之路；以多重加密、高新加密和不断更换加密技术来实现技高一筹，加密技术永远走在破译手段前面，使对手的破译成为不可能。

集群可以根据任务需要，在集群内灵活配置侦察探测、信息处理、导弹火力等模块，形成一个具备侦察、干扰和打击能力的复合编队；或者由若干个集群分别配置侦察、火力模块，再组成一个大型突击编队，深入敌方纵深，对关键目标或高危目标进行实时的侦察、打击，以达成战略性的作战目的。在无人水面舰艇方面，美国 ACTUV 项目研发一种“海上猎人”无人水面舰艇。“海上猎人”配备了最新的传感器、雷达和声呐，可以及早发现和分类水下和水面目标。“海上猎人”每次出海的时间可以达到 3 个月，之后需要进行加油和基本维护。ACTUV 项目中的长航时反潜无人艇将与 P–8 反潜机，MQ–4C 无人机及专用声呐浮标一起进行联合巡逻。此外，它还可以与有人军舰和其他飞机保持联系。在无人机方面，美国陆军以“黑鹰”直升机为平台，在飞行状态下成功发射“阿尔提斯”–600 无人机，并接收到从无人机上传来的实时视频。美国陆军欲让机载无人机具备集群作战能力，一架“黑鹰”直升机计划可以搭载 6 架无人机进行编队作战，还能够与美军其他军种的无人机实现信息交互与联合作战。这些都是美国在无人装备发展的智慧结晶，打造这些智能无人集群技术装备的核心优势在于其智能控制的硬件和软件系统，而这一核心优势不仅局限于无人机、无人车、无人船等装备，还可以拓展运用到多种武器平台，发展出种类丰富、样式多样、功能独特的武器装备。

二、力量编组的方法和机制

（一）力量编组的方法

共识主动性是一种集群内个体行为之间的沟通协调机制。蚂蚁作为一种基本无智商的动物，只通过分布路径上的信息素相互交流，却让它们的大集群看起来很聪明，可以完成多种复杂的协同工作。共识主动性不需要群体间存在具备指挥、控制功能的超级个体，就能产生复杂流程。其原理是通过个体行为留在环境中的轨迹激发其他行为的发生，而这些单独的个体行为使群体行动连贯有序，总体协调地共同完成复杂的工作。共识主动性是一种以去中心化为特点，自组织的系统性行为方式。共识主动性使集群行动不需要任何集中规划、控制甚至也不需要个体之间的直接通信，而是基于一种复杂的行为模式和集群结构使极简单的个体之间保持高效协作，确保简单生物体在缺乏任何记忆、智力、沟通甚至彼此不能互相意识到的情况下，也能完成复杂的集体协调任务。

基于共识主动性的集群智能技术就是一种典型的去中心化技术，而“去中心化”也正是集群智能技术的优势所在。因为在智能集群中没有控制中心，所以任意一台智能集群武器平台的损毁对整个集群都无法产生整体性影响；同时，不论增加多少武器平台到集群中，都不会对集群造成指挥、通信或算力负担。事实上，昆虫的作战模式就是去中心化的，其作战反而比具备高等智能的其他生物更坚决、更统一、更具大集群优势，这就是集群智能这一技术应用于战争的根本优势所在。但是去中心化不意味着无分工，在蚂蚁的战斗行动中，不同体型的蚂蚁也有完全不同的职责分工，因此只要在同一集群智能体系中，各装备是可以根据自身特点有职能分工甚至是重要性次序的，就一样可以组成复杂的作战体系。基于集群智能的自主协同武器装备体系一旦投入战争，将在战术层面对所有以人类智能为基础的部队形成压倒性优势。它们有完美的战斗技巧和极其成熟的团队合作模式，却毫无个人意识，完全没有恐惧、犹豫甚至荣誉感，始终极端冷静地分析周围环境、战场变化和团队需求，并且一直保持 100% 的战斗热情，随时准备为达成战术目标而牺牲。这样的士兵已经可以所向披靡，更何况是专门为现代战争设计的武器装备体系。

（二）力量编组的技术机制

1. 态势感知与数据融合

无人系统集群的感知与认识能力是其控制与决策的依据。目前集群感知手段主要有基于自身携带传感器主动获取战场环境的态势感知，基于数据链接收集群其他个体的态势共享信息并形成统一的通用操作视图。其相关技术包括多源异质传感器分布式信息融合、集群态势共享与通用作战视图、目标协同检测 - 识别 - 跟踪技术、突发威胁协同探测与定位技术等。无人系统集群中的多个体功能、空间位置的协同分布特点为集群态势感知提供了更多可能性，针对不同的协同态势感知方式和架构，需要采用不同的模型，针对性地采用不同的数据融合技术。

2. 协同任务规划与决策

无人系统集群的规划与决策能力是其作战过程的核心能力。不同的任务在作战目标、时序约束、任务要求等方面存在显著的差异性，并且任务之间可能存在约束关系，因此如何规划最优作战策略就显得尤为关键。无人系统集群在不确定的环境中和最少的人工干预下，通过集群协同决策，促使各个个体自适应地采取某种机动策略，使无人系统集群涌现出更有效的智能行为。针对高对抗、强不确定及时间敏感的环境中随时可能出现的包括任务目标改变、威胁和环境变化、集群成员损伤等突发情况，需要无人集群具备实时任务调整和重新规划的能力，以及快速响应外界环境的变化，提高任务效率和使用灵活性的能力。

3. 信息交互与自主协同控制

无人系统集群的信息交互与自主协同控制能力是完成作战任务的前提。协同控制是指在执行任务过程中，无人集群如何形成并保持一定的几何构型，以适应平台性能、任务环境、战术任务等要求，主动解决编队生成与保持、智能避障和不同环境下编队构型的动态调整和重构等问题。集群控制技术的挑战在于如何解决集群中无人个体数量越多控制难度越大、集群间的避碰控制、队形自组织和拆分 / 重组等问题。集群系统具有高度复杂性、行为多样性，需要多种控制策略的组合来满足协同控制需求。

三、力量编组的难点和挑战

（一）群体对抗建模方面

一是对群体智能的演化、学习、自组织基本原理的认识仍不充分；二是在建模具体方法上需要深入研究大规模无人集群协同体系对抗的动态自适应模型；三是需要研究双方甚至多方集群对抗过程的演化机理并定量和定性分析。

（二）集群协同决策与规划方面

一是深化集群架构的研究，并从理论上探索新型的群体智能协同组织架构与方法；二是研究在实际应用中如何在有限甚至不可靠的通信、计算等资源下，进行有效、可靠的协同决策；三是使群体决策的结果具有可解释性。

（三）集群智能控制方面

一是底层的运动控制；二是逻辑结构与关系的可控性；三是功能的优化与控制。集群对抗过程中的个体存在不确定性，但通过集群的组织和控制，实现集群整体的可控，对集群控制规则的深度和广度进行量化研究，研究适用于集群对抗的智能控制方法是将无人集群系统大规模应用于实战所必须攻克的难题与挑战。

第四节　集群智能无人作战的任务规划

一、任务规划的涵义及作用

任务规划是指在任务执行过程中对个体工作状态及使用方法或步骤的规划及安排，遍布于社会生活诸多领域，几乎所有社会系统的运作都必须明确什么样的任务该由什么样的成员来完成。任务规划理论是多类领域特殊任务规划问题求解发展的结果。理论上讲，任务规划是一类多约束条件下的优化问题，从任务规划理论的发展历程看，20 世纪 60 年代以前，主要的理论模型包括线性规划问题及单纯形方法、指派问题及匈牙利法、整数规划问题及分支定界方法等经典的任务分配理论模型。随后受分布式系统发展的影响，任务规划理论得到快速的发展，随之而来的关键成果包括典型的 0–1 规划模型、图论模型、负载平衡模型。20 世纪 80 年代后，分布式智能任务规划方法开始出现，该类算法对数学模型的依赖很小，借鉴生物习性，逐步形成一类优化方法。

无人集群近年来发展迅速，各式各样的集群层出不穷。结合日益发展的网络信息技术，无人集群技术已经演化为无人工业的核心技术之一，表现出巨大的应用潜力，尤其在军事应用领域。类似于其他社会系统，无人集群的任务规划是无人集群应用的核心技术，是指根据无人集群的数量、要完成的任务及任务载荷情况的不同，对无人集群所需完成的具体任务进行预先设定与统筹管理，决定着无人集群的应用效能。从复杂程度上讲，无人集群是由多无人单元进一步提升发展而来的一种高阶形式。

二、任务规划的方法和机制

（一）任务规划的方法

无人系统集群是通过自组织网络连接构成的分布式智能群体，由若干同构或异构的智能无人平台（智能体）组成。在协同执行某项任务时，需要实现不同平台间的协调运动（如固定队形、协同跟踪、协同围捕等）和稳定的通信连接等技术难题。为此，使用的主要方法有领航者－跟随者法、基于行为法、人工势场法、虚拟结构法和基于强化学习的控制方法等。

领导者－跟随者法是采用指定编队系统中的某个智能体作为编队的领航者，而其他智能体为跟随者，并以一定的相对位置或姿态跟踪编队的领航者。该方法实质上是将编队控制问题直接转化为跟随者跟踪领航者的方向与位置的问题。

基于行为法的基本思想是定义一组无人系统集群的期望行为（如驶向与驶离目标、障碍检测与避碰、队形保持与变换等），并将每个智能体的运动视为一系列行为的加权组合。在使用该编队控制法时，智能体的行为控制器通过接收控制指令和艇载或机载传感器检测到的周边环境信息来输出相应的行为，从而实现集群整体的协同控制。

人工势场法是在集群控制中引入势能场概念，由势函数模拟影响集群中个体行为的内、外作用，个体在势函数的作用下采取行动，通过这种方法实现对集群的控制。在人工势场法的智能控制应用方面，有的专家在实验室环境下构建了一种低成本的人工智能集群控制演示验证系统，以机动的自组织探测集群为验证对象，对基于此方法的自组织控制策略进行了演示验证。

虚拟结构法的基本思想是将多智能体的编队视为虚拟的刚性结构，每个智能体又被视为刚性结构上一个相对位置固定的点，当编队移动时，智能体跟踪刚体上的虚拟点运动。与领航者－跟随者方法有所不同，虚拟结构法通常不需要真实存在的领航者（可以存在虚拟领航者），编队中各平台形成期望的刚体形状，且一般以跟踪偏差作为反馈来实现期望的队形。在虚拟结构法的智能控制应用方面，有的专家提出了一种结合此方法的输出反馈协同控制方法，实现了以一组具有有限感知范围的独轮式移动机器人完成期望的编队跟踪任务；有的提出利用刚性图求解非平面多智能体编队控制问题的方法，各智能体由分布式控制律协同形成编队队形；有的建立了多无人机虚拟刚体模型，由遥控手柄实时给出无人机编队的飞行轨迹，各无人机则根据事先设计的队形库来保持队形，并可以在几种队形间切换。

强化学习方法作为替代方法正越来越多地受到关注，因为此方法采用无模型方法解决任务规划中的矛盾。在强化学习方法方面，有的文章针对连续状态空间中固定翼无人机编队协同控制问题，提出了基于深度强化学习的协调控制算法；有的使用强化学习方法，解决了异构无人机编队轨迹跟踪问题；有的研究团队相继发布了多项有关集群协同控制的研究成果，其提出的是一种将强化学习和集群控制相结合的混合系统，并通过仿真和实验验证了系统的可扩展性及有效性。该混合系统由低层集群控制器和高层 RL 模块组成，这种二者结合的方式，使系统能够在保持网络拓扑和连通性的同时规避集群外部的威胁风险。混合系统中的 RL 模块采用 Q 学习算法，并通过共享 Q 表的方式实现分布式合作学习。

（二）任务规划的运行机制

无人集群的灵活组织与运用，离不开科学的体系架构设计，不同的架构设计又牵引着不同的技术路线和方向，影响着无人集群的任务规划、协同决策与实际效益。概括来讲，适合无人集群的控制机制包括集中式、分布式、集散式等多类机制。

1. 集中式

经典的集中式任务分配模型包括多旅行商问题（Multiple Traveling Salesman Problem，MTSP）、车辆路径问题（Vehicle Routing Problem，VRP）、多选择背包问题（Multiple Choice Knapsack Problem，MCKP）、混合线性整数规划（Mixed Integer Iinear Programming，MILP）、动态网络流优化（Dynamic Network Flow Optimization，DNFO）、多处理器资源分配（Multiple Processors Resource Allocation，MPRA）等。

无人系统集群平台数量多、异构特性突出、任务类型丰富，这些特点使描述分配问题变得更复杂，增加了求解空间。在求解集中式分配模型方面，典型的求解算法包括最优方法和启发式方法。而最优方法还有图论法、约束规划法、整数规划法、穷举法，这其中的整数规划法又发展出了矩阵作业法、单纯性法、匈牙利法、分支定界法、混合整数规划算法等。虽然最优方法可对模型精确求解，且求得的解是全局最优解，但其缺点是用时长，实时性不高。

启发式求解方法分为三大类：列表算法、聚类算法、智能算法。其中，列表算法是基于优先权函数对任务处理次序进行排列，然后分发给各成员；聚类算法是将任务作为一个簇聚类，通过满足任务簇与系统成员的数量达到一致的条件来实现分配。这两种算法有一定的应用。相比于聚类算法，智能类算法的应用较为普遍，尤其以遗传算法、粒子群算法、“蚁群”算法的应用居多。

智能类算法通常健壮性较强，既适合分布式计算机制，又可与多类其他算法相结合，但其缺乏严谨的数学基础，没有对应深刻的且具有普遍意义的理论分析，目前对其机理的数学解释也较薄弱，缺乏规范化和针对算法优化性能的评价准则。尽管如此，这些方法及其改进算法依然被广泛应用到了无人系统集群任务的分配中。

2. 分布式

分布式任务分配的典型模型主要包括多智能体决策理论、市场机制（合同网 / 竞拍）、分布式马尔科夫、分布式约束等。其中，多智能体理论被广泛应用于机器人领域。随着应用样式的多样化，多智能体理论还衍生出了很多分支。

针对智能体与不确定因素之间的矛盾，已有的常用算法包括博弈论方法、分布式马尔科夫法、分布式贝叶斯方法等。分布式约束可以形式化为一个约束网，网中变量有各自的离散值域，且各自的约束相互联系，求解过程是求出变量的某个组合，使所有约束值相加获得极值。分布式约束也可以被视为多智能体理论的分支应用。

类市场机制方法是无人集群任务分配中被广泛应用的一种分布式方法，其核心功能是防止冲突，而对每个问题的求解则采用通信协商的方式建立合同网算法，有发布者和竞标者两个角色，由“招标—投标—中标—确认”4 个交互阶段组成。而拍卖算法则是将要拍卖的物品用公开竞价的方式转卖给应价最高者，一次拍卖过程主要由参与方、拍卖品、收益函数和应价策略等要素组成。此外，拍卖算法的演化算法也逐渐受到广泛重视，如一致性包算法（Consensus-Based Bundle Algorithm，CBBA）。

3. 集散式

集散式结合了集中式和分布式的优点，利用将分布式自治与集中式协作相结合的方式解决全局控制问题。该体系符合现阶段集群技术发展现状，在可预见的今后一段时间里，可能成为常态的实用化体系架构。

三、任务规划的难点和挑战

集群智能以个体智能为基础，个体智能群组涌现为集群智能。无论是个体智能还是集群智能，对任务规划的难点和挑战都体现在两个方面：一是自主能力，二是学习能力，这两种能力的高低是实现任务规划的两个重要特征。

（一）实现任务规划要求提高自主能力

自主能力，即自我管理、控制的能力。美国国防部《2005—2035 无人机系统路线图》将无人机自主能力划分为 10 个等级，虽然这种划分方法有其历史局限性，但目前仍然可以作为研究无人机自主能力的一个参考。这 10 个等级大体可分为远程控制、自动控制、自主控制三个层次，1 级属于远程控制，2~3 级属于自动控制又称飞行控制，3 级以上属于自主控制。其中，前两个层次不能完全体现无人机的自主能力，只有自主控制才属于真正意义上的自主能力。由于战场“迷雾”的存在，无人机集群面临的作战环境将是一个信息不完备、动态多变、充满对抗的不确定性环境，基于预先编程的自动控制能力难以满足未来无人机集群在如此复杂环境下完成多种作战任务的需求。因此，具有感知、判断、规划、决策、协同等高级别的自主能力将成为无人机集群的发展趋势，其中个体自主是集群自主的基础，自动控制是自主控制的支撑。随着技术的进步，完全自主集群将会出现，除非在紧急或必要的情况下，“人不在回路”的指控方式将成为主流。

（二）完成任务规划要求具备适应能力

适应能力，即不断学习、提升自我的能力。适应能力表现在对战场环境的感知能力，对作战系统结构的调整能力以及在战争过程的学习能力上面。“智能”不同于其他能力，具有很强的自学习、自成长特性。人工智能在作为工具的同时，亦会改进自己这个工具。这是智能工具与其他工具最大的不同，因为智能也会成长。因此，与其他武器不同，智能武器也必须经常进行训练，以符合其成长的特性。

美国国防部《无人系统集成路线图 2017—2042》中更是直接把自主性定义为一个实体基于自身知识及对环境、自我和态势的理解，通过在不同的行动过程中独立地进化和学习，从而获得能够完成多种任务的能力。对无人机而言，自主控制所遵循的规则更加广泛和灵活，能够通过不断学习进行规则更新，属于高级别的自主能力，而自动控制则基于固定规则，属于低级别的自主能力，两者本质区别在于是否具有学习能力及能否产生适应性。美军认为近年来快速发展的机器学习技术是支持无人机集群从低级别自主跨向完全自主的一种极具潜力的技术手段，主张在解决可信性的前提下，首先在无人机集群的建模仿真（Modeling and Simulation，M&S）活动中培育和训练人工智能，一旦技术成熟就可以将其直接嵌入无人系统。未来，随着强人工智能的发展，最终将出现堪比甚至在某些方面超越人类智能的智能无人机集群。

第五章 集群智能无人作战的基本样式

战争不再是众多人类士兵在指定的战场上作战，也不再只存在于国家之间。所以，从某种意义上来讲，我们正在见证的是两个最长久的政治和战争垄断的终结，而且它们的终结存在着一定联系。当有一天我们回望这段历史的时候，我们会发现，它最突出的特点就是两段历史的同时终结：只有国家可以参战的400多年的历史和只有人类可以上战场的5000年的历史。

——彼得·W. 辛格

在现代战场环境日趋复杂的情况下，单平台作战易受载荷、续航、通信等影响，难以形成持续的作战效果。随着无人平台、人工智能、大数据云应用、5G技术、大数据处理和人工智能等现代前沿科技领域的迅猛发展并取得丰硕的研究成果，世界各国都在竞相开展无人集群平台的商业化和军事化应用。在军事领域，集群智能无人作战以其抗毁性、低成本、载荷分布化、功能多样化等优势，可灵活遂行各种军事任务，迅速成为当下研究的热点和宠儿，可以预见集群智能无人作战概念将给战争形态带来深远的变革，未来战争可能是以集群无人作战为主。若集群无人平台数量更多、协同能力更强、智能化程度更高，其特有的数量优势将成为决定胜负走向的不确定因素，同时智能算法将取代最厉害的武器成为克敌制胜的关键要素。集群部队通过大集群整体联动自组织作战，可以为作战一方提供数量更多、速度更快、协调性更强的作战力量，将极有可能改变未来战场的组织方式、作战样式和胜负结果。根据作战空间不同，集群作战划分为空中、地面、海上、网电无人作战集群四大类，对应自然界生物形态，分别称为“蜂群”“蚁群”“鱼群”“码群”，实际作战中，还将出现由多维空间或多种无人平台混合构成的“异构集群”，这五个“群”将成为颠覆未来战争规则的重要推手。

第一节　空中“蜂群”突袭战

随着智能化战争的悄然到来，智能化装备大量出现在战争中，无人机“蜂群”作战作为智能作战的重要形式，正在崭露头角。未来无人机作战将成为两军交战的“急先锋”，在智能化战场上，空中无人机“蜂群”将成为各级指挥员手中的“胜利之刃”。

一、空中“蜂群”作战发展现状及趋势

“蜂群作战”这一概念最早来自美国国防部《2002—2027 年无人机路线图》，2016 年，美国空军在《2016—2036 年小型无人机系统飞机规划》中将“蜂群作战”的含义明确为“一群小型无人机为实现共同目标，通过机间接口自动组网，协同行动”。无人机“蜂群”作战的基本设想是从舰船、飞机、较大无人机或车辆上的管状发射器内，短时间、快速发射众多低成本无人机，令它们相互分享信息，协同执行作战任务，以数量优势压制敌人，具有规模大、成本低、可回收、群内自主协同等特点优势，有望彻底改变现代战争的方式，目前已经引起世界各国的高度重视。

（一）无人机“蜂群”作战发展现状

目前，无人机“蜂群”技术研发取得重要进展的国家主要是美国和英国，而俄罗斯、韩国、法国、芬兰等曾透露过无人机“蜂群”发展计划的国家，均无后续进展的报道。美国以 DARPA 为主，其“小精灵”“进攻蜂群战术”“拒止环境中协同作战”等原有项目稳步

向前推进，美军计划于2036年全面实现无人机系统集群作战。英国近些年在无人机“蜂群”领域发展迅猛，不仅早于美军成立了“蜂群”中队，还开展了若干演示验证试验。我国在跟踪该技术的同时也开展了相关研究和试验，并形成了一定积累。除此之外，法国、德国、俄罗斯、韩国、芬兰等国也相继开展了一系列的无人机集群作战研究，英国、俄罗斯及欧洲防务局曾于2016年分别开展了无人机集群的竞赛、“无人机蜂群”项目以及“蜂群”无人机协同作战项目。

1. 美国无人机“蜂群”项目进展

美国最先开展无人机系统的相关技术研究，在军事方面的应用处于绝对领先的位置。在《无人机系统路线图（2005—2030）》中，美国国防部指出：“无人机在2025年后将具备集群战场态势感知和认知能力，能够进行完全自主作战。”近年来，美军将无人机系统集群作战作为一个重要研究方向，经过多年的研究论证，目前正从顶层设计、理论研究、项目规划、关键技术攻关和演示验证等方面全面促进其快速发展。在美国国防部的统一领导下，DARPA、战略能力办公室（SCO）以及空军研究实验室（AFRL）、海军研究实验室（ONR）等都开展了大量的研究和论证工作，并启动了多个项目。这些项目在功能上相互独立、各有侧重，在体系上互为补充、融合发展，重点研究了“蜂群作战”概念下，中、小、微型无人机研制技术，“蜂群”协同作战技术及软件算法技术等。

1）“小精灵”（Gremlins）项目。“小精灵”无人机集群项目于2015年9月由美国DARPA发布，其设想是“小精灵”无人机集群将在防区外由运输机、轰炸机和战斗机等各类平台发射，渗透到敌防区内之后，针对特定目标共同执行情报监侦、电子攻击或地理空间定位等作战任务。任务完成后退出敌防区，并由C-130运输机完成空中回收。其目标是探索小型无人机集群空中发射和回收的可行性，并最终以试验进行验证。“小精灵”项目概念示意如图 5–1 所示。

DARPA 设定的“小精灵”无人机的最优性能目标如下：①作战半径 926km；②作战半径内续航时间为 3h；③载重 54.5kg；④最大速度不低于 0.8Ma；⑤最大发射高度为 12192km；⑥载荷所需功率 1200W；⑦载荷类型为模块化设计的射频和光电 / 红外系统，并可实施基地级更换；⑧使用寿命 20 次；⑨出厂单价（不包括载荷）低于 70 万美元。

图 5–1 “小精灵”项目概念示意图

“小精灵”作战系统的最优性能目标如下：①大型平台发射超过 20 架无人机；② 30min 内回收至少 8 架无人机；③成功回收率大于 95%；④回收后再次发射的时间不超过 24h；⑤发射或回收平台的改装成本不超过 200 万美元。DARPA 设定的装备规模是生产 1000 架“小精灵”无人机和 25 套载机设备。

“小精灵”项目分为三个阶段。第一阶段是空中发射和回收系统可行性验证，美国军方于 2016 年 3 月与三家公司签订了总金额为 1610 万美元的第一阶段合同，正式启动技术研发工作。第二阶段是全尺寸技术验证系统设计，从 2017 年开始，美国军方与美国 Dynetics 公司和美国通用原子航空系统有限公司两家公司签订了 2100 万美元的研制合同，进行全面技术示范系统的初步设计和风险降低验证。第三阶段是空中发射和回收飞行试验，美国军方于 2020 年 10 月完成 X–61A“小精灵”无人机第三次飞行试验（计划内最后一次飞行试验），先后验证了无人机由 C–130 运输机装载飞行并发射、发动机冷启动、自主编队飞行和保障飞行安全等方面的技术，但在无人机空中回收验证中因“相对运动比预想的更加动态”等技术瓶颈问题而受挫，项目未按预期时限完成，试验阶段延续到 2021 年，计划由 4 架 X–61A“小精灵”无人机参与试验，实现无人机空中回收。同时，由于“小精灵”项目作战潜力较大，DARPA 和空军决定增加第四阶段，聚焦作战力验证，目标是让一名操作员在复杂环境中控制多架无人机开展“功能分解式”空中作战，两年时间内使无人机能执行压制 / 摧毁防空任务。目前，美国国防部正在与 Dynetics 公司进行第四阶段谈判，在完成第四阶段后，推动项目向军种转化。

2）“低成本无人机集群技术”（LOCUST）项目。低成本无人机集群技术项目于 2015 年 4 月由美国海军研究实验室公布，该项目聚焦于发展采用发射管将大量可进行数据共享、自主协同作战的无人机快速、连续发射至空中的技术。其发射装置及无人机体积较小，方便整合到舰船、装甲车辆、飞机等平台上。该项目选择雷神公司“郊狼”（Coyote）小型无人机（见图 5–2）进行试验，无人机有目的性地集群飞行、协同配合，在特定区域共同执行掩护、巡逻和攻击地面目标等任务，具有去中心化、自主化和自治化三个显著特点，从作战应用角度看，具有明显优势。

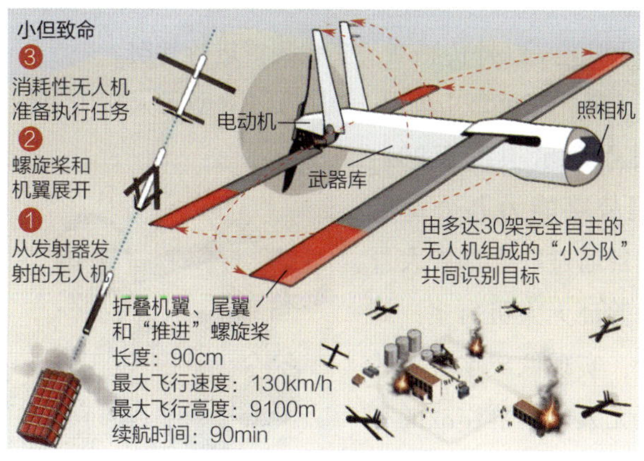

图 5–2　“郊狼”小型无人机

2016 年 3 月，美国军方完成 9 架无人机完全自主同步和编队飞行演示验证工作。2016 年 4 月，在陆上完成 30 s 内发射 30 架“郊狼”小型无人机的自适应组网编组飞行试验，验证了无人机“蜂群”的编队飞行、队形变换、协同机动能力。2018 年 6 月，美海军与雷神公司签订 2968 万美元合同，生产“低成本无人机‘蜂群’技术创新海军原型机”。2018 年 10 月，雷神公司最新研制出的无人机集群软件，可实现“郊狼”无人机集群网络化，并在一个对敌具有优势的阵型中协同工作，实现无人机之间的信息共享，使无人机集群具备自主和协同能力。“郊狼”无人机集群在迅速发展之后，可使用低功率无线电网络建立彼此之间的通信关系，共享位置信息。其中 1 架作为集群指挥机，其余无人机作为下属接受指挥，飞行时，操作员只需对无人机集群实施整体控制。下一步，LOCUST 计划在墨西哥湾开展舰基的无人机“蜂群”发射和飞行试验。

“郊狼”无人机在海军研究实验室资助下由先进陶瓷研究公司（后被 BAE 收购）研制，其性能指标如下：①长 91cm、翼展 1.47m；②重量 5.9kg，可携带 0.9kg 载荷；③最大飞行高度 6096m，飞行速度 110km/h；④配装电动推动系统，续航时间 1.5h；⑤单架成本约 1.5 万美元；⑥该型无人机采用发射管发射，可在不依赖 GPS 的条件下，基于光电 / 红外传感器及惯导装置进行导航。

3）“山鹑”（Perdix）项目。“山鹑”微型无人机（见图 5-3）机载调整发射演示项目于 2014 年由美国战略能力办公室启动，该项目通过联合部署大量无人机，验证无人机自主“蜂群”行为，实现低成本空中载荷，验证无人机集群作战的有效性和战术优势。

图 5-3 “山鹑”微型无人机

2012 年，美国国防部战略能力办公室成立后，采用了由麻省理工学院（MIT）研制（2011 年研制）的“山鹑”一次性微型无人机，并为其配套开发了由战机进行空中投放的技术，于 2014 年 9 月首次配装 F–16 战斗机并开始进行试验。2015 年 6 月在位于阿拉斯加的空军基地进行了机载投掷试验，由时速达 690 km/h 的 F–16 战机通过曳光弹投放器投放出了 20 余架“山鹑”微型无人机。在随后举行的“北方利刃”军演中，F–16 战机也投掷了 72 架该型无人机。2016 年 10 月，美国海军航空系统司令部和麻省理工学院林肯实验室在加利福尼亚的“中国湖”部署了 3 架 F/A–18 战机空投 103 架“山鹑”无人机，进行集群飞行测试。测试内容包含集群决策、适应编队飞行和系统自愈能力。2017 年 1 月，美国军方公布了海军 3 架 F/A–18F“超级大黄蜂”战斗机以 0.6Ma 的速度投放了 103 架千克级“山鹑”无人机，创下军用无人机“蜂群”最大规模飞行纪录。试验中演示了先进的群体行为，包括集体决策、自修正和自适应编队飞行。

“山鹑”无人机性能指标如下：①长约 16.5cm、翼展 30cm；②投放重量约 0.3kg；③续航时间大于 20min；④飞行速度 75~110km/h；⑤由凯芙拉合成纤维和碳纤维通过 3D 打印而成，其中机翼采用碳纤维材料，机身采用低阻力玻璃纤维材料，由锂离子聚合物电池供电；⑥无人机被投放后同载机分离，随后降落伞、机翼展开，无人机减速降落，接着降落伞脱离，无人机发动机开始工作，转为自主调整飞行阶段；⑦可在 40 m/s 的飞行速度下正常打开机翼，并在 30 m/s 的风速中保持稳定飞行姿态；⑧飞行过程中具备数据通信能力；⑨可由地面发射装置发射或由地面操作人员投掷发射，未来将采用大量、不可回收的方式部署。

4）“拒止环境中协同作战”（CODE）项目。拒止环境中协同作战项目于 2014 年由 DARPA 启动，旨在搭建一个模块化的软件架构，发展先进的自主协同算法和监控技术，保障无人机集群能在抗“带宽限制”及“通信中断”等拒止环境下保持态势感知并完成发现、跟踪、识别和攻击目标等任务，从而提高无人机在高对抗环境中的自主性和协同作战能力，同时降低对操作人员数量及操作成本的要求。CODE 项目概念示意如图 5-4 所示。

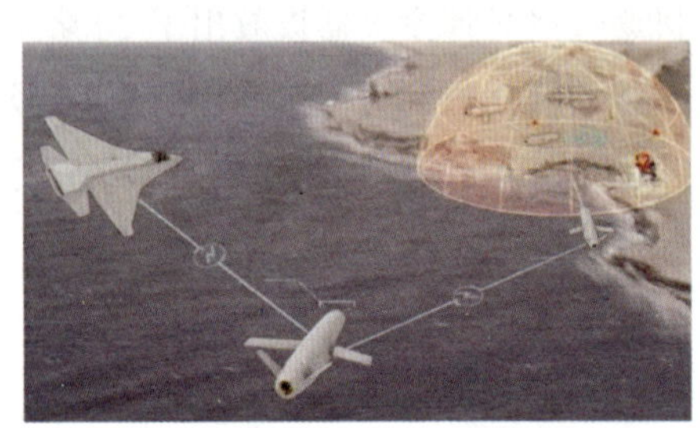

图 5-4　CODE 项目概念示意图

该项目分为三个阶段。第一阶段是方案论证阶段，旨在验证CODE项目的潜力，完成人机交互界面、人机接口、架构标准等的创建研发及一些初级理论仿真。第二阶段是初步实物验证阶段，旨在承接第一阶段，为第三阶段的实施打下坚实基础，依赖第一阶段完成的界面、接口、标准创建研发，进行阶段性的实物验证。第三阶段主要是完成 CODE 软件的研发，提升现役无人机的生存性、机动性和作战效能。2018 年 1 月，完成了开放架构、自主协同等指标的验证。2018 年 11 月，完成在拒止环境下，应对突发威胁能力的验证，实现无人机在低通信时，可高效共享态势，协同规划和分配任务，制定战术决策，应对动态高威胁环境。2019 年，在美国尤马（Yuma）基地进行了一系列试验。试验中，战场指挥官通过地面工作站操控由 6 架装备 CODE 系统的 RQ-23 无人机与 14 架虚拟仿真无人机组成无人机集群系统，成功验证了装备 CODE 系统的无人机集群系统（实物无人机与虚拟仿真无人机）能够在通信受阻的环境下完成作战给定任务。

CODE 项目将改变目前单个无人机需要多人操作的情况，使得无人机在未来战场上执行任务的能力大幅提高。具有自治能力的无人机群可在单人的监督控制下协同工作，在任务中不断评估自身的状态和环境情况，并向任务主管提出协调无人机行动的建议。任务主管可以混合和匹配具有特定能力的不同系统，以适应不同任务，并指导任务变更。装备 CODE 系统的无人机通过协作和自治，仅需要很少的操作人员监督就能根据既定的接战规则找到作战目标，并酌情参与其中，从而及时对战场的各种动态情况做出相应的反应。这种灵活性的任务执行方式可以显著提高现有装备的效益，并有望实现部署理念。

5）“蝉”项目。该项目启动于 2011 年，在 2017 年海空天博览会上，美军展示了最新的 MK5“蝉”无人机原型。该无人机质量只有 65g，从美国海军的 P–3 飞机上的发射管发射，每个发射管可携带 32 架无人机。该无人机可以达到 5m 的定位精度，可携带天气、气压、温湿度等传感器或声学探测、生化探测等微型电子设备，通过数据链互相连成自组织网络，在目标区域内组建稳定的“无人探测蜂群”。“蝉”无人机编队如图 5–5 所示。

图 5–5 “蝉”无人机编队

6）“近战隐蔽自主无人一次性飞机”（CICADA）项目。美国海军研究实验室主持该项目，旨在通过空中投放 3D 打印、印制电路板（PCB）等制成的无动力自主滑翔无人机集群，在空中沿途收集电磁、气象等信息，从而实现按需对目标区域上空的精细化环境感知。

7）“体系综合技术和试验（SoSITE）无人机”项目。2014 年 5 月，DARPA 发布体系综合技术和试验项目指南，探索开放式体系架构技术，旨在以美军现有能力为基础，把单一装备的空战能力分布在大量可互操作的有人和无人平台上，实现各种先进机载系统和机载武器的即插即用，提升分布式作战的灵活性。2016 年 9 月，DARPA 与洛克希德·马丁公司签订 3640 万美元第二阶段合同，继续发展体系架构，验证架构的作战效能和鲁棒性。

8）“对敌防空压制 / 对敌防空摧毁”（SEAD/DEAD）项目。2009 年和 2012 年，美国雷神公司向美国空军分别交付了微型空射诱饵（MALD）无人机和微型空射诱饵－干扰型（MALD–D）无人机，并于 2013 年完成高速反辐射导弹（HARM，哈姆）升级版的交付。美国空军和雷神公司基于这两种飞行器及更早研制的模块化设计的联合防区外武器（JSOW），开发了“对敌防空压制 / 对敌防空摧毁”项目。

2. 英国无人机“蜂群”研究进展

2019 年 12 月，英国《卫报》网站发表文章称，使用无人机“蜂群”对军事或要害目标实施袭击已成为一种全新的“非对称”对抗战术。据报道，英国也在积极发展无人机“蜂群”技术，其国内的军工集团和无人机专家都极力争取发展无人机“蜂群”系统的资金支持。为激励研究，英国国防部于 2016 年 9 月发起奖金达 300 万英镑的无人机“蜂群”竞赛，参赛的无人机“蜂群”完成了信息中继、通信干扰、跟踪瞄准人员或车辆、区域绘图等任务。目前，智能无人机“蜂群”相关研究仍在持续开展中。

1）成立无人机“蜂群”中队。2020 年 4 月 1 日，英国皇家空军在林肯郡的沃丁顿军事基地组建了第 216 无人机“蜂群”试验中队。该中队将进一步发展无人机“蜂群”技术，并把无人机“蜂群”的作战能力引入部队。英国是首个对外宣布组建无人机“蜂群”部队的国家，预计该部队将通过作战试验加速无人机“蜂群”的技术转化进程，同时探索未来无人机“蜂群”的作战编组，这标志着这种新型无人机距离实际应用更近了一步。

2）“‘蜂群’无人机作战效能提升”项目。2019 年，英军启动了“‘蜂群’无人机作战效能提升”项目，组建由单人控制的 20 架小型无人机“蜂群”，探索其技术的可行性和军事用途，并与蓝熊系统公司签订合同。2020 年 4 月，蓝熊系统公司演示了无人机“蜂群”的超视距全自主飞行技术。10 月，该公司宣布使用 20 架异构固定翼无人机“蜂群”，开展了超视距飞行试验。该“蜂群”由 5 种不同类型、不同大小的无人机组成，使用了 5 家公司的 6 种载荷。试验共飞行了 220 多架次，最大组群规模达到 20 架。

3）无人机“蜂群”电磁作战演示验证。2020 年 10 月，英国皇家空军快速能力办公室（RCO）表示，通过与莱昂纳多公司、卡伦·伦茨集团、蓝熊系统公司合作，实现了无人机“蜂群”的快速研发并开展了飞行试验。试验中，卡伦·伦茨集团的无人机“蜂群”配装了莱昂纳多公司的闪云诱饵，迷惑了防空雷达。

3. 国外其他国家及地区无人机“蜂群”发展现状

1）俄罗斯。俄罗斯将无人机“蜂群”作战和反制技术作为整体同步进行研究，并纳入无人化作战力量建设全局考虑。为此，俄罗斯在国防部和总参谋部均设立了专门的领导机构，在各战区建立了专门的无人机部队，在技术和理论研究两方面积极开展无人化作战、有 / 无人协同作战、反无人机作战等方面的探索和演训活动。俄罗斯无线电电子技术集团在 2017 年透露，俄未来战斗机可采用 1 架机或 2 架机与 20~30 架“蜂群”无人机协同作战模式，执行空空作战、对地打击、空中侦察等任务。

2）欧洲。欧洲防务局于 2016 年 11 月启动“欧洲蜂群”项目，发展无人机“蜂群”的任务自主决策、协同导航等关键技术。

3）韩国。韩国陆军也在 2017 年透露正以朝鲜的弹道导弹阵地和核试验设施为目标，大力发展无人机“蜂群”技术，首先应用于侦察任务，后续应用于打击任务。

4）土耳其。土耳其军方宣布将进行使用 500 架自杀式无人机实施大规模“蜂群”战术攻击的试验，并将无人机“蜂群”视作改变战场规则的决定性力量。

4. 我国无人机“蜂群”发展现状

目前，国内对无人机“蜂群”作战也越来越关注，在民用和军用无人机“蜂群”研究和试验方面，都取得了相关技术成果，包括多机自主协同控制、虚拟领航仿真、自组网技术等。2017 年 6 月，中国电子科技集团在群体智能无人机集群研究方面，取得了突破性进展，先后组织进行了 67 架、119 架固定翼无人机集群的破纪录飞行试验。2018 年 1 月，国防科技大学进行了无人机集群自主作战的试验，实验过程中主要测试了自动编组、自动规划航路和自主作战技术。但从总体来看，在无人机“蜂群”整体技术和作战运用研究方面，我国与美国尚有差距。

（二）无人机“蜂群”发展趋势

通过对无人机集群项目的分析，可以看出无人机集群的数量越来越多，其投放和回收平台多样化，可通过不同种类无人机组成集群或与其他无人 / 有人系统组成集群进行协同完成不同任务。无人机集群项目具有以下突出特点。

1. 规模化集群运用

从无人机集群项目研究和发展情况可以看出，无人机集群成员价格低，“小精灵”无人机的期望成本为 70 万美元，“郊狼”无人机成本只有 1.5 万美元，成本优势明显，可低成本大规模运用，损失后可快速补充。无人机投放和回收的多平台适应性强，释放速度快，可在短时间内形成成员数量规模从数十架至数百架的无人机集群，这些因素共同决定了无人机集群可在短时间内形成足够的规模，凭借集群战术，快速消耗对方防空导弹等高价值武器装备。

2. 动态化信息交互

无人机集群作战面对的是战场环境复杂、作战态势瞬息万变、作战时机稍纵即逝的严苛局面，为加强指挥控制系统和保证作战行动的及时有效，无人机集群成员之间、地面和空中之间存在复杂的信息收发交换。无人机集群作战交互信息非常多，而且还随时间变化，具体包含指挥控制信息、导航制导信息、通信交互信息等。在信息保障前提下，无人机集群成员之间可通过数据链路进行相互通信从而进行协同作战，包括编队队形维持、避碰和避免误击等功能的实现。无人机集群或地面指挥控制系统可掌握和了解实时战场态势，并及时决策和指挥后续作战行动。

3. 智能化群间协同

无人机“蜂群”智能化协同从三个方面体现：一是去中心化，无人机集群内的任何的单个无人机都不处于中心地位，无人机集群通过自组网实现无人机集群内部的高速信息共享，使无人机集群具备高抗毁性、强自愈能力与高效信息共享能力。若其中一架无人机被击毁或其任务载荷被干扰、破坏，无人机集群整体的功能和任务能力基本不受影响，集群复原能力较强；二是自主化，无人机集群在飞行期间可自我管理、自我控制，不需要人为控制，所有无人机相互之间只观察而不控制对方，但是会依据邻近无人机的相对位置和状态控制其自身飞行，以保证集群队形和飞行安全；三是自治化，无人机集群的结构相对稳定，体现在两方面，一方面集群整体不会因任何一架无人机的功能损坏或被摧毁，而导致结构缺失；另一方面若因干扰或控制等问题使得集群结构的位置发生改变，无论是同构还是异构，新的集群结构排列会快速、自动形成并保持稳定。

4. 多元化任务能力

随着无人机技术的发展和任务载荷的不断更新，无人机功能得到了空前拓展，能胜任的作战任务向多元化发展。不同的无人机搭载不同类型的任务载荷，可协同配合完成无人机集群成员单独所不能完成的任务，为分布式任务规划和协同任务实施提供了技术基础和有效途径。在无人机多元化的基础上，综合考虑集群总体任务、作战环境复杂性和时间紧迫性，只要能够解决诸多制约因素情况下的无人机集群任务分配问题，合理选择无人机种类与任务载荷匹配，就能够发挥无人机集群的最大作战效能。

二、空中“蜂群”作战战例分析

20 世纪 90 年代后，无人机“蜂群”作战在局部战争中的广泛运用取得了令人瞩目的作战效果，从而推动了无人机的飞速发展，各种构型、各种动力、各种功能（侦察、攻击、电子对抗、通信中继等）的无人机不断涌现，为无人机集群式作战提供了前提条件。无人机“蜂群”作战，以其独特的作战优势，从出现在世人面前就展现了惊世骇俗的战绩。

（一）俄驻叙基地遭无人机“蜂群”袭击

2018 年 1 月 5 日，叙利亚反对派出动由 13 架无人机组成的“蜂群”从穆扎拉村起飞（穆扎拉村在赫梅米姆空军基地东北 50km，距塔尔图斯海军基地近 100km），分别攻击俄罗斯地面军事目标，其中 10 架攻击赫梅米姆空军基地，3 架攻击塔尔图斯海军基地的一处后勤设施。最终俄罗斯防空系统对这 13 架无人机进行了电子干扰和近防武器拦截，虽然未达到预期作战效果，但这是战争史上第一次无人机集群袭击，已经具备无人机“蜂群”作战的雏形。

通过对 2 架捕获的无人机（见图 5–6）进行拆解研究，确定这 2 架无人机均是自制固定翼飞机，采用 GPS 和高度仪装置进行导航，其动力仅由小型内燃机提供，机翼由木条加固的聚苯乙烯制造而成，每个机翼下有 4 枚可释放的简易炸弹，每架无人机共可携带 8 枚简易炸弹。概括来说，参与袭击的无人机“蜂群”具有三个特点。一是制作成本低廉。该无人机是采取购买单独零件的方式进行组装，用三合板、胶带、手机 GPS 通信模块零件和小排量的发动机进行组合而成，只要掌握一定的航模制造能力即可完成。二是续航能力较强。此次参与袭击的无人机虽然制作简易，但是其续航距离可达 100km，并且配备了 GPS 导航和无线电操纵系统，从而降低其航行误差。该无人机上还携载了红外摄像机和无线高速通信装置，能够实时回传画面。如果这些无人机没有被击落，完全可能在投弹后返航再次使用。三是载荷攻击力强。无人机携带的炸弹每枚重约 400g，外壳由聚合物组成，内含钢珠，如图 5-7 所示，对停放在机场上的飞机类目标有针对性的毁伤作用，毁伤半径可达 50m。

总体分析，这次无人机“蜂群”作战由于装备制作相对简陋、技术水平相对较低，未取得明显战果，但已经展示出无人机“蜂群”作战的巨大潜力。

图 5-6　俄军捕获的叙利亚反对派无人机

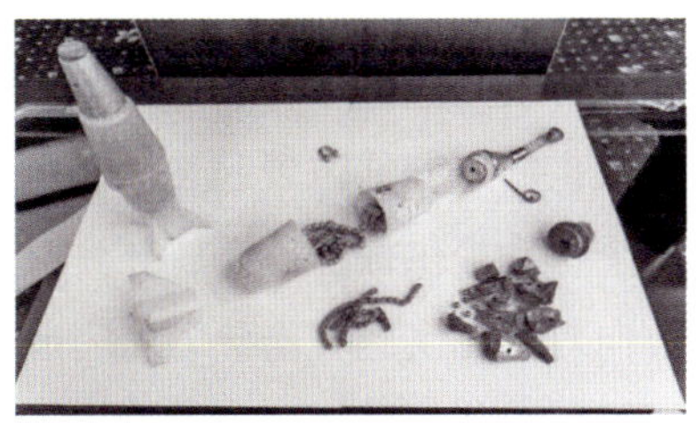

图 5-7　无人机携带的炸弹结构

（二）沙特油田遭受无人机“蜂群”重创

2019 年 9 月 14 日，也门胡塞武装组织出动 18 架无人机组成的“蜂群”，袭击了沙特国家石油公司位于沙特北部的布盖格炼油厂和胡赖斯油田的两处石油设施并引发火灾，如图 5-8 所示，导致世界最大原油净化工厂和沙特第二大油田两处石油设施瘫痪，沙特的原油生产因此受到重创，约 50% 的原油日产量被“摧毁”，震动全世界。

从沙特国防部的阶段性调查结果及胡塞武装组织公布的细节分析，参与此次袭击的力量由“无敌”-3“卡瑟夫”和一种未公开型号的无人机及 7 枚巡航导弹组成，如图 5–9 所示。“无敌”–3 和“卡瑟夫”无人机可以在 1700 km 范围内飞行，具备携带 4 枚小直径导弹或炸弹载荷的能力，能够对目标造成较大威胁。综合分析此次袭击有两个特点。一是无人机“蜂群”协同作战。袭击前，胡塞武装组织利用长航时无人机对沙特境内的炼油厂和油田目标进行多次侦察，针对袭击目标对无人机和巡航导弹实施航路规划设计。袭击过程中，三种无人机从也门不同的位置起飞，其中一架携载有电子战设备的无人机对整个行动提供保护，巡航导弹与其他无人机协同进行攻击，从多个方向对目标实施打击。袭击完成后，具备侦察能力的无人机还进行了目标毁伤评估。二是无人机“蜂群”与巡航导弹协同作战。沙特在其境内部署有严密的防空系统，尤其是从美国引进的“爱国者”系列防空武器系统。巡航导弹在面对全方位、多层次的防御体系时，往往突防能力不强，同时由于其飞行距离较远，如果只有卫星一种导航方式，容易受到针对性干扰从而降低打击精度。无人机“蜂群”作战过程中提供电子支援侦察干扰和火力打击评估信息，与导弹形成优势互补。

图 5–8 无人机实施突袭

图 5–9 胡塞武装组织向外界展示的无人机、巡航导弹

（三）亚美尼亚地面部队被无人机“蜂群”摧毁

2020 年 9 月 27 日，阿塞拜疆与亚美尼亚在纳卡地区发生新一

轮军事冲突，阿塞拜疆放弃以往地面部队长驱直入的传统方法，综合运用多种型号的无人机组成“蜂群”协同作战。在24h内，摧毁了亚美尼亚方面坦克130辆、火箭发射系统50个、武装车辆64辆、防空导弹系统25个以及S–300导弹，取得了惊人战果，亚美尼亚地面作战力量遭受重创。图5–10所示为阿塞拜疆无人机摧毁亚美尼亚地面装甲车辆。

双方交战中，阿塞拜疆在面临地面装甲部队遭到重创的情况下，接受土耳其的指导，采用无人机“蜂群”突击战术将战局整个扭转。冲突中，阿塞拜疆主力参战无人机有三种型号：①“旗手”TB–2无人机，这是由土耳其研制的中型察打一体无人机，挂载2枚MAM–C和2枚MAM–L激光半主动制导炸弹，还可携带导弹、光电/红外摄像机、激光指示器等任务载荷，具备较强的对地精准打击能力；②哈洛普自杀式无人机，采用隐身设计，配备反雷达感应器、炸弹以及GPS定位系统，可从卡车上发射，在目标上空长时间盘旋，发现敌方雷达等重要目标后可自主攻击。战斗部质量为32kg，威力比美国“哈姆”反辐射导弹还要大；③安–2改装无人机，由苏联设计局于1946年设计的轻型多用途单发双翼运输机改装而成的无人机，属于低成本产品，具有极佳的短距离起降能力，阿塞拜疆将其用作诱饵吸引亚美尼亚防空阵地雷达开机并发射导弹。

图5–10　阿塞拜疆无人机摧毁亚美尼亚地面装甲车辆

分析作战过程，阿塞拜疆综合运用TB–2察打一体无人机、哈洛普自杀式无人机和安–2改装无人机与其他多种型号无人机协同作战，首先，利用“苍鹭”和“赫尔墨斯”450等侦察无人机前出侦察，感知战场态势；随后，出动改装的安 –2 无人机，误导和欺骗敌方防空系统的雷达开机并发射导弹；接着，利用哈洛普无人机摧毁敌方防空作战系统，再出动多架 TB–2 无人机组成的无人机“蜂群”，以饱和方式对亚美尼亚地面重要军事目标实施大规模袭击。此次冲突中，无人机“蜂群”作为主要作战力量直接参战，并发挥了扭转战局的重要作用，其战术运用值得借鉴和研究。

三、空中“蜂群”战术对作战行动的影响

（一）无人机“蜂群”作战提升了强对抗环境中的作战能力

无人机“蜂群”作战真正可怕之处在于“蝗虫”般的饱和攻击，其最突出的特点是以自主协同网络为依托，在局部战场上创造出压倒性优势，一方面有效提升己方的通信、指控、情报监视侦察态势感知能力与打击能力，另一方面压制和阻塞对方的通信网络与防空系统，提高其对抗难度与成本，从而在短时间内毁伤对手。利用“蜂群”战术，精确选择打击目标，快速机动，多维攻击，融合相关作战要素，打通了“侦察—控制—打击—评估”链路，形成高效、敏捷、精确的新型作战体系。通过无人机之间信息实时交互、动态自主组合、集群协同突防等方式，最终实现有效的饱和攻击。该作战理念颠覆了当前以 F–35 战斗机等大型多功能平台为核心的作战模式，在一定程度上改变了未来的战争方向。

（二）无人机“蜂群”作战提高了作战任务的成功率

无人机集群执行任务时，若集群中 1 架被击毁，其他无人机可重新配置，快速填补空缺，推动任务继续执行，系统整体的抗毁性极大地提高了任务的成功率。美国海军研究生院的许多文章都对无人机“蜂群”作战进行了分析研究，利克 · 伯拉在 2012 年发表的《无人机“蜂群”攻击》一文中详细分析了这种作战模式，验证了

“蜂群”战术的效果。这篇文章假定了一种简单的战场环境：在良好的天气条件下，美海军 1 艘驱逐舰被 5~10 架从各个方向飞来的无人机攻击。该研究团队对这一作战模式进行了数百次模拟，结果表明，由 8 架无人机组成的集群进行攻击时，有 2.8 架无人机能够避开拦截系统。即使对舰艇防御系统进行了升级，如采用了更好的传感器、更多的“密集阵”系统，仍有至少 1 架无人机能够避开拦截。这还只是 8 架无人机组成集群的情况，如果无人机数量增加到 10 架、20 架或者 50 架，那么防御系统也只能拦截 7 架左右。

（三）无人机“蜂群”作战提升了作战灵活性

无人机“蜂群”作战可形成分布式的空中作战体系，将各种军事互补能力整合为一个能够在动态作战空域，分散执行不同任务的联合武器系统，它包括空中发射 / 回收平台、小型低成本无人机、战斗机、预警侦察平台、巡航导弹、小型诱饵弹和巡飞弹等。在该体系中，精确打击链的各环节被分散到大量可快速升级、随时入网、实时替换的廉价无人平台上，这些平台组成的“蜂群”能够协同配合，充当“马前卒”深入防区，遂行电子战和精确打击作战任务，从而降低了系统成本和破坏敏感性，扩展了潜在的任务领域，提高了作战灵活性和系统升级速度。

（四）无人机“蜂群”作战可实现作战成本的非对称效益

无人机“蜂群”作战在经济上具有非对称效益源于两点：一是无人机平台本身造价低，不必担心高价值目标被击落；二是实现“蜂群”能力的软件和算法。与现有导弹和传统飞机相比，“蜂群”无人机在设计和使用上具有明显优势，既无须像导弹一样执行完一次任务就抛弃整个弹体（包含发动机、航电设备和有效载荷），也无须像服役数十年可重复使用的系统那样需要承担维修和使用成本。“小精灵”无人机的期望成本为 70 万美元，“郊狼”无人机的成本只有 1.5 万美元，而一枚“鱼叉”导弹的价格高达 120 万美元。通过采用商用现货和更成熟的技术，小型无人机价格还有下降的空间。凭借“蜂群”战术，无人机系统可以快速消耗对方的地空导弹等高价值攻击武器，以其规模优势给对手造成巨大损失。

四、空中“蜂群”作战设计与运用

“蜂群”战术的作战模式主要为集群作战，即以无人机系统为主体，凭借数量优势，以一定的方式组织起来产生更强大能力进行战斗的作战形式。综合分析各国技术发展和理论研究情况，从无人机“蜂群”作战形式和效果上看，其主要作战运用包括 4 个方面。

（一）协同侦察与态势感知

多架无人机可以分空域部署，实现战场环境全域覆盖，易于搜索发现任务区域内的重要目标，进行目标指示定位和动态目标跟踪。不同部署位置的无人机能够配置多型传感器，实现可见光、红外信号等多种传感器相互配合，完成遮挡条件下目标的侦测与定位，对战场进行无死角式的侦察，全维扫描战场环境。当敌方保持静默时，各无人机节点依据所搭载的传感器主动对目标实施有源定位；当敌方雷达开机时，利用其电磁辐射信号可直接实现无源定位，并通过数据链网络将战场信息传送至后方指挥中心，由有人平台负责对各节点传回的数据进行处理，再形成决策方案。在对重要目标进行攻击时，无人机“蜂群”可以通过对目标的协同侦察和信息比对，为打击力量提供更为精准的战场态势信息，尤其是在恶劣的电磁环境和防空火力威胁态势下，无人机“蜂群”的多元化和无中心化可显著解决信息碎片整合、虚假信息甄别等问题，凸显信息优势，提高作战效能。在实际作战中，无人机“蜂群”可作为大型有人 / 无人空中侦察平台的补充，实施分布式、抵近式协同侦察，从而达到扩大侦察范围、弥补探测盲区、提升侦察效率、提高侦测精度等目的。有模拟试验表明，在同等条件下，装有传感器和武器的 100 架无人机集群摧毁了 63 个目标，并探测到 91% 的敌军部队，而现有的可部署火力单位只消灭了 11 个目标，探测到 33% 的敌军部队。试验充分展现了无人机集群极高的作战效能，将在很大程度上改变未来作战模式。

（二）目标指示与饱和攻击

无人机“蜂群”采取任务与功能相匹配、功能与载荷相匹配的方式形成功能性分布优势，通过任务分解、任务规划和任务协同对各功能分别进行控制。攻击型无人机可作为有人平台的前置导弹，侦察型无人机可为有人平台发射的导弹进行火力精确引导。其中，有人平台指挥下的“蜂群”式饱和攻击，有人平台作为作战系统指挥中枢，主要负责作战任务分配，通过数据链路传输给攻击型无人机节点，指挥其充当前出的“射手”角色，利用无人机“蜂群”不怕牺牲、高隐身、高机动等特性，对敌构成先发现、快决策、早攻击的优势，对有人平台指定的敌防空雷达、地面高价值目标进行多角度饱和攻击，为有人平台肃清空域、吸引火力并瘫痪敌方防御系统。此外，无人机“蜂群”还可以引导后方火力精确打击。由于防区外平台提供的超视距目标位置信息缺乏精准性，且无人机“蜂群”只能对敌造成功能性损伤，难以达成较大的战略战役效果，所以无人机“蜂群”可通过携带雷达、电视、红外等传感器，为有人平台发射高毁伤防区外导弹提供精确中继制导与目标指示信息，并传导打击画面，评估毁伤效果。在“斩首”“基地”组织重要人物穆罕默德·阿提夫的行动中，一架挂载两枚“海尔法”导弹的“捕食者”无人机发现塔利班撤出首都喀布尔的车队，为确保打击行动万无一失，引导 3 架火力打击能力更强的 F-15E 战斗机与无人机联合行动，战斗机向目标投下 GBU–15 型激光制导炸弹，协同战斗机作战的无人机向停车场内的汽车发射 2 枚“海尔法”导弹。

（三）电子干扰与欺骗佯攻

无人机“蜂群”在电子战中的应用已经在各国广泛展开，利用有人机与无人机的协同以及无人机之间协同的形式，将各平台携载的通信、电子设施等进行一体化链接组织，形成全维战场电子战体系，以“蜂群”的力量对抗作战目标，能够极大地提升电子战效能。例如俄罗斯“索具”–3 电子战系统，使用 2~3 架“海雕”–10 型无人机组成小型“蜂群”，具备侦察、干扰和欺骗于一体的电子战功能，相对于传统电子战装备作战能力提升显著；美 EA–18G 飞机投放数十架“冲刺”微型电子干扰无人机，这种集群攻击可连续 10h 压制对手防空体系。同时，可采用大量低成本无人机充当诱饵或干扰机，误导和欺骗敌方防空系统的雷达开机并发射导弹，消耗其防空导弹储备，并且暴露其通信频段及其详细坐标信息。也可采用佯攻方式配合主攻力量，掩护主要行动方向，达到声东击西的作战目的。美国曾测试对伯克级驱逐舰进行“蜂群”攻击，如果使用舰上的防空导弹拦截将耗尽防空火力，后续若再次遭到攻击，将难以反击。

（四）空中反无人机对抗

目前反无人机的对抗手段虽然多样，但是现有的防空武器系统的目标主要为大型固定翼或速度较快的空中目标，针对低、慢、小目标的抗击效果相对较弱，而在研的反无人机系统针对性虽然较强，但是其使用范围相对较窄且效果单一，能够有效对抗无人机及无人机“蜂群”的方法很可能是无人机“蜂群”。无人机“蜂群”可在防空区域进行围栏式的预警探测。只要解决无人机探测传感器有效距离与配置间隙、蓄能留空时间和配置数量、自动返回充能与轮值规划等方面的问题，则可在需要的空域范围内建立起多层全时预警探测围栏。即按照“以彼之道还施彼身”的思路，在双方“蜂群”接近时，及时进行敌我识别，运用“蜂群”搭载的反无人机导弹和包括电子干扰在内的其他反无人机武器，或采取自杀式攻击直接撞击敌方无人机，同归于尽，从而摧毁来袭“蜂群”。

第二节　地面“蚁群”猎杀战

近年来，无人平台、人工智能、应用软件、无线网络和控制技术的高速发展，推动了军用地面无人系统发生深刻变革，军用地面无人系统进入活跃发展时期。军用地面无人系统因能够自主攻击目标、实施集群作战，使规模优势再次取代质量优势，成为影响未来武器装备发展的颠覆性技术之一，其在战场上的推广运用也不断改变地面战场的战争形态。

一、地面“蚁群”作战发展现状及趋势

地面无人系统包括地面无人车辆（又称地面无人平台）和地面机器人两部分。无人车辆指采用轮式或履带式行走装置的无人驾驶车辆，如以色列“守护者”4×4 无人车；地面机器人指采用不同于车轮、履带等传统行走装置的各种机器人，如“大狗”四足机器人、“阿特拉斯”人形机器人等，如图 5-11 和图 5-12 所示。

装备性能参数

长	1m
高	0.7m
重量	75kg
攀爬能力	35° 斜坡
载重	150kg
行驶速度	7km/h

图 5-11 “大狗”四足机器人

装备性能参数

高	1.9m
重量	150kg
供电方式	锂电池
跳跃高度	40cm

图 5-12 “阿特拉斯”人形机器人

地面无人系统相较于其他无人系统研究起步较早，在第二次世界大战期间，德国即开始使用无人扫雷及反坦克遥控爆破地面战车来参与作战，这是最早的地面军用无人平台的雏形。20 世纪 50 年代后期，苏联展开了大规模的无人地面车辆研究。20 世纪 60 年代，在越南战场上，美军尝试使用无人驾驶车辆为运输车队排除障碍，20 世纪 80 年代以后无人系统大规模进入军事应用领域，并在 20 世纪 90 年代取得跨越式发展，直到 21 世纪初，具备半自主特性的地面无人系统发展成熟并投入军事应用；但在此阶段地面无人系统大多作为单一平台使用，完成的任务有限。2005 年，美国公布的《地面无人系统路线图》中首次出现“蚁群”无人系统，地面无人系统向多平台协同作战、多系统合作应用方向发展。

现阶段，世界各国都十分重视发展军用自主地面无人系统。美国、英国、法国等军事强国，均将军用自主地面无人系统作为发展重点。现役军用自主地面无人系统以半自主等级为主，自主等级进入演示验证阶段，全自主等级是未来发展的重点。

（一）地面“蚁群”发展现状

从 20 世纪 80 年代起，美、以、法、德、俄等国相继启动了各自的研究计划，开展了以军事应用为目的的地面无人系统研制工作，并取得了大量研究成果。遥控型 / 遥控操作型地面无人作战平台技术已成熟，并有较大规模的列装。半自主型地面无人作战平台大多处于研制阶段，已有多种样机，大量装备了部队。完全自主的地面无人作战平台研究在突破关键技术的基础上，获得了阶段性进展。

1. 美国地面“蚁群”发展现状

美国发展地面无人平台较早也最为迅猛，早在1969年就在越南战争中将无人车应用于物资运输。20世纪80年代，美军的无人车研发方向是遥控车辆，主要应用于排爆、侦察、监视、运输等领域。21世纪初，随着人工智能、控制技术等取得突破性进展，美军继续推进无人自主车辆的研究，推出了“未来作战系统”等一系列研制计划，在半自主无人平台技术上取得了较大成功。近年来，美国陆军陆续发布了《机器人战略白皮书》《地面无人系统路线图》《机器人与自主系统战略2015—2040年》等文件，为发展地面无人系统提供理论指导。目前，美军装备的地面无人系统型号最多，总数超过1万套，约占全球地面无人装备总量的80%，其中包括“魔爪”系列、“派克博特”系列、“侦察兵”XT机器人等，其仿生机器人“大狗”和“猎豹”四足仿生机器人、“阿特拉斯”人形机器人均处于世界领先地位。同时美军还设想将低空与地面组成一体化的作战区域，该地面无人攻击系统，由1台指挥车、3~5台无人攻击车、6~8架察打一体无人机组成，1名操作员即可完成控制。

2. 以色列地面“蚁群”发展现状

以色列非常重视地面无人系统的研发，虽然其装备数量远不及美国，但其装备水平却处于世界领先地位，研制了大量尖端地面无人系统，其发展重点是中型自主无人车。2018年，以色列航空工业公司开发了一款用于边境巡逻、侦察和监视防御系统的陆空混合机器人系统，该系统是将两款无人作战系统Ro Battle全地形无人车和“鸟眼”650D无人机（见图5-13）相结合，利用系统之间的协作提供端对端解决方案，支援在非视距条件下的复杂区域持续作业，每个

平台都可作为一个通信中继器，利用不同区域的有效载荷提供准确的目标采集。目前，该系统已装备了“前卫”和“守护者”无人车。

装备性能参数

最大起飞重量	30kg
载荷	11kg
续航时间	24h
作战半径	50km

图 5-13 “鸟眼”650D 无人机

3. 法国地面“蚁群”发展现状

法国是欧洲研究地面无人系统的主要国家之一。它在地面无人系统的种类和数量方面都居于世界前列，在地面无人系统的作战应用范围和水平也处于世界领先地位。当前法国装备的机器人主要有爆炸物探测机器人、微型爆炸物处理机器人等。随着“蝎子”计划第一阶段的工作于 2014 年 6 月获得法国国防部的批准，法国陆军正在开展第二阶段的任务，其中地面无人系统是重要组成部分。法国陆军正在考虑将多用途战术机器人用于执行抵近侦察和补给任务，而重型机器人可能主要用于道路清障和工程任务，同时还设想利用相关系统将标准车辆改造成无人系统。现已装备有 AMX-30B2、“卡梅伦”“卡博”等地面无人系统。

4. 德国地面“蚁群”发展现状

德国在地面无人系统的研究和应用方面在世界上处于公认的领先地位，它在地面无人系统环境感知技术方面具备一定的优势。德国目前在研制的自主无人车包括“机器侦察兵”“克里索”和半自主无人地面车辆系统等。此外，德国在仿生机器人领域也具备一定优势，目前重点研究的是爬行机器人和跳跃式机器人，推出了 S1~S7 七代蛇形机器人和“仿生袋鼠”跳跃式机器人。2017 年，在阿布扎比国际防务展上，德国莱茵金属公司展出其新型多用途无人车。这种大型轮式多用途无人车应用广泛，包括侦察和战术监视、后勤支援、伤员后送、核生化辐射和爆炸物探测、通信中继以及武装战斗，车辆采用模块化设计，可根据不同任务要求更换载荷。德国目前有十多家公司和机构从事军用地面无人系统的研究，德国陆军也积极给予资助，并将地面无人系统向更多的领域推广。德军现已装备“地雷破坏者”扫雷地面无人系统、teleMAX 排爆机器人（见图 5-14）、tEODor 排爆地面无人系统。

装备性能参数

长	0.8m
宽	0.4m
高	0.75m
垂直抓取高度	2.4m
水平抓取距离	1.5m
行驶速度	4~10km/h
爬坡能力	45°
续航时间	4h

图 5-14　teleMAX 排爆机器人

5. 俄罗斯地面“蚁群”发展现状

俄罗斯在 21 世纪后才开始集中科研力量和资金进行无人系统攻关，并在 2013 年由国防部制定了 2025 年前俄军特种机器人发展专项规划。近几年，俄罗斯在地面无人系统方面呈现出井喷式发展。2014 年底俄罗斯启动了《2016—2025 年国家武器纲要》的制定工作，把机器人技术确定为未来十年重点发展的方向之一，并将武器装备采购的重点放在智能武器上，以此来促进无人系统发展，提高“非接触作战”能力。此外，俄罗斯国防部还在发展机器人系统及其军事应用的相关规划中明确指出，将从 2017—2018 年起给部队大量装备机器人，到 2025 年将有 30% 的作战力量由机器人平台组成。除侦察、巡逻、扫雷等无人装备之外，俄罗斯在无人战车，特别是无人装甲战车方面的研发成果最为引人注目，到 2016 年俄罗斯已先后推出多种攻击型履带式和轮式地面无人系统。2017 年 4 月底，在俄罗斯发布的《2018—2025 国家武器纲要》中，机器人打击系统同样被列为重点发展方向之一。

6. 国内地面“蚁群”发展现状

国内一些高校和研究所从 20 世纪 80 年代相继开展了移动机器人、智能车辆和地面无人作战平台的关键技术研究，并取得了一些研究成果。遥控型 / 遥操作型小型地面无人作战平台技术基本成熟，已研制出许多样机，并投入使用。半自主型地面无人作战平台大多处在关键技术开发与验证阶段，已有样机，并有少量装备。在完全自主的地面无人作战平台方面，开展了一些关键技术研究，有了进一步的发展。目前，国内已研制的典型的地面无人系统有“神行”Ⅲ军用地面智能机器人系统、无人加强核生化侦察车、末端制导炮弹专用遥控靶车、混合动力无人机动平台等。在 2018 年世界机器人大会上，我国展示了军事发展所需的地面无人系统及先进技术成果，其中包括北航六足机器人（见图 5–15）。

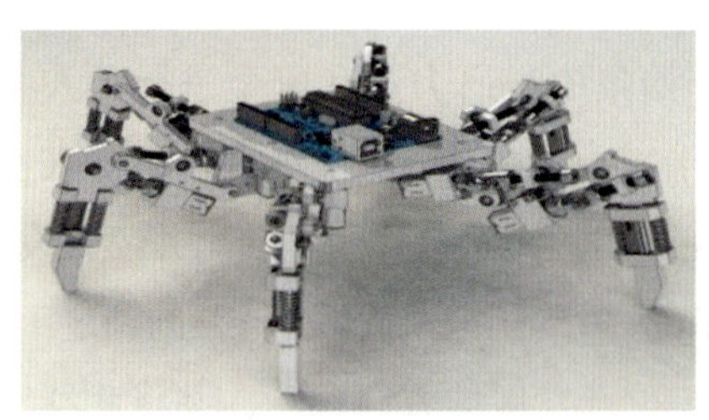

装备性能参数

长	1m
宽	0.3m
高	0.5m
重量	12.5kg

图 5–15　北航六足机器人

（二）地面“蚁群”发展趋势

无人机“蚁群”作战应用虽然出现较晚，但应用前景广阔，对陆军作战理念、体制编制冲击将造成巨大影响。

1. 作战应用范围进一步扩大

地面无人平台智能化、自主化、实用化进程将加速发展，逐步具备自主决策、自主行动能力，“大狗”“猎豹”仿生机器人、“阿特拉斯”人形机器人、“沙蚤”跳跃机器人技术将愈加成熟，陆续加入地面集群后，地面无人作战平台将实现真正的全天候、全时段、全地域作战；其任务领域也将从侦察监视、排雷破障进一步扩展至火力支援、近距交战等，也将由配合有人作战向有人无人协同、“无人为主、有人为辅”方向发展，逐步成为陆地战场的主力。美军预测地面无人系统将在 2034 年具备全自主执行任务能力。

2. 集群类型规模进一步扩大

多平台、多系统集成将出现更多组合形式，低空与地面将组成一体化的作战区域。美军在研的地面无人攻击系统，由 1 台指挥车、3~5 台无人攻击车、6~8 架察打一体无人机组成，1 名操作员即可完成控制。美国 DARPA 发布的“进攻型集群战术”第二个“集群冲刺”征询公告中，要求集群由 250 个地面和空中等异构无人系统组成，集群规模根据作战需求可变化，数量变化不低于 50%，系统构建基于新战术的行动方案时间不超过 1min，部署新战术时间不超过 1min，促使无人集群交战对抗规模扩大，交战对抗进入“秒战”时代。

3. 推进部队编制进一步精简

美国国防部发布的《地面无人系统路线图》框架内，计划为陆军新型战斗旅研制装备 200 个多种型号的地面机器人，2020 年前地面无人平台装备数量不少于技术兵器总数的 30%，美军方评估新型旅作战能力将是原来的 2.5 倍，部队总员额可下降 15%；并计划在旅一级部队装备具有侦察载荷和杀伤武器的地面战车、战术分队多用途作战保障车辆、分队居民点作战便携式支援车辆、各类仿生机器人等，到2030年达到技术兵器总数的70%，部队总员额下降30%~40%，作战能力提升3~5倍。

二、地面“蚁群”作战战例分析

2019年12月6日，俄军“天王星”–9多功能战斗机器人首次在叙利亚战场参加实战，并在与叛军武装争夺1座粮仓的战斗中，发挥了关键作用。6日深夜，在装甲车和坦克的掩护下，3000多名叛军对阿尔·阿利粮仓发起攻击。叙利亚政府军埋设的地雷炸毁了2辆土耳其制造的叛军装甲车，但叛军人数占据优势，叙政府军在当地的驻军人数不足，难以抵挡如此猛烈的进攻，只得向俄军求助。一支俄军部队携带“天王星”–9加入了这场战斗。经过一夜激战，共击杀300多名武装分子，彻底打退了叛军武装对粮仓的进攻。

俄罗斯“天王星”–9战斗机器人配备有电视和热成像系统，因此，白天和夜晚都能执行任务。尤其在夜间执行防守作战时，更能发挥出其强大的威力，极大地降低了士兵的伤亡人数。

三、地面“蚁群”战术对作战行动的影响

美国智库新美国安全中心曾发布报告，认为无人智能武器将取代精确制导武器成为战场主导装备，也将深刻改变美军未来作战理念、力量结构和部署态势。可以预见，未来地面无人系统一旦以智能化“蚁群”形式大规模应用于战争实践，对陆军未来战场的对抗将产生革命性影响。

（一）无人优势主导战场

美国“第三次抵消战略”明确强调要着力扩大与世界其他国家间的技术优势和代差，以谋求在未来战争中的主导权。美国在2018年发布的最新版《2017—2042年无人系统综合路线图》将互操作性、自主性和人机合作3个主题确定为国防部加速无人系统技术发

展的重点领域。可以预见，在无人平台智能技术不断提高的条件下，地面无人系统将会以集群形式投入陆地战场，凭借强悍的无人智能集群化战力，取代精确制导武器所拥有的作战优势，无人系统将取得“非对称优势”。

（二）战场不确定性增加

完全自主的地面无人作战平台关键性技术研究当前正处于已获得阶段性进展的阶段，但是其智能化程度仍无法达到有人平台作战的水平，遇到程序之外的问题就无法自主判断和解决，加之作战集群协同控制所依赖的信息系统存在被干扰的风险，其在战场上大规模的广泛运用将大大增加危机管控的不确定性。一旦出现误判，极易“擦枪走火”甚至冲击战争伦理规范。

（三）作战空间更加广阔

基于网络技术、快速机动技术和智能交战技术的发展，地面无人平台的战场感知、智能决策能力都将大幅提高，加之它具备隐蔽性强、超机动和长航时的特性，智能反应速度更加灵敏、战场机动更加灵活，可代替作战人员到达人类生理、心理和认知不能承受的战场空间。同时，由于异构集群的广泛运用，地面作战传统的陆地战场将向空中和水中拓展。

（四）体系生存能力更强

在作战行动中，集群具备自主协同能力，个体的损毁对群体作战能力没有决定性影响，“集群复原力”取代“战场生存率”概念。同时，“空地一体”“蜂甲一体”的异构集群模式，有效提升了地面无人系统和有生作战力量对战场的态势感知能力和战场防护能力。美国 DARPA“进攻性蜂群使能战术”项目的目标是让陆军轻步兵或海军陆战队有能力控制 250 架或更多“蜂群”无人机在复杂城市中执行各种任务，任务内容包括收集情报、提供保护和使用武器等。

四、地面“蚁群”作战设计与运用

在未来作战中，地面无人系统将不断扩大部署规模，将任务领域从 ISR（情报、监视和侦察）、排雷防爆、通信中继等进一步扩展到电子战、火力支援等，并通过有人 / 无人协同、无人平台集群等方式提升作战效能，逐步成为未来作战的主要力量。地面无人系统主要担负三项任务。

一是混编作战。将无人平台与陆战班组混合编组，采取“班组 + 无人战车”“班组 + 机器人战士”等编组方式，形成“人机一体”作战模式，发挥整体优势，可执行侦察监视、排爆侦毒、快速突击、城市巷战等任务，使作战效能倍增。

二是组网攻击。通过火箭炮先发射“巡飞弹群”，后发射“末敏弹群”等无人集群，组成覆盖大范围的弹幕群，对预定区域实施不间断的侦察监视、智能识别，发现敌方坦克群、大股支援反击力量等目标后，实施引导式、精准式、组网式协同攻击。

三是异构突击。构建有人 / 无人一体、空地一体、“蜂甲一体”的异构作战系统，完成自主侦监、察打一体、火力突袭、近距突击等任务，以确保能够打城镇、夺要点、控要域。美军无人作战演习中，无人机超低空侦察、攻击;“蝙蝠”“吉科”机器人在巷战中将室内情况传输给指挥机构和其他机器人；当发现室内有敌人时，人型机器人突入攻击；有敌支援时，“魔爪”机器人快速拦阻，美军评估其作战能力为同类型部队的 2.5 倍。

第三节　海上“鱼群”围困战

随着水下战略战术和智能无人武器装备技术的不断发展，推动着海战向立体化、体系化、智能化、信息化、网络化和无人化方向发展。面对水下恶劣、危险且信息不畅的复杂作战环境，与有人系统相比较，具备成本低廉、机动能力和渗透能力强、安全性和适应性高等特点的集群式水下无人作战系统日益发展成为海战的主要力量，极大地拓展了水域作战能力，未来甚至将取代有人系统遂行主要的水域作战任务，海上无人系统集群作战正在从概念走向实战运用。

一、海上“鱼群”作战发展现状及趋势

从1980年开始，美、苏等国就已经重视水下无人装备的运用。近年来，这些国家加快了水下无人系统集群技术的验证及其小规模应用。目前，美国海军已完成了执行反潜探测任务的无人水下平台集群技术的演示验证，已实现在深海、浅海的大范围反潜探测。不仅如此，在水面无人系统方面，美国海军也已开始探索集群作战模式，并突破了执行任务的技术瓶颈，最终于2016年实现了水面无人艇集群自主执行目标探测与识别、跟踪、巡逻等任务。以美国为首的军事强国，通过不断地投入经费、加快新概念和新技术的演示验证来推进海上无人平台集群作战的实战应用，并已初见成效。

（一）水面无人艇集群发展现状

目前，世界各海上军事强国都高度重视研发无人艇。美国海军早在20世纪90年代就开始研究无人艇，于2007年颁布了《海军无人水面艇主计划》，2013年又颁布了最新的《2013—2038年无人系统路线图》，成为列装无人艇较多的国家之一。然而，未来战争是体系与体系的对抗，单一平台和装备再好，也无法对抗多平台集群协同作战。于是，传统海上军事强国开始探索无人艇集群技术，以实施“鱼群”作战，类似第二次世界大战期间德国实施的“狼群”战术。

据悉，许多国家已经攻克了无人艇在弱联通情况下多节点协同

航行技术的难关，解决了无人艇集群集结、队形保持、动态任务分配、队形自主变换、协同避障和容错控制等制约无人艇实施“鱼群”作战的技术难题。

1. 美国水面无人艇集群项目进展

20 世纪 80 年代，美国率先提出了海上无人系统集群的概念。海上无人系统集群是指通过智能化的指挥、协同控制和信息交互，将无人水面艇集群、无人水下机器人集群进行有机集成。无人水面艇集群作为其重要组成部分，现已得到高度重视及广泛研究。

1）“海上集群”项目。美国战略能力办公室与海军研究局联合开展该项目，其核心是开发无人水面舰艇集群技术，验证无人水面舰艇开展不同任务时的情景感知及协作能力。2014 年 8 月，美海军将 13 艘无人水面艇（其中 5 艘为自动控制，8 艘为遥控控制方式）组成护航编队，验证了“分散与数据自动融合系统”（DADFS）和“机器人智能控制与感知系统的控制体系架构”（CARACaS）这两个软件在实现无人水面艇集群协同完成任务分解和自主决策方面的有效性上，实现单艇接收指令后，集群自主行为决策，成功发现敌舰并拦截，引发广泛关注，但由于上述系统在目标识别、拦截等方面还需要人工辅助，所以仅实现了半自主无人协同作战。2016 年 10 月，美国海军研究实验室开展了 4 艘无人水面艇协同对海面目标自主察打试验，并取得成功，标志着美国成为首个实现无人水面艇集群自主作战的国家。根据美国国防部计划，2016 财年，该项目转入样机试验阶段，完成 1 艘无人水面艇在开放水域的远航程自主航行，验证其软硬件的可靠性，同时试验 5 艘无人水面艇集群子系统，包括传感器、导航、通信和自主系统等；2017 财年，开展无人水面艇集群的单项战术任务验证，研究其联合复杂任务能力，如自主搜寻和识别、先进负载运输等。

2）“海上猎人”项目。美军将无人水面艇分为 X 级、海港级、通气管级和舰队级 4 类。无人水面艇兼具执行水面 / 水下任务的优势，机动性好、保障限制少，可在有人水面舰艇难以进入或危险性大的区域执行任务。其中，最大的舰队级长约 11m，其航程与负载能力有限，只能在情报监视侦察、海上安全任务、反水雷等作战领域起到辅助作用，未大规模装备使用。

DARPA 自 2010 年开始研制反潜持续跟踪无人艇，用无人水面艇替代有人舰船执行反潜跟踪任务。2014 年反潜持续跟踪无人艇样机开始制造，并于 2016 由美国海军命名为“海上猎人”。“海上猎人”展现出全新作战能力，验证了无人水面艇在海上更大范围应用甚至替代现有作战平台的潜力。2018 年，“海上猎人”号反潜持续跟踪无人艇技术验证艇正式交付给美国海军研究实验室，其长约 40m，排水量达 140t，航速约 27kn，是全球最大的无人艇。“海上猎人”号可以装配大量的声呐设备，可能被美军部署在关键水道和热点地区，用于监测、追踪美军认定的“竞争对手”的潜艇或水面舰艇。

3）“自主无人水面艇”项目。美国液力机器人公司和波音公司联合开展该项目，目标是用滑翔式无人艇，将波浪的上下起伏转化为前进的动力，以实现超长续航力。艇上搭载的先进传感器，能有效探测安静型常规潜艇和无人潜航器。该无人水面艇主要由水面太阳能电池、电子通信任务单元和水下波浪能发电系统组成，可拖拽水下传感器、传感器阵列或搭载其他有效载荷，航行速度为 3.7km/h，可连续航行 6 个月，通过卫星上传数据，一般通过水面舰艇部署。“自主无人水面艇“项目潜力巨大，可执行反潜战、水面战和持久情报监视侦察任务。在 2016 年“无人战士”演习期间，研究人员完成了 4 艘无人艇的组网探潜试验。2017 年，波音公司为搭载传感器的长航时无人水面艇发展了空投能力，使其能够通过降落伞部署至指定区域执行监视任务。

4）“海上列车”远程无人作战舰队计划。2019 年 12 月，美国海军提出一项名为“海上列车”（Sea Train）远程无人作战舰队的新计划。该计划由无人舰艇组成舰队，舰队携带弹药、监视和侦察模块，并以彼此相互连接的编队队形在世界各大洋长时间航行，执行巡逻、侦察和攻击任务。这些无人舰艇将通过特殊技术减少海浪的影响以快速航行，可以执行最危险的远洋作战任务，而且无须返回港口。随后，DARPA 对外公开征求设计方案，希望能在 2024 年前使“海上列车”概念进入原型舰艇试航阶段。据报道，每个“海上列车”编队中无人舰艇的具体数量尚未公布，但美国海军希望大型无人水面舰艇满载排水量达到 2000t，长 55~90m，能够携带反舰导弹和对陆攻击导弹。

5）“幽灵舰队”计划。2019 年 3 月，美国海军提出打造一支由 10 艘大型无人水面舰组成的“幽灵舰队”计划。这些舰艇的吨位跟小型有人护卫舰相近，舰上将搭载“标准”–6 导弹和众多传感器，战斗力强大。“幽灵舰队”探测距离比普通的驱逐舰或巡洋舰更远，一旦发现威胁，这些无人舰会立即进入战斗状态。美国海军目前已经订购了 2 艘无人舰，未来 5 年内还会继续增加订单。“幽灵舰队”将成为美国应对俄罗斯高超声速武器的一种有效手段。

2. 加拿大无人平台集群试验

2010 年 6 月，加拿大 Meggit 训练系统公司与加拿大海军联合进行了由 16 艘“锤头”型可抛弃式无人平台组成的集群试验，试验中通过使用 Meggit 公司的通用目标控制站，同时对 16 艘“锤头”型无人平台进行了长达 7h 的单一无线电频率控制，试验的目的是模拟海军水面战舰遭遇数艘快速攻击艇的威胁，确认无人水面艇的应对效果，此试验被认为是世界上首次大规模海上无人平台集群试验。

3. 国内水面无人系统发展情况

国内无人水面艇研究主要集中在平台研制方面，集群研究尚处于理论方法及控制策略研究探索阶段。中国船舶重工集团、华中科技大学、珠海云洲智能科技股份有限公司等单位开展了相关研究，并进行了初级演示验证。2018 年 1 月华中科技大学广东工业技术研究院开发的全长 6.8m 的无人水面艇在松木山水库执行了巡逻航行任务，5 艘无人水面艇形成编队对目标进行圆形围捕，初步演示了无人水面艇集群任务协同概念。2018 年 5 月，珠海云洲智能科技股份有限公司在南海海域，组织进行 56 艘无人水面艇复杂动态编队协同航行演示试验，引起了国内业界的广泛重视。综合来看，国内相关研究的起步较晚，目前实现的无人水面艇集群协同控制与智能化程序距国际先进水平尚有一定的差距。

（二）水下无人系统项目发展现状

水下无人潜航器（UUV）诞生于 20 世纪 60 年代，从最初的遥控潜水器（ROV）发展为无人无缆并有一定自主性的自主水下航行器（AUV），最终加入智能化元素成为具备智能特征的水下无人潜航器。随着水下无人潜航器技术日渐成熟，它所面临的任务难度和复杂程度也在增加，单一的平台已不能满足需求的发展。这就使得多种水下无人潜航器以集群的形式互相协作执行任务成了重要发展方向。美苏在 20 世纪 60 年代就开始了水下无人系统集群的研发和应用，关键技术的积累取得了很多令人瞩目的成就，特别是近年来，其水下无人系统集群的研究重点在于无人潜航器与水下网络、潜艇协同作战相关的基础理论和体系架构，并取得重要进展。

1. 美国水下无人系统项目进展

1）“近海水下持续监视网”（PLUSNet）项目。该项目由美国海军研究局发起，旨在利用“俄亥俄”级战略核潜艇搭载无人水下机器集群以加强潜艇对近海环境的反潜探测能力，尤其是对西太平洋地区的低噪声柴电潜艇进行的探测、识别、定位、跟踪（DCLT），是一种革新性的反潜理念。PLUSNet 是一种半自主控制的海底固定加海上机动的网络化设施，是由舰艇、无人水下潜航器、水下滑翔机、水下固定节点、漂浮移动节点等共同组成的水下监测网络，网络中节点的布设由前沿的潜艇及水面舰艇完成，能对 1 万 km^2 水域内的常规潜艇进行数月乃至数年的探测、识别、定位、跟踪，如图 5-16 所示。

图 5-16　近海水下持续监视网示意图

PLUSNet 项目由美国宾夕法尼亚大学负责，为期 3 年，耗资 2770 万美元。2006 年，在海军研究局资助的“蒙特利湾 2006”海洋试验期间，PLUSNet 项目进行了该项目有史以来最大规模的试验，共有 13 艘有人舰艇、36 艘以上的无人潜航器及各种固定、漂浮传感器参加。2013 年 9 月，该项目完成了 5 个节点的水下网络初步测试。2015 年，该项目成功完成各项海上测试，目前已小规模部署并进行作战评估。

2）“深海浮沉载荷”（UFP）项目。2013 年，美国 DARPA 发布项目公告，该项目旨在开发一种深海作战系统，以应对日益复杂的前沿作战环境和日益增长的作战成本。UFP 是一种分布式无人系统，由执行水上或空中任务的有效载荷（包括无人机、无人潜航器或侦察、通信、干扰设备）、封装并发射有效载荷的特种封舱（可称为上浮装置 riser）和激活有效载荷发射的通信系统组成，可通过舰船或飞机预先部署，每个节点的有效载荷置于特种封舱内并可在深海潜伏多年，其关键能力属性为“毫无征兆地接近目标、毫无延迟地激活系统”。DARPA 把该项目分为三个阶段：第一阶段，进行概念设计和可行性评估；第二阶段，将利用研究成果，研制并验证样机系统；第三阶段，对 UFP 节点和通信系统进行集成。2016 年，DARPA 公布了 UPF 样机，样机全长 4.5m，其工作深度为 6000m，能够覆盖全球 50% 以上的海域，使用寿命大于 5 年，可在接到发射指令后 2h 内投入作战。预计 2030 年前形成战斗力。

3）"'海德拉'水下无人作战系统"项目。 2013 年美国 DARPA 展开了关于"海德拉"（Hydra，又译为"九头蛇"或"水螅"）项目的研究。该项目旨在研发一种成本低、灵活性高、可远距离前置部署作战的无人系统，可搭载数架小型无人机和数艘无人潜航器等负载，对敌方目标实施监控、跟踪和攻击等任务。具备采用模块化艇体、隐蔽性强、高度智能化和能从水下发射无人机等特点，与 UFP 相比区别在于：一是"海拉德"主要面向浅海作战；二是具有一定的机动航行能力；三是待机时机较短，仅能在海上独立部署数月。该项目分为三个阶段：第一阶段为设计和技术演示阶段，持续 12~18 个月；第二阶段为集成和组件验证阶段，2016 年，DARPA 与波音公司签订一份价值 2 千万美元的合同用于开展第二阶段项目研究；第三阶段为最终验证阶段，于 2018 年启动，预计 2030 年前形成战斗力。

4）"先进水下武器系统"（AUWS）项目。 2011 年美国海军水面战中心（NSWC）、海军研究生院（NPS）提出集中力量发展先进水下武器系统的建议，并出台了研究报告，海军研究局投入资金，启动该项目。该项目旨在研发一种将水下装备技术和水声网络技术相结合的作战系统，具有监视、跟踪和打击水下目标的能力，可以遂行反潜、反舰等作战任务。这一系统可以预先布置在选定的位置，并持续、自动地对敌人施加影响，在未来海洋冲突中为美国提供不对称优势。该系统包括感应器、效果器、通信和运载工具。目前美国先进水下武器系统的研究处于系统工程分析阶段，完成了一部分系统结构和作战概念的论证工作，并提出了 4 种系统方案（squid、

V-CAP、LDUUV、glider），计划于2030年形成战斗力。

2. 俄罗斯水下无人系统项目进展

“赛艇”海底导弹系统。苏联于20世纪60年代提出了“赛艇”海底导弹系统，该系统装在集储存、运输、发射等功能于一体的容器中，可由舰艇秘密投放至己方堡垒区海域，长期潜伏在海底，接到激活指令后，上浮并发射P-29M“青斑”改进型潜射弹道导弹，对目标进行打击。该系统由马克耶夫国家导弹研究中心开始研发，1972年该项目停滞。2001年底，该项目重新启动后，由红宝石中央设计局参与研发。2005年生产出原型，2008年进行了水下测试，2009年返厂完善，2013年6月在白令海进行了试验。近几年未见相关进展的报道。

3. 欧盟水下无人系统项目进展

GREX（2006—2009）项目。该项目由欧盟资助研发，旨在验证在有限通信条件下的多航行器编队航行问题。2008年夏天至2009年末，该项目针对“协调路径跟踪”和“合作视线目标追踪”任务进行了3次海上试验。航行器之间使用预设的时分媒体访问（Time Division Medium Access，TDMA）同步架构交换导航数据，允许每分钟5次交换大约20字节的压缩数据包，同时避免数据包冲突。在有限通信条件下，实现了编队航行（见图5-17）和向指定目标聚集等任务。

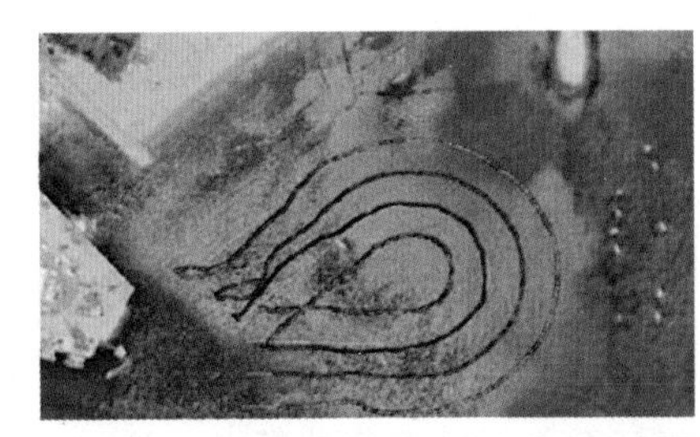

图5-17　4艘航行器的编队航行轨迹示意图

4. 英国水下无人系统项目进展

英国完成了无人水下集群作战演习。2016年，英国海军在苏格兰西海岸组织“无人战士”—2016大型无人化装备部署演习，出动了50部包括无人战机、无人水下潜航器、水面无人艇等无人化装备，开展大规模任务协同和作战测试，完成海域探索、监控并收集情报等任务。

5. 国内水下无人系统发展情况

国内水下无人系统研究以单平台为主，水下无人系统集群仍然处于编队航行、协同作战概念探索和水下组网通信等关键技术研究阶段。目前，哈尔滨工程大学正在进行6~9艘小型无人潜航器群组的中继通信、动态组网、航行控制、群组指控、相对导航等试验。

（三）海上“鱼群”发展趋势

近年来，海上无人平台性能稳步提升，其作战应用范围和深度不断拓展，无人系统集群作战开始登上战争舞台，受到越来越高的关注和重视。无人平台在海上作战的应用，将改变传统海上作战模式，催生新型作战力量，模糊战争与非战争界限，对未来战争产生深远影响。未来无人系统集群作战发展趋势主要集中在以下几个方面。

（1）作战系统平台由专用化、单一化向通用化、标准化方向发展。通用化、标准化是未来水面无人作战系统平台发展的主流趋势，可实现不同任务载荷的模块化安装，从而满足多样化作战任务需求，降低装备成本。同时，水面平台与水下平台的界线逐渐模糊，出现了既能水面航行又能水下航行的跨界平台，进一步提升了无人系统的协同作战能力。

（2）战场态势感知由结构化环境感知向非结构化环境感知方向发展。有效的战场态势感知是无人作战系统作战应用的前提。目前，水面无人作战系统对海洋战场环境的感知和处理尚处于较低层次，基本只能处理结构化环境的情况，对环境的自动理解水平较低。未来将随着技术的发展，逐渐过渡到对非结构化不确定环境的感知，为实现更高程度的自主提供必备条件。

（3）**系统控制方式由遥控、程控向全自主控制方向发展。**高度智能的控制系统是海上无人作战系统遂行复杂作战任务的关键。目前海上无人作战系统的控制方式主要以简单遥控和预编程序控制为主，在有效应对不确定复杂环境和处置突发事件能力方面还存在较大不足。未来，随着人工智能等技术的进步，水面无人作战系统的控制方式将逐渐过渡到人机智能融合的交互控制方式，甚至是高智能的全自主控制方式。

（4）**作战应用模式由多平台协同作战向跨域集群作战方向发展。**海上无人作战系统的投入使用将极大改变未来海战模式。水下无人作战通信中继相对于空中和陆地难度较大，是制约海上无人作战效能的不利因素。以跨域集群方式部署水下、水面或者海空一体的无人作战系统，将充分发挥无人作战系统的作战优势，是未来海战模式的发展方向之一。

二、海上“鱼群”战术对作战行动的影响

海上无人作战力量具有态势感知能力强、隐蔽攻击性能好、巡航时间和距离长等诸多特点，无论是在海洋维权、岛礁争控还是海上全面对抗中，都极有可能将其作为未来海上作战体系不可或缺的关键力量加以优先使用。

（一）形成水下攻防力量优势

目前，对水下目标实施精准探测和有效反制的手段非常有限，一旦批量分散部署水下无人作战力量，形成隐身性强、数量规模大的水下无人艇“鱼群”，则有人潜艇的数量和质量优势都将被大幅削弱。另外，作为海上防御体系的水雷障碍配系，在被无人潜航器大范围探测、扫除的情况下，水下防御功能丧失，海上封控将被打破，

“有海难防”的境况恐难避免。所以，随着水下无人作战力量的规模化运用，在攻防两端都将形成远超对手的水下力量绝对优势。

（二）威胁对手海上平台安全

结合固定的水下监听网和动态部署的无人潜航器、无人水面艇集群，对近岸基地、港口水域的舰艇活动进行持续跟踪侦察和监视，使得敌方海上兵力部署和海上活动情况暴露无遗，水面、水下战场对己方作战更加单向透明，极不利于敌方隐蔽实施海上作战行动，而且被打击风险大幅增加。同时，通过强化水下无人作战力量，进一步扩大水下信息优势和行动优势，在水下战场实现了“以暗制明”“以其能击对手之不能”。为保护海上平台安全，敌方往往需要投入数倍于己方的水下力量进行防护，海上行动将受到严重牵制。

（三）干预介入更加灵活可控

利用水下无人系统的隐蔽性和远程操控优势，在防区外即可指挥水下无人作战力量对海上行动实施隐蔽介入，有效避免因采用有人作战平台可能引发的事态升级情况，具有干预手段灵活、介入风险可控的优势，使决策者更易做出干预介入的决定。同时，随着水下无人作战力量向多任务拓展和核常兼备的方向发展，可根据战场态势需要，灵活选择装载不同任务模块的水下无人作战力量进行介入，使战场主动权之争更为激烈。

（四）增加战略制衡的新选项

世界各国都极为重视预置式深海无人平台和超大型察打一体无人潜航器的发展，在海上作战关键时期，通过隐蔽前推部署这些装备获得除核潜艇以外的战略威慑新选项，进一步挤压对手战略空间，甚至据此进行威慑，阻遏对手海上作战行动。此外，如果在对手战略核潜艇的驻泊基地、进出大洋的深海通道上，部署水下无人作战力量进行预警监视，将对其战略核潜艇的隐蔽出航构成重大威胁，敌方战略核潜艇与核反击能力面临被削弱的风险。

（五）改变传统海战场建设模式

一方面，随着水下组网探测技术的逐步成熟，水下战场情报数据将从以固定、局部采集为主，向机动式、大范围采集转变，工作效率成倍提高。如，40 艘无人潜航器构成的“海底星座”就能够探测近 18 万 km^2 的海域。另一方面，利用无人潜航器持续开展长时间、大范围的海洋环境调查或对敌方舰艇目标特性搜集，却无须担心被干扰阻止且可反复进行。这大大提高了对海战场基础数据搜集的自主化程度和更新速度，从根本上改变了传统的海战场建设模式，为海上作战提供了高效精确的数据支撑。

三、海上“鱼群”作战设计与运用

海上“鱼群”包括水面无人艇集群和水下无人潜航器集群，实际作战中，可以单独使用其中一类组成水面、水下作战“鱼群”，也可混合编组，组建水面、水下立体作战“鱼群”。

（一）无人艇集群作战

无人艇集群可广泛执行扫雷、反潜、信息作战、侦察监视、目标指示、通信中继和反恐攻击等任务。图 5-18 所示为无人艇集群执行巡逻任务。无人艇集群作战的作战样式主要包括以下 4 种。

图 5-18　无人艇集群执行巡逻任务

1. 反水雷战

用于浅海和极浅水域的水雷侦察和扫雷行动，执行的任务包括远程施放、拖曳、回收“猎雷”声呐；清查航道，提供海底图像的细节；将视频图像和声呐数据传给反水雷舰，为反水雷舰艇进出港口提供港口护卫。

2. 反潜作战

用于扩展海军探测敌方潜艇的能力，可执行海上防御、通道保护、港口侦查及保护海军水面战斗群的反潜任务。

3. 支持海上信息作战

通过携带不同功能的载荷，抵近敌方信息平台，可以在危险海域执行电子干扰、通信中继、电子欺骗、海上反辐射攻击等作战任务。

4. 支持水面舰艇作战

用于为海上舰艇提供保护，执行海上封锁 / 拦阻、可疑目标打击、特种作战、后勤支援与补给、战场评估、取证等任务。

（二）无人潜航器集群作战

近年来，水下军事冲突的可能性越来越大，无人潜航器将从秘密探测器和追踪器，转变为水下攻击武器和协同作战装置，其作战样式主要包括以下 7 种。

1. 协同感知行动

无人潜航器集群利用多型水下传感器，按照任务分工、编制与部署，发挥传感器的各自优势，传感器之间相互配合，完成复杂条件下对水下目标的检测与定位和对水文、地理环境的感知，为水下作战提供情报信息。

2. 协同干扰行动

无人潜航器集群利用艇载干扰设备，通过协同各自的航线、节点和干扰信号，干扰对方水下武器覆盖区，使敌方武器短时间内无法正常工作，为己方水下武器装备行动创造条件。另外，可配置水声、无线电或卫星通信设备和导航设备，作为水下“网络中心战”的关键通信和导航链接支撑节点。

3. 协同诱骗行动

无人潜航器集群配置潜艇噪声信号或回波信号模拟装置、潜艇磁场模拟装置、水声或其他大功率电子干扰设备等有效载荷，前出至敌方附近危险海域，充当潜艇诱饵，引诱敌方水下兵力开火、攻击错误目标、使其消耗弹药，为己方水下有人/无人攻击编队行动创造条件。

4. 协同伏击行动

无人潜航器集群配置武器或武器发射舱，按照指控系统指令启动预先蛰伏部署的兵力，或与有人潜艇配合使用，发挥水下无人系统可在敌方毫无察觉的情况下隐蔽接近敌方的优势，机动至与目标距离最近的发射点，从多个阵位、多个角度对敌方单个或多个水下目标实施伏击。

5. 协同水面行动

无人潜航器集群利用传感器、通信设备，根据预定程序或指控系统临时指令，为水上己方舰船发送水下情报信息，引导其排雷并完成反潜攻击行动。

6. 协同空海行动

无人潜航器集群利用传感器、通信设备，根据预定程序或指控系统临时指令，向空中待战的航空器、海上待战的反潜舰船发送水下情报信息，引导其攻击敌方水下目标。

7. 集群对抗行动

无人潜航器集群根据指控系统指令，使用所有艇载传感器、信息战设备、通信设备、各种弹药，与敌方的无人潜航器集群和敌方空中、海上反潜武器展开侦察与反侦察、干扰与反干扰、欺骗与反欺骗、攻击与反制等对抗行动。

美国正在构建一支新型的水下无人作战部队，计划于 2025 年达到2000套，水下作战任务将更多由无人作战系统承担。图5-19所示为美军已建成的无人潜航器集群，各型无人潜航器均可参与集群协同作战。

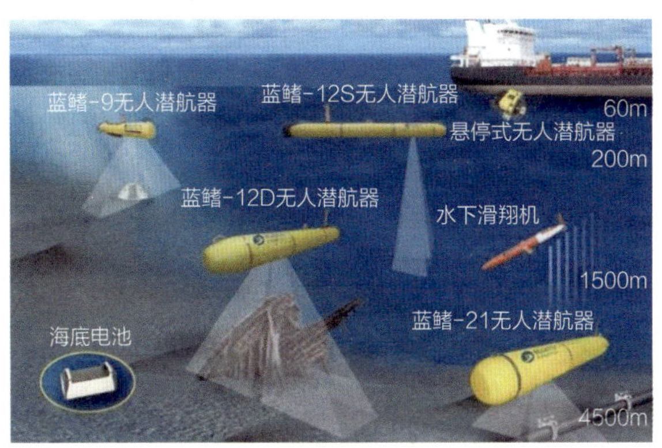

图5-19　无人潜航器集群作战示意图

（三）海上无人集群立体作战

构建海上立体分布、自主协同的无人集群，根据任务功能搭载模块化任务载荷，遂行立体、多样的海上作战任务。无人水面艇一般只能拖曳扫雷声呐进行探雷，不具备扫雷能力；无人水下潜航器配备声呐等探测设备，可前出至敏感海域实施监控或持续跟踪敌方水下力量，增强舰艇编队的反潜能力；同时，其能够抵近水雷进行精细识别和爆破消灭，但是其航速低、航程短、扫雷效率低。使用无人水面艇和无人水下潜航器组成“鱼群”遂行反水雷任务，可以发挥二者之长，在避免人员伤亡的前提下高准确度、高作业效率、高扫除率的摧毁水雷阵。比如，法国海军2012年开始装备的“凯斯特”潜航器，通常与“检查者”Mk2型无人水面艇一起执行反水雷任务。此外还有法国武器装备总署2009年启动的“箭鱼”项目、英国Atlas远程综合感应扫雷系统无人水面艇项目，这些都是利用“无人潜航器＋无人母艇”构成鱼群完成扫雷任务的典型案例。

第四节　网络“码群”无形战

随着信息时代的到来，网络空间已成为人类不可或缺的生活空间。一位英国学者曾说：“人类在经历了以蒸汽机为标志的机械化战争、以发动机为标志的热力学战争、以计算机为标志的控制论战争之后，已经走向以网络为标志的混沌学战争。”随着网络空间的产生和快速发展，无论是在平时或战时，发生在网络空间的冲突和矛盾日益激烈，网络空间对抗已经呈现出常态化、白热化的趋势。在未来的智能化无人作战中，随着网络空间作用的进一步凸显，利用网络空间攻击实体空间的网络“码群”无形战成为一种重要的作战方式。

一、网络“码群”作战发展现状及趋势

1988 年 11 月 2 日晚，康奈尔大学计算机系 23 岁的学生莫里斯用病毒入侵美国国防部战略 C4I 系统的计算机主控中心和各级指挥中心，约 8500 台军用计算机被感染，直接经济损失达上亿美元。这是网络战首次进入人们视野，在这之后，以美国为首的网络发达国家开始谋划网络战。

1991 年的海湾战争中，美军特工将病毒芯片偷偷植入连接了伊拉克防空系统的打印机中。“沙漠风暴”行动开始后，美军用无线遥控装置激活病毒，致使伊拉克防空系统陷入瘫痪，这是网络攻击手段首次应用到战争中并发挥了作用。

1993 年，美国智库兰德公司研究人员阿尔奎拉和伦费尔特发表了题为《网络战要来了》的论文，第一次正式提出了网络战的概念，他们认为网络战是“为干扰、破坏敌方网络信息系统，并保证己方网络信息系统的正常运行而采取的一系列网络攻防行动”，并将成为

“21 世纪的闪电战”。

随着全球网络的飞速发展，网络战不仅强化了平台和基础，而且越来越凸显出其不受时空限制、参战主体多元、作战方式灵活、作战手段隐蔽及作战效费比高等优势和特点。

（一）网络“码群”作战发展现状

近年来，世界各国网络战力量发展迅猛，2013 年联合国裁军研究所调查结果显示，全球有 46 个国家组建了网络战部队。目前外国网络战具有较强实力的有美国、俄罗斯、英国、法国、以色列和日本等国家，这些国家无论是思想理念、法规机制，还是人才培养、装备研发都走在世界前列，而且在推进网络战实战应用方面也取得了显著成果。

1. 美国

美国是世界上第一个提出网络战概念的国家，也是网络最发达的国家，网络已经成为提升美军作战能力的“倍增器”。进入 21 世纪后，美军从战略高度重视网络战的研究和实践应用。

（1）战略研究超前，力量建设迅速。为了应付网络黑客的攻击，防止出现“网络 9・11”事件，2002 年布什总统发布了第 16 号“国家安全总统令”，由国防部牵头制定计算机网络战战略，组建美军历史上，也是世界上第一支网络黑客部队——网络战联合功能司令部（JFCCNW）。这支部队由一批世界顶级电脑专家和“黑客”组成，所有成员的平均智商都在 140 分以上，被媒体称为“140 部队”。2005 年美国《国防战略报告》明确将网络与陆、海、空、天定义为同等重要的第五空间，并首次阐述了“网络空间战”的概念；同年，美军战略司令部以国家安全局为主力，以分布于各军兵种的情报部队为基础，组建了网络战职能司令部，此后进攻性网络作战开始进入军事领域，并逐渐崭露头角。2007 年 JFCCNW 正式进入美军作战序列，标志着“网军”开始作为独立兵种存在。2009 年美国成立网络战司令部，由此成为世界上第一个公开将互联网引入战争机构的国家。2011 年以后，美国先后发布了《网络空间国际战略》《网络空间行动战略》和《国防部网络空间战略》，以“先发制人”为策略积极在网络空间扩军备战。2012 年 9 月，美军发布《联合作战顶层概念：联合部队 2020》报告，网络战转入“独立作战”和“全球集成作战”，美军开始大刀阔斧进行实质性建设。美军各军种在国防部授权下也开始纷纷组建各自的网络战司令部及网络战部队。目前，美军网络司令部下属 133 支网络任务部队，由 13 支国家任务部队、68 支网络保护部队、27 支作战部队与 25 支支持部队组成。按照计划，整个美军的网络战部队将于 2030 年左右全部组建完毕，全面担负起网络攻防任务，以确保美军的信息优势。

（2）作战武器多样，研发投入巨大。在武器装备方面，主要有三类。一是病毒木马武器。据媒体报道，美军已研制出 2000 多种网络病毒武器，如“舒特”“野蜂”“震网”“火焰”“逻辑炸弹”等，提出了许多超前的网络战装备概念，如“数字大炮”“网络飞行器”“网络蚂蚁”“网络基因”“生物识别密码融合系统”“尾声系统”等，硬件方面已研发出电磁脉冲弹、动能拦截弹、次声波武器和高功率微波武器，可以对他国网络进行攻击。2010 年美国和以色列联手对伊朗发动网络攻击，通过远程服务器向伊朗核试验室电脑注入“震网”病毒，导致其用于铀浓缩的离心机运作出现问题。二是网络传输工具。据美国雅虎网报道，美国 DARPA 斥资 1830 万美元，正在研发一种超大容量的军用无线网络系统，传输速率可达 100Gb/s，空对空通信有效距离可达 125mile[㊀]，空地通信有效距离为 62mile。另据媒体估计，美国政府的网络安全领域开支每年已超过 100 亿美

㊀ 1mile≈1609m。——编者注

元，其中相当一部分是用于装备和技术的升级换代。三是舆论引导系统。英国《卫报》2011 年报道，美英斥资 276 万美元联合研发出一种新型软件，可以利用一台计算机在某一社交网站中同时拥有 10 个“马甲”，通过虚拟 IP 地址扮演不同身份的人，使用不同国家语言在全球各大社交网站 24 h 聊天、发帖或利用其他方式制造亲美言论。“火焰”病毒部分代码如图 5–20 所示。

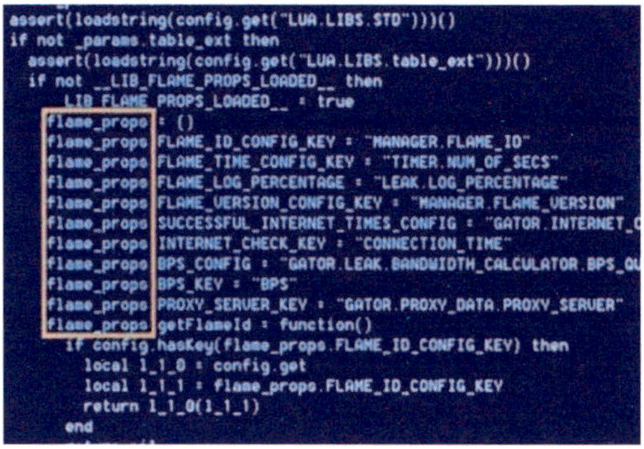

```
assert(loadstring(config.get("LUA.LIBS.STD")))()
if not _params.table_ext then
  assert(loadstring(config.get("LUA.LIBS.table_ext")))()
  if not __LIB_FLAME_PROPS_LOADED__ then
     LIB_FLAME_PROPS_LOADED__ = true
    flame_props = {}
    flame_props.FLAME_ID_CONFIG_KEY = "MANAGER.FLAME_ID"
    flame_props.FLAME_TIME_CONFIG_KEY = "TIMER.NUM_OF_SECS"
    flame_props.FLAME_LOG_PERCENTAGE = "LEAK.LOG_PERCENTAGE"
    flame_props.FLAME_VERSION_CONFIG_KEY = "MANAGER.FLAME_VERSION"
    flame_props.SUCCESSFUL_INTERNET_TIMES_CONFIG = "GATOR.INTERNET_C
    flame_props.INTERNET_CHECK_KEY = "CONNECTION_TIME"
    flame_props.BPS_CONFIG = "GATOR.LEAK.BANDWIDTH_CALCULATOR.BPS_QU
    flame_props.BPS_KEY = "BPS"
    flame_props.PROXY_SERVER_KEY = "GATOR.PROXY_DATA.PROXY_SERVER"
    flame_props.getFlameId = function()
     if config.hasKey(flame_props.FLAME_ID_CONFIG_KEY) then
       local l_1_0 = config.get
       local l_1_1 = flame_props.FLAME_ID_CONFIG_KEY
       return l_1_0(l_1_1)
     end
```

图 5–20　“火焰”病毒部分代码

（3）**演练模拟频繁，实战应用广泛。**2006 年以来，美国国土安全部与多个国家合作，先后多次组织大规模网络战演习，美国成为网络战实战经验最为丰富的国家。一是组织网络攻防演练。比较有代表性的是三个系列演习：“网络风暴”演习，美国以预防“网络 9 · 11”事件和“数字珍珠港”事件发生为名，在 2006 年和 2008 年，先后组织了“网络风暴Ⅰ”和“网络风暴Ⅱ”两次国家级网络战演习，2010 年 9 月“网络风暴Ⅲ”通过真实的国际互联网实施演习；“网络旗帜”演习是美军网络司令部全面运转后，于 2011 年 11 月组织的首次演习；“网络卫士”演习，2012 年以来每年组织 1 次，由美军网络司令部、国土安全部和联邦调查局共同组织。二是网络训练靶场。在战略层面，美国提出“国家网络靶场”建设项目，被称为网络空间的“曼哈顿计划”，2008 年 1 月被纳入美国《国家网络安全综合计划》，计划预算300亿美元。战役战术层面，美国建设各军种网络训练靶场，帮助提高部队的网络安全能力。据美国国防部网站2015年7月16日报道，美国陆军正在新建1个网络训练靶场，已建成的数个靶场均投入使用。三是网络专业蓝军。据媒体报道，美军网络司令部已组建一支模拟敌人的网络“反方部队”，这在世界上尚属首例，可以实施一系列模拟作战行动，从网络信息窃密，到直接实施网络攻击，再到开展网络舆论战，全方位对受训部队进行锤炼。美军还将网络部队投入实战中，从2009年伊朗大选，到如今中东多国政治动荡，美国网络部队非常活跃，多次通过互联网插手他国事务，改变国际舆论走向，营造出有利于美国和亲美阵营的舆论环境。美国还多次对他国进行“网络制裁”，单方面停止某些国家或地区的网络服务，配合其军事打击行动，利用网络为其国家利益服务。

（4）注重力量培养，吸纳渠道多元。美军在2009年网络力量整合以后，开始大规模、系统地培养人才队伍。美国国防大学专家丹尼尔·库尔指出，美国对网络战已达到“宗教狂热”的程度，大批他国网络人才被挖到美军。美国《华盛顿观察》周刊2009年曾报道，当年22岁的美国青年达斯汀，曾获得过2次民间黑客大赛冠军，有多次非法入侵网站的不良记录，大学辍学后被雷神公司网络安全部聘请攻击五角大楼，寻找美军网络系统防御漏洞，入狱服刑期间被美军招安。在这种背景下，上万人被训练成专职军事黑客，充实到美军网络战部队中。同时，为适应网络安全需要，美国从1999年开始实施“国家信息安全教育培训计划”，通过授权的管理方式，在全美遴选23所院校设立“信息安全保障教育和学术交流中心”，开设从职业培训到学士、硕士、博士的系统课程，传授以网络战为主的诸多知识。自2012年起，美国成立卓越学术研究中心，将网络人才资助规模扩大到全美145所高校。美国国家科学基金会以设立专项奖学金的形式，资助美军网络战教育训练。美国西点军校、海军军官学院等院校开设网络课程，既培养网络战预备人才，也对现役部队提供专业培训。据美国《空军时报》网站 2015 年 2 月 20 日报道，美军网络训练部门的规模在 3 年内翻了一倍，培训资金在 2014 年就超过了 8000 万美元。

2. 以色列

以色列可能是除美国外网络战实战经验最为丰富的国家，目前已建立有组织健全、编制齐备的网络战部队。自 1979 年“世界第一黑客”凯文·米特尼克成功入侵北美空中防务指挥系统的主机后，以色列就开始重视网络安全。而巴以民间持续不断的网络战使以色列更加注重发展专职网络部队。在兵员征集上，以色列网络部队较少从军队内部招募，而是更侧重于从民间收集科技人才，招募黑客入伍。1998 年 2 月，以色列将曾经侵入美国国防部和军队系统的跨国“黑客邦”领袖埃胡德·特南鲍姆招入军队，他成为以色列历史上第一位从民间被公开征召入伍的“黑客”。

3. 俄罗斯

俄罗斯在网络安全方面的意识和理念非常超前。因为其数学和计算机教育程度高，“黑客”成长土壤肥沃，加之强大的克格勃情报工作班底，使其网络攻防能力异常强劲。早在 20 世纪 90 年代，俄罗斯建立联邦国家安全会议时，就设立了信息安全委员会，将网络信息安全与经济安全等置于同等重要的位置，同时还建立了专门的网络战部队——特种信息部队，专门负责信息战的实施。1998 年，俄罗斯组建国家级网络作战部队，重点担负国家政治、经济领域的网络安全防御任务，及其军队和国家强力部门网络信息领域的攻防任务；在此框架下，俄军总部、各军种、军区和俄总参谋部情报总局也建立了各自的网络战部队，目前俄军网络战部队人数在 7300 人以上，已形成具备攻防一体的“软”“硬”网络打击能力。2002 年，俄罗斯总统普京批准发布《俄联邦信息安全学说》，掀起研究网络战热潮，并将网络战的地位提升。俄军认为网络空间战将从 4 个层面展开，包含信息基础设施、基础软件系统、应用软件系统和信息本身。俄军在网络空间战方面的主要战略思想是限制、预防网络冲突，阻止在网络空间领域展开军备竞赛，并在联合国框架内拟定一份具有国际性的法律，在针对网络安全领域的军事政治威胁、网络犯罪和恐怖主义方面实行联合措施。

4. 英国

英国军情六处早在 2001 年就秘密组建了一支数百人的网络部队，以应对外国势力和恐怖分子的网络袭击。英国网络战及网络安全主管部门是政府内阁国家网络安全办公室，是英国网络安全及网络战行动的最高领导机构。网络战部队主要有两支，分别归属于安全部门和军方，其中网络作战集团成立于 2010 年 10 月，隶属于英国国防部，已招募数百名网络技术人员。2009 年 6 月，英国发布了首个国家网络安全战略，即《英国网络安全战略》，该战略认为网络空间是涵盖所有形式互联网的数字活动，包括通过数字网络实施的内容传递及相关行为。

5. 德国

德国于 2009 年 6 月颁布了《德国网络安全战略》，该战略列出了保护关键基础信息设施、确保德国信息技术安全等 10 个重点关注领域，并在安全事件应急管理、网络风险控制、弹性机制、隐私与可信度和国家信息安全感知等方面采取措施。德国更加关注云计算安全需求，2010 年 9 月颁布了云计算相关信息安全问题报告框架草案。

6. 韩国

韩国于 2010 年 1 月成立隶属于国防情报本部的网络战司令部，

整合了韩军各部队、各机构负责网络战工作的部门，成为全权负责军方网络安全的指挥部队。韩军网络战司令部 2011 年升格为网络司令部，现编 2000~4000 人，主要进行网络空间的监控和防御。同时，首次成立了网络战部队，主要执行破坏敌方军队指挥通信网、服务器等网络系统的任务。据韩专家通过对朝鲜情报战的模拟试验结果显示，朝鲜的“黑客”能力达到了美国中央情报局的水平，就连美太平洋司令部指挥控制所和美国本土军事网络也可能会随时遭到入侵。2011 年 8 月，韩国公布了《国家网络安全综合计划》，明确指出网络空间是继传统领土、领海之外的国家领土，国家需要保卫网络空间安全，并列出了需重点推进的 5 大课题：预防能力建设、探测能力建设、应对能力建设、制度建设和基础设施建设。

7. 日本

日本防卫省在 2011 年年底组建了由 5000 余人组成的网络战部队，主要任务是负责研制开发可破坏其他国家网络系统的跨国性“网络武器”，并承担自卫队计算机网络系统防护、清除病毒、修复程序以及开发进攻性“网络武器”、研究网络战有关战术的任务，同时支援反黑客、反病毒入侵等任务。

8. 国内

为了应对日益复杂的网络安全形势，建立网络空间优势，我国不断从技术研发、人才培养等方面加强网络安全能力建设。

1）不断提高网络安全战略高度。2016 年底，国家互联网信息办公室发布了《国家网络空间安全战略》，其中阐明了我国关于网络空间发展和安全的重大立场和主张，明确了战略方针和主要任务。这些都标志着我国正在实现由网络大国向网络强国的转变，已经将网络安全上升到国家安全的战略高度。

2）不断推出网络安全新技术、新产品。近年来，我国连续发布了

Web 应用防火墙、物联网安全接入防护系统、物联网终端算法等网络防御产品，极大提升了网络安全防护能力。同时，开发网络安全实验室靶场平台，用于承办大型网络安全竞赛。

3）**不断加强网络安全人才培养。**军地联合开展高频次网络安全竞赛，通过网络安全技能的比拼，加强合作交流，发现并培养高端网络安全人才。

（二）网络“码群”作战发展趋势

网络“码群”作战是信息化、智能化战争的聚焦点，各军事强国近年来不断加强网络攻防力量建设，主要呈现以下趋势。

1. 网络战将向国家级的战略层面发展

面对方兴未艾的网络战，各国政府和军队正紧锣密鼓地组建国家级网络战力量，以追求制网权，防止在网络战中陷入被动。目前，全球已经有 200 多支网络战部队分布在 100 多个国家，很多国家还拥有不对外公开的“网军”，这些共同构成了国家级的网络战力量。由于国家可以掌握的网络技术、系统漏洞、网络人才及其他资源远远超过民间的黑客力量，因而国家级网络战力量拥有更为强大的网络攻防能力。随着国家级网络战力量的成型，网络战将转化为国家间正面对抗的有力手段，各国主要的网络战对手将从过去的“独狼式”黑客变成其他国家的网络战力量。同时，国家级网络安全机构的出现和运转，使得各国可以更好地防御网络攻击，维护本国的网络安全。如美国的国土安全部、英国的政府通信总部、法国的国家信息系统安全局，都在维护本国网络安全方面发挥了巨大作用。可以预见，未来将会有更多的国家成立或加强本国的国家级网络战力量和国家级网络安全机构。

2. 网络战将向全民战争的形式发展

网络战的参与方式本就十分宽泛，包括国家、组织乃至个人都可能成为网络战的发动者或打击对象。尽管未来由国家组织的大规模网络战将逐渐取代无组织的小规模网络攻击，但个人和民间机构依然在网络战中发挥着重要作用。当两国之间爆发军事冲突时，两国民间的黑客必然会自发参与或发起对另一国的网络攻击，两国的网民也会在网上进行舆论战。目前，各国政府均强调需加强培养精通计算机网络及信息安全技术的专业人员，借助计算机专家及民间的网络技术爱好者等重要力量。民间网络技术爱好者的增多以及民间机构网络防御能力的加强，也会提高国家的整体网络战能力。

3. 网络战与电磁战将整合为一种新的战法

随着无线网络的发展，网络空间与电磁空间逐渐融为一体，使得网络战与电磁战出现融合之势。美国国防部提出，定向能武器会破坏电磁场，从而对计算机系统或电子平台造成干扰、破坏和欺骗。例如，雷达和导航设备之类的军事信息和通信系统是通过无线连接在网络空间中运行的，这些无线连接可以访问电磁频谱，使它们易遭受网络和电磁的联合攻击。网络战与电磁战能力的融合与集成已经在美国陆军训练和演习中得到大量试验性运用并取得了良好效果，将成为美国陆军落实多域战构想的关键突破点。目前，许多国家正在探索网电一体战，即将网络作战和电磁作战相结合，综合运用多种手段对敌人的网络和通信进行打击、压制和欺骗。在未来战场上，网电一体战将成为一种新的作战模式。

4．5G 技术、人工智能、云计算等新兴技术将放大网络攻击的威力

5G 使得“万物互联”成为可能，但这也意味着任何东西都可能成为网络攻击的目标，更加令人防不胜防；5G 高带宽和低延迟的特性能让攻击方更加迅捷地实现其攻击目的，对防御方的响应要求达到毫秒级。人工智能仅需要几分钟就能找到程序的后门和漏洞，在这方面远强于顶尖黑客，而且人工智能不需要任何休息，可以 24 h

不间断地进行这项工作。尽管人工智能也可以被网络安全人员用来检测系统漏洞，但是人工智能一旦被黑客用来进行网络攻击，则黑客的成功概率将大大增加。云计算技术能利用超大规模分布式运算环境的共享优势，来实现各种信息的存储、交互，但这也使得云平台成为网络攻击的重要目标，攻击者可以对云平台发动网络攻击以获取重要信息，也可以利用云平台设备作为跳板或控制端发起网络攻击。随着云平台的运用扩大，网络安全风险进一步增大。智能技术虽然给人类社会带来很大的便利，但会使网络攻击者更加有机可乘，提高了网络防御的难度，并且可能会放大网络攻击的威力，导致更严重的后果。

二、网络“码群”作战战例分析

（一）科索沃战争中的网络战

1999 年 3 月 24 日，北约对南联盟发动空袭，首先打击南军的指挥联络网络，南军指挥控制系统遭受重创，难以组织有效的反击。继而北约在互联网上发起强大舆论攻击，歪曲战争真相。面对不利局面，南联盟并不示弱，积极发动网络攻击，主要包括侵入北约军事相关部门计算机系统破坏其指挥通信系统，通过邮件向北约电子邮件系统投放病毒，入侵美国、英国、西班牙等国多个官网。北约通信网络一度瘫痪，美海军陆战队所有作战单元电子邮件均被病毒阻塞，美军 1 艘航母计算机系统瘫痪 3 个多小时，英国 1 颗卫星遭到“劫持”，基本丧失效能。最后，北约不得已通过打击对方民用设施才取得胜利。

其中，支持南联盟的计算机“黑客”通过公用商业网络的计算机或终端侵入到北约军事系统和政府部门的计算机网络上，对其指挥通信系统进行破坏，具体措施为：①北约开始轰炸的第三天，贝尔格莱德的“黑客”利用自己的计算机自动反复地连接北约的站点，利用垃圾信息“轰炸”北约站点，造成网络阻塞；②3月29日，美国白宫的网络服务器也遭到“黑客”袭击，工作中断数小时；③4月4日，南联盟“黑客”又使用“爸爸”“梅利莎”“疯牛”等病毒使北约通信网络陷入瘫痪；④美国海军陆战队所有作战单元的电子邮件均被“梅利莎”病毒阻塞；⑤北约在贝尔格莱德的B-92无线电广播网及在布鲁塞尔总部的网络服务器和电子邮件均连续受到电脑病毒的破坏；⑥电脑病毒造成美海军“尼米兹”号航母计算机系统瘫痪3个多小时；⑦“黑客”高手对英国“天网”卫星系统中的一颗卫星进行了“劫持”，使其反应迟钝，基本丧失效能；⑧英国、西班牙网站也多次遭到“黑客”破坏。

（二）以色列空袭叙利亚中的网络战

2007年9月6日，以色列出动8架F-16和F-15战机突袭叙利亚代尔祖尔省建设中的核设施，并原路安全返航，整个过程未受到叙军任何还击。

代尔祖尔省地处叙利亚纵深地带，以色列使用8架没有隐身能力的战机，突入叙利亚境内500 km，成功躲过叙利亚境内的俄罗斯体制雷达及严密监视的作战系统防空网。究其原因，是以色列人使用了美国的网络攻击武器“舒特”系统，通过通信信号找到对方雷达系统，后将编造的数据传输进去，进而侵入对方防空雷达网并接管了其控制权，使其防空系统失效。此次袭击被认为是网络战与常规战的完美结合，“手术刀”式打击的经典战例。

（三）爱沙尼亚网络攻击事件

2007年4月，爱沙尼亚迁移第二次世界大战中阵亡苏军的纪念碑。苏军纪念碑“青铜战士”像迁移问题成为此次网络攻击的导火索，引起占爱沙尼亚全国约25%人口的俄罗斯族与俄罗斯的不满，导致其网络遭受攻击。从当年4月底开始，整个爱沙尼亚网络遭到了有组织的大规模攻击，一周内形成第一波网络攻击高峰，政府、银行和报社等网站瘫痪，一些官网首页被换上其他内容；在接下来一周的第二波网络攻击高峰中，大量电脑遭恶意软件侵入，人们无法使用信用卡付账，爱沙尼亚外交部和国防部紧急向北约求助，其国防部长声称爱沙尼亚电子基础设施遭到攻击，所有商业银行、电信运营商、媒体网点、域名服务器均受到影响。爱沙尼亚政府不得已切断了与国际网络的连接，将本国隔离于全球网络之外，以至于许多媒体惊呼："一个国家消失了！"

爱沙尼亚是欧洲网络化程度最高的国家之一，该事件被认为是"军事史上第一场国家层面的网络战争"。爱沙尼亚总共经济损失数以百万计，其最大银行汉莎银行就损失了超过 100 万美元。

（四）格鲁吉亚军事冲突中的网络战

2008 年 8 月，俄格军事冲突中的网络攻防战是全球第一场与传统军事行动相结合的网络对抗。战前，俄利用"僵尸网络"对格鲁吉亚发动"分布式拒绝服务"（DDoS）攻击，使格政府网站服务和金融媒体受到攻击，其政府网站也被全面封锁，格总统个人网页也因被多重 DDoS 攻击而瘫痪 24 h。进入格鲁吉亚北部南奥塞梯后，俄军发起了全面"码群"式网络阻瘫攻击，将网络进攻进一步扩大到民用交通、通信、金融系统和新闻媒体等信息基础设施，致使格鲁吉亚国家金融、交通和新闻媒体网站严重损坏。俄控制格网络系统后，为其顺利展开军事行动打开了通道。

这次冲突中的网络战，是历史上极为经典的"人民网络战"，与以往的网络战相比，有三个特点。一是始于战前，贯穿战争全程。据统计，俄罗斯与格鲁吉亚从开战到冲突结束，双方在网络上针锋相对的较量，共出现了三轮，分别是战争前的"预演"、俄罗斯火力打击时的"全攻"和格鲁吉亚黑客的"还击"。二是重点攻击信息基础设施。俄罗斯对格鲁吉亚的网络攻击，目标主要集中在民用交通、通信、金融系统和新闻媒体这些和人民生活密切相关的信息基础设施。三是动员组织民众参与。俄罗斯通过在网站发布软件工具，征集数千名俄罗斯支持者点击软件工具，实现从个人计算机向目标网站发动多向、全时的饱和式攻击。媒体报道，在战争期间俄“黑客”基本控制了所有通向格鲁吉亚的关键服务器节点。

（五）伊朗核电站“震网”事件

2010 年 9 月 26 日，一种名为“震网”的蠕虫病毒大规模攻击伊朗网络系统，矛头直指布什尔核电站，对核电站的部分离心机造成影响，使其核设施不能正常运行。导致伊朗数次推迟布什尔核电站的供电时间，直至宣布卸载核电站的核燃料。“震网”病毒传播原理如图 5–21 所示。

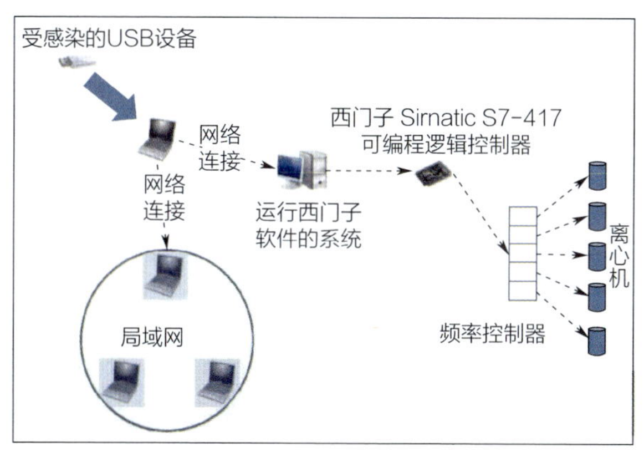

图 5–21　“震网”病毒传播原理

这次事件意义重大、影响深远，有美国人为此撰写了《零日倒数：世界上首个网络武器的生与灭》纪实性著作。“震网”病毒是一款蠕虫病毒，似乎是将伊朗视为主要攻击目标，全球已确认被“震网”病毒感染的超过 45000 个工业控制系统中，约 60% 出现在伊朗，其次为印度尼西亚和印度。“震网”病毒无须通过互联网便可传播，用户用U盘就可以把病毒从一台计算机传播到另一台计算机，然后“震网”病毒会使用窃取的数字签名，顺利绕过安全检测，自动找寻及攻击工业控制系统软件，以控制设施冷却系统或涡轮机运作，甚至让系统失控自毁，而工作人员却毫不知情。有分析人士认为，“震网”病毒的攻击至少使伊朗的核计划倒退两年。

据推测，负责建设布什尔核电站的俄罗斯工程技术人员所使用的U盘可能是本次病毒传播的重要渠道。许多网络安全专家怀疑，美国和以色列或许才是“震网”病毒的幕后运作者。与传统的计算机病毒相比，“震网”病毒不会通过窃取个人隐私信息牟利，而是一个直接破坏现实世界工业基础设施的恶意代码。由于其打击对象是国家重要基础设施，因此被一些专家认定为全球首个投入实战的“网络武器”。美国国土安全部已成立专门机构应对“震网”病毒。

（六）多国联军空袭利比亚中的网络战运用

2011年3月，以美国、法国、英国为首的多国联军对利比亚实施了代号为“奥德赛黎明”的空袭行动。多国联军凭借自身超强信息技术优势，对利比亚发起了强有力的信息作战，实施了全程网络战行动。

这次战争较好地检验了美军以网络战主导的联合作战思想。首先，联军利用互联网向利比亚政府和军队的网络实施了全方位、全时空、系统化的宣传、欺骗、干扰和破坏。在利用“黑客”手段进行网络攻击的同时，通过发送电子邮件和手机短信瓦解利比亚军队，实施网络威慑。其次，联军启动了网络作战机制，对利比亚实施了无线网络的渗透和攻击，通过EC-130H“罗盘呼叫”电子战飞机向利比亚政府军指挥通信电台天线发送数据流，成功对利政府军第9特种旅和第32旅等重点目标的相关网络实施了无线侵入和攻击，嵌入的算法程序能够窃取网络中的信息，甚至以系统管理员的身份接管整个网络。最后，通过“舒特”系统攻击摧毁了利方防空体系。可以说，利比亚战争是美军将网络战与火力作战联合的典型战例。

三、网络“码群”战术对作战行动的影响

作为一种新的作战形式，网络战不同于传统战争，而是具有“超限战”特性的无形战争。从网络战演练和战场实践可以看出，随着网络战力量和武器迅速发展，通过网络空间实施精确、高效打击，正在成为一种全新的作战理念，对战争形态发展产生深远影响，未来战争将“无网而不战”。

（一）破坏指挥信息系统，影响指挥决策

随着军事网络化的发展，军队在指挥信息系统建设方面有了很大的提升，满足了现代化作战的要求，但同时也带来一定的风险。战时指挥信息系统一旦被敌方通过各种途径侵入并修改，将虚拟现实成果技术植入指挥控制信息系统中，将其假情报、假决策、假部署传输给我方作战人员，诱其判断失误，向指挥官和士兵发布假命令、假指示、假计划，欺骗己方情报系统，以改变作战意图，影响指挥决策。一旦网络被入侵成功，会干扰指挥机关的指挥控制行动，使其陷入处理各种复杂信息的事务性工作中，不能集中精力处理有关作战的重大问题，影响削弱指挥作战效果，使其在战术上不能占据有利态势，甚至直接影响到整个战役的成败。

（二）渗透军事信息网络，获取军事情报

网络战大大拓宽了情报的获取方法和渠道，敌方可通过破解对方程序密码，直接或间接进入敌方军事信息网络或军用计算机，获取军事斗争决策、军事力量部署、装备性能参数等军事情报。同时，由于可以对所窃取的信息进行加密，掩盖痕迹、难以溯源，对方将

无法及时察觉网络攻击行动，更有甚者，将永远无法获知敌方窃取了哪些机密信息，造成的后果是无法想象的。2008 年，美国证实了“一次非法入侵机密网络”事件，这是通过某个受病毒感染的指纹驱动器，入侵到美军监视伊拉克和阿富汗战争的中央指挥系统中，足足一个星期后入侵者才被删除，且没人知道这次入侵导致的损失究竟有多大。

（三）侵入武器控制网络，削弱作战能力

近年来，随着武器装备的不断更新，自动化程度越来越高，很多武器控制系统由计算机智能控制，如果敌方侵入武器控制网络或通过控制带有“预设”后门的计算机、数字信号处理器、大规模集成电路的武器装备，使作战武器系统按照敌方意图操作或因程序错误而发生自行爆炸、自我摧毁及相互残杀等行为，达到摧毁武器平台、削弱作战能力的目的。2011 年，美军 RQ–170 无人侦察机被伊朗俘获，迫降原因的一种可能就是被伊朗网络战部队控制并操控其降落在伊朗境内。

（四）瘫痪空防作战系统，降低作战效能

敌方可利用空防作战系统的网络“后门”漏洞，将网络病毒或分布式拒绝服务等工具远程输送或无线注入空防作战系统中，在关键时刻使病毒发作，侵害系统软件，使整个系统瘫痪。通过破击敌方战场信息网络，瘫痪指挥信息系统和信息基础设施网络，降低敌方情报支援能力和战场信息情报感知能力，使作战力量难以有效聚合，从而使整个空防体系要素分离、功能分散、结构坍塌，难以实施有效作战。

四、网络“码群”作战设计与运用

从网络技术的发展和运用来看，未来可能出现的网络作战样式

有以下几种。

（一）全民参与的网络舆论战

互联网作为信息社会主流媒体，是实时信息集散地、社会心理晴雨表、焦点事件传播源，已成为舆论交锋的主战场、多元文化的角力场、“颜色革命”的试验场。网络舆情的影响力“小可杀人，大可覆国”。通过“网络水军”抓住敏感问题大肆炒作，掌控网络话语权，主导网络舆情，引发“蝴蝶效应”“多米诺骨牌效应”，操纵国际舆论和国内民意向不利于政府的方向急速转变，轻则使社会动荡、政府失去公信力、国家形象受挫，重则迫使政府下台、政权更迭，制造“颜色革命”。“阿拉伯之春”就是很好的例证。两次车臣战争，国际舆论的风向截然相反，网络话语权也起了至关重要的作用。第一次车臣战争（1994 年 12 月—1996 年 8 月），俄罗斯不注重对网络、电视等媒体的控制，国内亲西方媒体和车臣非法武装利用网络、电视等媒体混淆视听，大肆渲染俄军在车臣的行为非法，把分裂国家说成是伊斯兰圣战，使大批志愿者、雇佣军和装备物资流向车臣，不仅得到周边伊斯兰国家同情，而且得到西方国家支持，结果俄军军事优势大打折扣，俄军阵亡 2000 余人，伤 5000 余人，未达到其战争目的。第二次车臣战争（1999 年 8 月—2000 年 5 月正面战场战斗结束，2000 年 6 月—2009 年 4 月清剿行动结束），俄罗斯吸取第一次车臣战争的教训，注重网络宣传垄断，主导网络舆情，结果以相当于前次 1/3 的代价，取得了全面胜利。

（二）多域分布的网络情报战

在全球或战区范围内，预置网络攻击工具、密码破解工具、恶意软件等“无形”武器，通过网络系统获取军事情报信息量大、机密等级高、时效性强、成本低，各方通过网络隐蔽开展情报侦察活动已经无孔不入、防不胜防。据美国情报机构统计，在其获得的情报中，有 80% 来自公开信息，而其中又有近一半来自网络系统。2012 年，现身于伊朗、以色列等中东国家的“火焰”病毒，集截取屏幕画面、记录音频对话、截获键盘输入、偷开蓝牙设备等多种数据盗取功能于一身，成为专门窃取机密情报的“电子间谍”，显示出网络空间情报活动的新动向。

（三）广泛预置的渗透破袭战

平时通过芯片预置、“摆渡攻击”等桥接渗透方式，在敌方水利、电力、电信、交通等国家基础设施行业及制造业的工业控制网中植入特种病毒（特种病毒目标指向性强，能把网络系统的多种漏洞进行全系列组合，通过“摆渡攻击”，由互联网或移动介质摆渡到局域网内部，在内网中定向传播，精准控制，适时袭毁），战时以无线触发、逻辑触发等方式“引爆”，可毁坏实体设备设施，瘫痪敌国工业和基础设施，使其社会经济生活难以正常运转。这已经在“震网”病毒破坏伊朗核设施的案例中初显峥嵘。2010 年 7 月，伊朗核电站遭到“震网”病毒攻击，至少有 3 万台电脑“中毒”，造成成千上万台离心机报废，使得伊朗核发展计划被迫延缓，“震网”病毒也因而被称作“具有战略意义的数码武器”。2012 年 4 月，伊朗国家石油公司和通信系统遭到“清除者”病毒攻击，计算机主板被烧毁、硬盘数据被清除、通信中断，损失惨重。

（四）群起而攻的网络阻瘫战

随着“网络中心战”理念发展和普及，作战力量对网络系统的依赖程度越来越高，网络已经成为无所不在、无所不控的“神经”和“枢纽”，一旦瘫痪，将带来整个作战体系的崩溃。针对网络主干道和关键节点进行攻击，通过控制大规模“僵尸网络”，采取“码群”战术发起攻击，或者针对局部节点，使用烈性病毒进行攻击，使对方网络瘫痪。具体来说，就是以大规模分布式拒绝服务攻击方式，袭击敌方政府、商业、银行、媒体等关键部门的业务网，可导致敌方政令不通、媒体失声、金融混乱，社会秩序陷入无序状态。2007 年俄罗斯对爱沙尼亚发动的网络袭击，凸显了分布式拒绝攻击的破坏力。爱沙尼亚政府、银行、报社、电台、电视台的网站因为大规模袭击而瘫痪。一些网站的首页被换上俄罗斯宣传口号和伪造的道歉声明。此后，爱沙尼亚又遭到了 128 次网络攻击，其中 36 次是针对政府和议会网站，35 次是针对警察局，另有 35 次是针对财政部。在爱沙尼亚这个高度网络化的国家，人们的生活安全受到了严重威胁，由于银行服务器崩溃，大量电脑遭恶意软件侵入，所有购买汽油、牛奶和面包的人突然发现无法使用信用卡付账，如此规模的网络拒绝服务袭击对爱沙尼亚来说简直是灭顶之灾。

（五）软硬兼施的网电一体战

随着网络通信手段向无线化发展，网络空间与电磁空间的界限逐渐被打破，特别是远程无线注入、数字大炮等网络攻击技术的开发和应用，“黑客”无人机、无线病毒枪等新概念网袭武器的面世，使得以网电一体武器袭击敌侦察预警网、指挥控制网、综合保障网等战场网，破击敌作战体系成为可能。未来作战，无线病毒枪将连续发射经特种病毒代码调制的大功率微波信号，以远程无线注入方式，将病毒注入敌正处于接收信息状态的无线接收设备，进入敌指挥信息系统特别是支撑无人化兵器作战的指挥控制网络实施网袭，可以致使敌庞大的无人化兵器因信息网络瘫痪而难以施展拳脚或事故频发。以电磁脉冲弹对敌无人机、无人艇、无人车及机器人等实施战场区域遮断性强电子压制，使其因电子器件损坏而失去战力。以激光制导炸弹、反辐射导弹等精确制导武器，以物理打击的方式摧毁敌通信线路、网络节点、控制中心等关键性网络硬件设备，可以“釜底抽薪”，破坏其网络赖以运行的物质基础。2007 年，以军使用美国“舒特”系统，将编造的数据输入叙利亚防空雷达网络，迅速使叙利亚防空系统失效，而后以色列空军10余架非隐身战斗机突入叙领空，轰炸疑似核设施后，原路返航，全程未受到叙军任何还击，这个战例被认为是网络战与常规战的完美结合。

第五节　异构集群混合战

现代化战争早已演变成海、陆、空多兵种相互配合、相互协作、共同作战，无人化作战更是如此。根据美军未来海空分布式作战构想，未来作战将不再由当前高价值多用途海空平台独立完成，而是将当前高价值平台功能分散配置于多类型、较大规模中低价值海空作战平台，从而将以往海上集团化编组、集中式运用的联合作战体系拆分为若干物理分离、结构相对简单、功能相对专一的子系统。以美军海空分布式作战构想为蓝本，未来智能化无人集群作战也将不单是同类型、同领域的平台协同，空中无人机、海上无人艇、水下无人潜航器以及地面无人战车都将相互协作配合，共同参与作战任务，根据它们各自作战领域特点，有效融合到同一无人作战系统中，突破时空的限制，广泛渗透至多维、多域的现代战争战场上，成为真正全天候、全方位的全域多维战争，具有一定普适性的多领域异构无人集群作战体系必将是无人集群作战发展的最终目标。图5-22所示为全域无人作战。

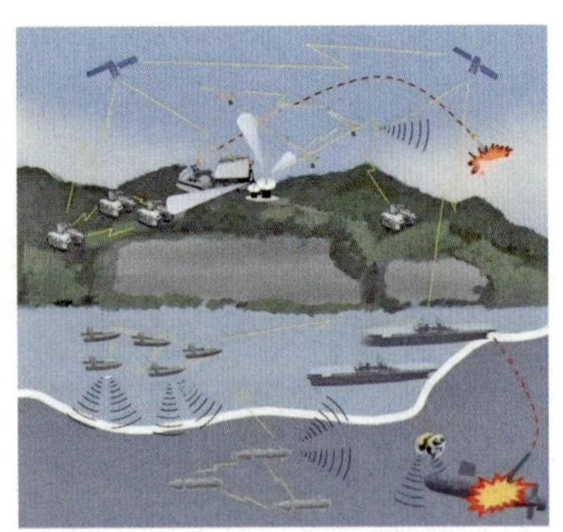

图5-22　全域无人作战

一、异构集群作战发展现状及趋势

无人机、水面无人艇和无人水下平台集群作战技术的进步为异构集群的发展奠定了基础，这些技术可用于无人系统的协同侦察、快速强力突击、全域集群濒海对抗、精准高效保障等任务。目前，在异构集群作战方面，以美国为主开展了跨域无人系统集群作战研究，实现了水上、水下联合作战，以体系化作战力量较对手形成“代差”式作战优势，并已成功演示验证了“无人机—无人水面艇—无人潜航器”海上无人系统异构协同作战概念和“有人潜艇（舰艇）—无人潜航器—无人机”海上有 / 无人协同作战概念。在其他领域的验证试验较海上稍有滞后，但也形成一定规模。

（一）异构集群发展现状

1. 空地无人平台集群作战

1）“进攻性蜂群使能战术”（OFFSET）项目。2018 年，美国 DARPA 启动该项目并发布“集群冲刺”公告，旨在为城市作战步兵单元开发约 100 种集群战术，采用由上百个无人机、无人地面车辆构成的集群验证新战术。项目周期 42 个月，分三个阶段，目标是在城市环境中采用 250 个异构无人系统攻占 1 个区域，集群规模数量变化范围不大于 50%。

2）“X 班”项目。2015 年，美国 DARPA 启动该项目，目标是在城市作战中为步兵班引入空中侦察无人机、地面无人侦察车和地面工程机器人组成的无人异构集群，在数百米范围内建立感知警戒线，提升步兵态势感知、非动力交战、精确交战和班级自动化等能力。

2. 空海无人平台集群作战

分布式敏捷反潜系统（DASH）。2010 年，美国 DARPA 启动该项目，2013 年完成大潜深测试，并在 2016 年完成海试。项目包括深海、大陆架浅海两套反潜子系统。深海反潜子系统由布设在海底的被动式声呐节点和装备有主动声呐的无人潜航器组成，形成数据互通、探测互补、动静结合的立体式深海反潜系统。在6000m潜深，单个无人潜航器监视范围直径可达55~75km，能仰视约1.8万km^2的范围，利用几十个潜航器组成“鱼群”能实现对500×500km乃至更大面积海域的实时态势感知，保护己方航母打击群等高价值目标。浅海子系统由搭载传感器的无人机构成，从高空监测深海潜艇。

3. 空海立体集群作战

1）“先进海上技术演习”。①2016年，美军先后使用潜艇和水面舰艇投放“蓝鳍”–21重型无人潜航器，无人潜航器携带并布放了2条“沙鲨”微型无人潜航器和1架小型“黑翼”无人机，“沙鲨”在接收“蓝鳍”–21的目标图像和其他信息后，便浮上水面与“黑翼”无人机进行通信，“黑翼”无人机把接收到的信息传递给潜艇作战控制系统，潜艇作战控制系统进行决策并随后给“沙鲨”下达命令。此过程中美军使用“黑翼”无人机充当潜艇与“沙鲨”无人潜航器之间的通信中继，实现了水下和水面跨域通信和指控（指挥控制），测试了无人潜航器与无人机及潜艇、其他无人潜航器间的通信能力，以及大中型无人潜航器布放微型无人潜航器的能力。②2017年，诺斯罗普·格鲁曼公司（简称诺·格公司）成功演示验证无人水下战指控系统，可同时控制8个无人系统（1艘大型自主无人潜航器、2艘无人水面艇、1架无人机、4艘无人潜航器）定位并攻击水下目标。

2）无人系统与法国SMX-OCEAN型常规潜艇协同作战。该型潜艇长100m，高15.5m，宽8.8m，自持力3个月。可搭载以侦察监视功能为主的无人潜航器、潜射无人机进行协同作战。

3）无人系统与濒海战斗舰协同作战。美国濒海战斗舰搭载MQ–8“火力侦察兵”舰载无人机、“金枪鱼”21型无人潜航器和“刀鱼”

重型自主无人潜航器，执行海岸警戒、扫雷、反潜等任务。图 5–23 为美国“刀鱼”水下无人潜航器工作模拟图。

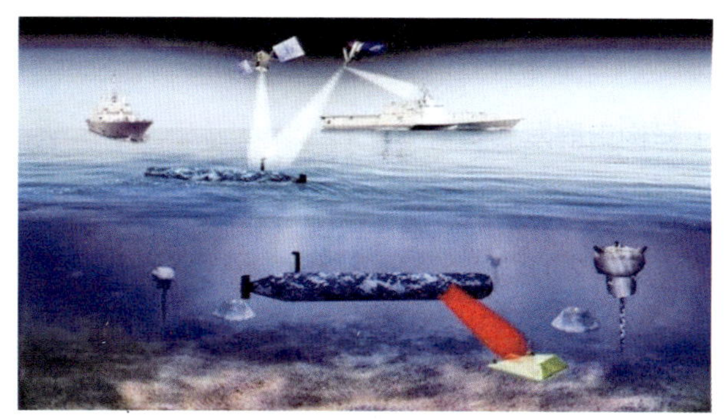

图 5–23　美国“刀鱼”水下无人潜航器工作模拟图

4）**无人系统与“剑舰”协同作战。**“剑舰”是法国 DCNS 推出的一款未来型战舰，舰宽 33.6m，舰尾机库和飞行甲板下仓库的容积较大。搭载 3 架 1.5t 重的垂直起降无人机、2 艘 11m 长的无人水面艇和若干艘无人潜航器，利用多种无人机、无人水面艇和无人潜航器作为辅助侦察、拦截或攻击手段，拓宽了“剑舰”的感知和打击范围。

4. 有人 / 无人协同集群作战

2014 年 8 月，美国海军首次进行有人驾驶舰载机与舰载无人机在航母上共同起降试验。在试验中，2 架 F/A–18“大黄蜂”战斗机和 1 架 X–47B 舰载无人机以相同的模式从“罗斯福”号核动力航母上起飞，以此来测试这种舰载无人机的起飞和降落能力。有人机与无人机协同作战难点是在空中控制上，美国今后研究的重点便是无人机的空中控制能力。

5. 国内发展情况

国内在无人集群异构协同方面，处于作战概念理论探索和关键技术研究阶段。在 2018 年春晚珠海会场，我国演示了数十艘无人水面艇、无人车、无人机组成图案编队行进，提出了“海 – 陆 – 空”无人系统集群编队行进概念，但该演示不具有复杂环境动态适应、多种任务能力兼容等集群智能属性。

（二）异构集群发展趋势

未来战场上的跨域协同作战，是将各种无人作战装备利用信息网络连接起来，涉及多个领域，并通过无人协同作战平台进行资源的共享、分配和分组，精准地做出协同观察、协同攻击以及协同预警等决策，高效完成战略任务。例如，陆地作战中，机器人代替士兵，无人战车攻城略地，无人机空中侦察、探测，共同对敌方目标进行摧毁，从而协同配合赢得战争的胜利，如图 5–24 所示。

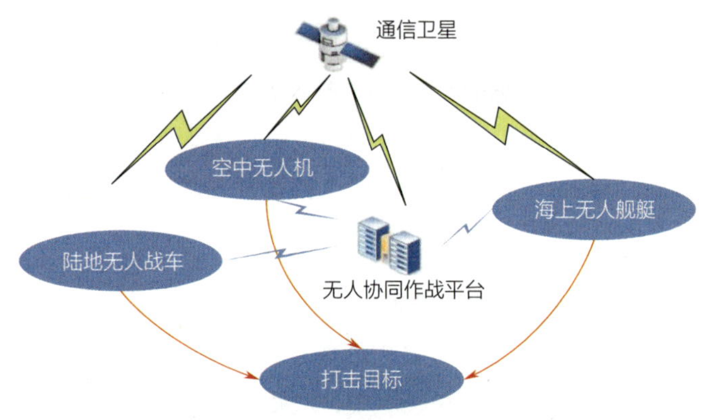

图 5–24　无人平台协同作战示意图

根据作战中无人机、无人艇和无人潜航器的不同优势，基于异构集群编组方式，有 2 种运用构想。

1. 立体编队一体化防空

有人舰艇编队搭载舰载无人机，根据任务要求，前出部署至任务空域，对海空目标实施广域空中监侦，获取相关海空域态势，为有人舰艇提供早期防空预警；空中无人机根据需要将来袭目标信息回传至编队指控中心，引导水面有人舰艇使用防空武器实施抗击；空中无人机还可搭载防空武器载荷，与水面舰艇一起实现多层次分区域防空反导。目前，美海军综合火控—防空（NIFC-CA）项目已实现了该作战构想。

2. “猎人—射手”式引导打击

第一种是舰机组织模式，如美海军分散进攻性“猎人—杀手”水面行动群（SAG）构想，舰载无人机前出至任务海域获取目标信息，实时回传至载舰或处理后直接分发至编队内舰艇，为舰载反舰导弹超视距打击、舰炮对岸火力支援提供信息保障，实现超视距攻击。打击过程中，无人机可进一步抵近目标，评估毁伤效果。第二种是“机潜”组合模式。当潜艇需要实施对敌防区外打击时，为隐蔽行迹，潜艇可采取水下释放、大幅前出等方式，在水下发射多架异构任务载荷无人机，这些无人机出水后升空智能组网对预定海域进行搜索和目标判别，通过跨介质通信手段实时将目标信息回传至潜艇，引导潜艇发射潜射导弹实施远程精确打击。目前，美海军正在同步推进潜射“扫描鹰”、XFC 等多型潜射无人机的研制。

二、异构集群作战战例分析

无人系统异构集群作战构想提出较晚，其对应的作战概念正在进一步的验证完善中，相关力量运用方式基于信息体系和装备平台发展也在不断推陈出新。虽还未形成规模，但该作战概念从一进入战场就展现了其作战理念的优越性。

2015 年，俄军将战斗机器人投入到叙利亚战场，取得了不俗战果。2015 年 12 月，叙利亚政府军在俄军战斗机器人的强力支援下，成功攻占由极端分子控制的拉塔基亚省 754.5 高地。俄军投入一个机器人作战连，包括 6 部“平台”-M 履带式战斗机器人、4 部

"暗语"轮式战斗机器人、一个"洋槐"自行火炮群、数架无人机和一套"仙女座"–D 指控系统。战斗打响后，无人机首先升空，将战场情况实时传送到俄军指挥系统。战斗机器人在操作员操纵下发起集群冲锋，抵近距极端分子据点 100~200m 处，用机枪、榴弹和反坦克导弹进行攻击，叙利亚政府军则在机器人后 150~200m 相对安全的距离上肃清极端分子。遇到坚固火力点时，"洋槐"自行火炮群根据无人机和机器人传回的画面，实施精确炮击，彻底摧毁目标。一边倒的猛烈打击令极端分子毫无还手之力，77 名极端分子被击毙，参战的政府军只有 4 人受轻伤。这虽然只是一场小规模的战斗，却开启了异构无人平台集群作战的先河。

三、异构集群战术对作战行动的影响

在未来日益复杂的作战环境下，单平台所能发挥的作战效能将极为有限，因此，无人作战系统的作战模式由单平台逐步发展为跨领域、更灵活的多平台集群作战以及有人 / 无人协同作战方式。美国《无人系统路线图 2007—2032》中预测："美军无人机系统和无人车辆可能可以达到与有人驾驶的飞机和车辆在攻击、兵种合同作战中相互协同的水平"。无人作战系统和有人系统协同作战、多平台协同作战，通过跨时空、跨介质方式相互融合，充分发挥各自优势，弥补彼此的不足，更加有效地完成作战任务，对战争形态的演变带来更深刻的影响，并将持续改变军队的技术形态、组织形态和运用形态。

1. 优化力量组合

异构集群在战场上的应用，将改变以往战场力量先组合成有形整体，然后再发挥整体力量作用的"有形合成"模式，而是采取一种在能力聚合基础上的力量功能耦合的"无形合成"模式，能够实现战场力量整体结构的最优化和整体效能发挥的最大化。利用集群战法，精准选择目标，自主实施快速机动、多维攻击，融合相关作战要素，打通“侦察—控制—打击—评估”链路，形成敏捷、高效、精确的新型作战力量体系，通过信息实时交互、动态自主组合、集群协同突防等方式，最终完成高效饱和式攻击。

2. 整合作战资源

将多种作战力量和配套保障条件进行深度融合，提升多目标对抗、主被动干扰对抗、物理域 / 虚拟域一体化对抗等能力。一方面，这提升了自主无人系统的自主感知、自主决策、自主控制、自主评估等能力，使分散配置的各种作战力量、作战单元和作战要素能够自动根据战场态势的实时变化，围绕统一的作战意图和目的，更加及时、主动地协调作战行动。另一方面，通过网络相互链接、平台自主组群，形成广域动态分布的态势，实现去中心化与动态聚合，大大提升战场机动能力和指挥控制能力，为行动部署的动态性提供坚实基础，依靠动态组网的稳定性和灵活性及数量规模的不对称，实现克敌制胜。

3. 协同精确打击

异构集群的最大优势是分布式杀伤，即利用不同功能的智能化无人作战平台，根据攻击目标性质，自主组网编组，形成广域分布的多组攻击群，从多域多向对目标进行攻击，使对方防不胜防。在进攻作战中，它们高度协调地从多个方向连续或同时对目标实施连续攻击，在诱骗、干扰、电子攻击等软杀伤行动中自动协调最佳的攻击时机，有效避免相互影响，提高整体作战效能；在防御作战中，它们运用自主交互集群技术建立多层次、立体化的防御网，动态实施外围警戒，保护重要目标安全。图 5–25 所示为美国 DARPA 进行的“集群挑战计划”。

图 5-25 美国 DARPA 进行“集群挑战计划”

四、异构集群作战设计与运用

随着无人平台的快速发展和大量运用，许多高度分散、自主控制的无人作战单元，将以网络化信息系统为依托，快速聚合，形成跨物理域、信息域和认知域的更加立体的作战集群，并相互协同，合力对敌目标实施精确打击。

1. 全域态势感知

利用分布化配备跨域集群的多种传感设备，多维度、多方向、多批次、长时间地进行协同侦察，通过相互印证电子侦察、光学侦察、红外侦察以及雷达侦察等多种手段的结果，有效扩大侦察范围、拓展侦察要素、提高侦察精度、动态跟踪目标，提升全域范围内战场态势感知的灵敏度。

2. 协同立体突击

集群平台体积小、隐蔽性强的特点，使其便于进行快速突击，尤其是针对重点目标的精确打击。多路集群同时发起多维打击，巨大的数量优势和速度优势既能提高杀伤概率，又增加了攻击的突然性。尽管集群装备体积小、载荷携带量有限，但其速度优势可有效缩短攻击周期，总体攻击效果相当可观。集群装备类型多、样式多、速度快、无人化，作战中既可以发挥技术优势，也可灵活运用发挥谋略优势。如美军提出的无人系统与 SMX-OCEAN 型常规潜艇协同作战项目，利用潜艇搭载无人潜航器、潜射无人机协同作战，形成空海立体作战体系。

3. 全域集群对抗

异构集群的对抗空间将是陆、海、空、电磁、网络甚至是太空等全维度，对抗的活动将覆盖侦察、控制、打击、通信、导航、电磁和网络攻防等全方面，对抗的方式和手段也将呈现出机器辅助对抗、人机协同对抗、机器自主对抗等多种样式并存的状态，全域集群对抗将成为战场上一种新的对抗形式。

4. 精准高效保障

集群平台高度的机动灵活性和战场适应性，便于在恶劣环境条件下遂行物资运输、破障排爆等各种保障任务，尤其是不同平台之间的跨域保障，用于弥补战场环境带来的限制，显示出明显优于单系统的巨大优势，深刻改变战场保障模式。如美国“X 班”项目中，引入空中侦察无人机、地面无人侦察车和地面工程机器人组成的无人异构集群能提供高效的机动运输保障。

第六章 集群智能无人作战的指挥控制

与敌人初次交锋前，任务计划都有可能改变。

——赫尔穆特·冯·毛奇

指挥控制是指挥员及其指挥机关对部队作战或其他行动进行掌握和制约的活动。随着生产力的发展进步，各种高新技术在军事领域普遍运用，推动武器装备不断更新迭代，并快速投入战场，使战争思维、战争样式和作战方法已经发生并将持续发生深刻变革，作战指挥在这种巨大冲击下也会发生巨大变化。从冷兵器时代到智能化战争时代，指挥主体由单一人，向人与指挥机关结合、人机结合、人机融合发展；指挥对象由人的群体向“人＋机”“机＋机”群体发展；指挥方式由集中式指挥向命令式指挥与委托式指挥结合、人机协同和人机共商的边缘指挥发展；指挥手段也由最初的视听信号向文书指挥、数字化指挥系统、自动化指挥系统、智能化指挥系统发展。可见，人工智能及相关的技术群在军事领域的实践应用，打破了作战指挥发展的界限，使作战指挥以一种全新的形式出现在作战活动中。智能无人作战指挥的本质，是将人机的“智能”向信息战场拓展向融合空间辐射，向武器系统延伸，实现人机智能的深度融合与智慧的集中释能，其主要目的是提升作战指挥决策速度和效能。机械化作战指挥拓展和延伸了“手足”功能，以“平台”为中介，强调“平台优势”制胜机理；信息化作战指挥拓展和延伸了“耳目”功能，以“信息”为中介，强调“信息优势”制胜机理。与其他作战指挥形态相比，智能无人作战指挥最大的优势就是拓展和延伸了“大脑”功能，以“智能”为中介，强调“智能优势”制胜机理。

第一节　集群智能无人作战指挥特点

集群智能无人作战指挥，作为一种对智能无人平台集群的组织领导活动，具有鲜明的特点，主要体现在以下几个方面。

一、指挥主体由以人为主发展为人机协同，位置由中心向边缘拓展

从冷兵器战争时期到信息化战争时期，作战基本遵循力量集中使用原则，以充分发挥整个部队的战斗力。在这种作战原则的指导下，必须对作战力量采取统一指挥。集中统一的作战指挥主要依靠中心化组织，即决策和行动由中枢来实施，是一种自上而下的任务式线性指挥。在不同的战争形态下，指挥主体具有不同的组织形式，但本质上都是由单一“人”组成，配置位置相对居后。“人”这个中心主体几乎承担指挥的所有责任，直接决定和影响着战争的进程和结果。因此，交战双方也往往围绕对方的指挥中心展开决战，所谓的“擒贼先擒王”正是体现了将帅对于整支军队的重要作用。支持中心化组织的系统是由烟囱式体系建立和控制的，其原理是基于过去已有的知识和经验，对假想的环境和事件做出充分而完美的设计，不具备互操作性，而且对未来的不确定性和突发事件，OODA 循环时间较长。

进入智能化战争时期，随着深度学习、精细感知、脑控技术等人工智能技术的发展，无人作战集群组成成员有了较高的自主性和智能水平，传统的指挥决策、交互协作和行动控制等能力被授权和分散到体系末端平台，指挥主体发展为由人和具有智能化指挥控制功能的机器一体融合、共同构成，甚至具有智能化指挥控制功能的机器可以代替人发挥作用，对无人作战平台行使作战指挥权，履行指挥主

体职责。这种人机结合组织结构趋于二元化，配置位置也由后端指挥机构向战场一线延伸，被称为边缘化组织。与以人为主体的他组织相比，边缘化组织具有较强的自组织性，力量不再保持集中于一个中心，而是将力量赋予边缘；决策不再是指挥员一个人的职责，而是成为各成员的任务；信息也不是自下而上的囤积，而是一种共享资源。位于战场一线的作战单元在应对不确定和突发事件时，可及时赋能或释能，从行动单元转为指挥控制单元，或从指挥控制单元转为行动单元，实现角色互换，指挥主体与指挥客体之间不再有明显的界限。

指挥主体的变化，使人机协同的边缘指挥控制发展成智能化作战指挥的新模式，美国国防部甚至把基于智能化的人机混编协同称为未来战争的“技术皇冠”，认为借助人工智能技术解决指挥难题应当成为作战的首选模式。这种新的人机协同指挥模式，在纵向上，表现为以人为主的战略指挥—人机结合的战役指挥—人机协同的战术指挥；在横向上，表现为各级作战群队指挥主体中的人与具有智能化指挥控制功能的机器分工协作，分别从事擅长的领域。人主要承担对有人作战群队的指挥控制，机器则主要承担对无人作战群队的指挥控制。人与机器在共同认知基础上的协作效率直接影响甚至决定了作战指挥质效。一方面，指挥人员对指挥活动设定行为参数，教会机器以“人”的思维应对战场上的不确定性，机器自主执行。另一方面，指挥人员对机器行为进行监督，掌控机器应对突发情况的行为边界并适时介入控制。

二、指挥对象由单一要素向复杂群体发展，空间由多维向全域延伸

随着各类型无人装备成为新的作战要素，无人装备作为重要作战力量进入各军种，甚至成为独立的作战单元，以独立兵种形式编入部队，大量、成建制地走上战场，未来智能化战争时期的指挥对

象将不再局限于作战人员的单一构成，可能出现“人+机”“机+机”等多种混合模式下的协同编组，利用高速网络、电子通信、人工智能等高新技术为无人作战平台赋能，作为指挥客体遂行边缘作战任务。典型无人作战系统由无人作战集群、战场作战人员、远程服务器、后方指挥部4个部分组成，如图6-1所示。

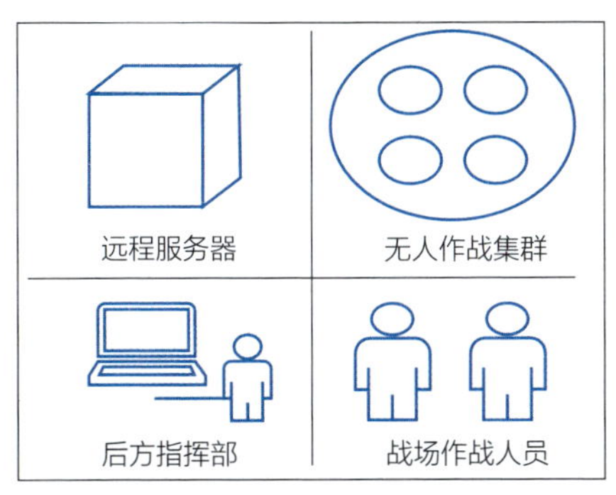

图6-1 无人作战系统构成

依托广域互联的信息网络，智能无人作战指挥体系呈现高度的网络化特征，指挥体系中的各个节点广泛分布在多维作战空间和领域，支撑指挥体系的“云”化运行，在作战中根据作战指挥需要形成特定的组织结构，保障指挥活动高效开展。

智能无人作战指挥体系主要基于以下两点提升指挥质效。一是指挥体系节点全域化分布。人工智能技术的快速发展，促进智能无人作战力量突破传统作战力量的空间限制，进入人类作战人员难以活动的“真空地带”，促使未来战场由多维向全域拓展。指挥主体不仅能够实现全网络“点对点”的直达式控制，还能适时发挥智能无人作战平台的“边缘智能”，赋予其自主决策与行动权限，形成独立的小型战斗指挥网络，使指挥体系节点空间进一步向下、向边缘拓展，发展形成全域化的指挥体系节点部署。二是指挥体系结构“云”化运行。智能无人作战指挥体系呈现“云”特征。智能无人作战中，网络化连接、随遇式接入、灵活化组合的柔性“云”指挥体系各个节点平时以“云滴”形式广域分布在各个战场空间，呈分散消隐状态；战时，高层指挥主体定下作战决心，“云滴”智能规划识别并激活指挥体系内可用的智能化作战力量，在线优化配置组织，形成模块化的集群编组，在云端实时提供、获取和利用重要信息，接受指挥主体指挥或根据授权按预定规则执行作战任务。

三、指挥方式由中心主导向边缘控制发展，指挥权限让渡人工智能

智能无人作战，绝大多数任务都由无人作战系统完成，作战力量不再以“血肉之躯”为主。人在作战指挥环路中，其指挥权将逐步分散化、边缘化，即将指挥权更多地让渡给作战体系的边缘——无人作战集群，赋予其行动自由权。人所要做的就是为无人作战力量赋予任务、提供初始条件、明确最终状态、规定作战界限。边缘控制是一种基于规则约束下的自主指挥控制方式。无人作战集群通常由分布式节点控制，或作战平台自主控制，具有“自任务、自组织、自行动、自适应、自评估”的鲜明特征。

自任务：自主发现任务。在未来智能无人作战背景下，战争节奏明显加快，战争的隐蔽性、突然性、灵活性不断提升，作战计划可能与实际进程存在差距，甚至大相径庭。面对海量的、瞬息万变的战场数据和信息，处于一线的无人平台能利用自身搭载的载荷，实时感知态势，根据动态形势变化自主发现任务，自主做出态势判断，形成与作战任务相匹配的作战方案，及时应对不期而遇的各种危险和挑战。

自组织：自主寻找资源。战争系统的中心问题同时也是复杂系统的中心问题，即他组织与自组织。在漫长的历史中，指挥控制的实现机制主要是他组织。在智能无人作战条件下，无人作战平台远离指挥控制中心、态势瞬息万变、机会窗口稍纵即逝，指挥主体很大

程度上需要自主寻找各种资源。在未来作战条件下，通过多维空间的智能化侦察与感知，无人作战单元可以自主获取敌、我、友的兵力部署、武器装备和战场环境等信息，自主寻找资源和伙伴，由局部作战单元间的智能化交互触发全局的灵活变换，实现我方集强聚优，使敌方无法知“彼”，陷敌方于战争迷雾和决策混乱之中。

自行动：自主决定行动。智能化作战条件下，无人作战平台搭载不同载荷遂行不同任务，各作战单元对自身优长有着客观的认知，具有某种程度上的行动自觉。因此，在作战行动中不用上级下达具体的指示和命令，参与作战的无人平台可以根据战场整体态势和作战总体目标决定自身的行动，组网更加便捷灵活，行动更加自主，依托发达的网络信息可以实现多平台编组行动和多群组协同行动，极大地改变了作战力量结构和运用方式，身处一线的指挥主体行动能力和主观能动性得到极大的提升。同时，指挥主体依托群间通信与群内单元的共享感知、自主协同，在预置的作战程序框架内选择最优方案和最突然的手段达成最佳效果。

自适应：自主调整改变。在以往层级式、金字塔式指挥体系下，作战指挥通常按照自上而下的层级顺序进行，上下级间纵向联系多、横向沟通少，导致各作战单元处于信息孤岛状态。在智能无人作战中，依托智能化系统、数据链和作战云，作战体系由相对固定向快速重构转变，各作战单元能够按照具体作战需求，促成原来分属不同组织的各种单元快速分解、转换和重组，生成低成本、多样式的多域杀伤链，更有效地应对未来智能无人作战的各种任务。

自评估：自主评估效果。智能无人作战指挥控制是一种自我调节型的指挥方式，无人系统必须不断地适应战斗环境的变化，实施必要的紧密协同。这种协同是基于自身评估任务完成的能力，通过局部行为实现的。随着物联网、数据链和新一代移动通信等技术的发展，未来智能无人作战中各作战单元能够自主采集、汇聚打击效果信息，依托人工智能、大数据和分布式计算等技术手段对打击目标实时状态进行有效识别、精确分析和自主评估，并根据评估结果制订下一轮指挥决策，明确进一步作战行动。

第二节　集群智能无人作战指挥方式

传统指挥控制，是指挥主体基于过去的经验和对未来的预想设计使命任务、预置程序或过程处理需要的决策单元，并建立决策单元间的层级关联，形成决策中心。其指挥控制模式程序如图 6–2 所示。通过层级化将上级的设定目标、指令或指导组织起来，并通过这种自上而下的机制分配资源和发挥力量。

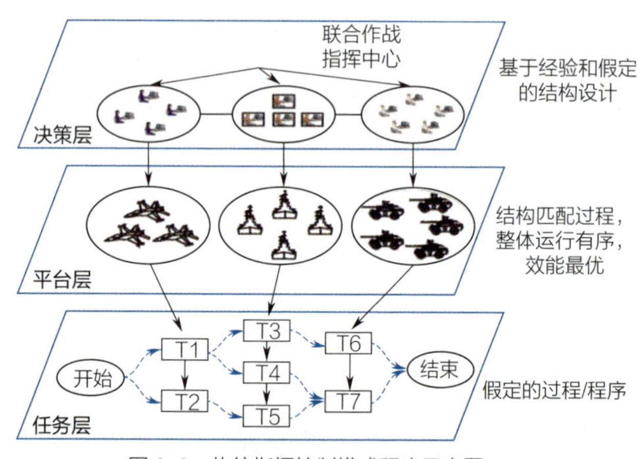

图 6–2　传统指挥控制模式程序示意图

智能无人作战指挥，是以人为主导、以智能无人平台为主体的人机混合指挥模式，在不同的作战层次体现出不同的协同模式。人的主导作用主要体现在指挥控制，尤其是战略战役层次的指挥控制上，智能无人平台的主体地位则重点在战术执行层次。因此，智能无人作战指挥的主要方式体现为指挥人员与智能无人平台深度融合的指挥体系，将在人机合理分工、高效交互协作下，充分发挥指挥员与无人系统的各自优长，推动智能无人指挥活动的高效运转，促进作战任务的智能理解、作战方案的自主规划、作战行动的自主调控。

一、由人主导智能无人作战指挥活动

智能无人作战力量能够进行自主决策、自主行动，但这种决策与行动的自主性不能脱离指挥员的指挥控制。作为最高指挥层，指挥员的作用更多体现在对战场态势的判断和作战行动的决策能力上，战争的最终执行者终归要落实到人上，人才是战争胜负的决定因素。在战场态势判断和指挥决策过程中，指挥员能够考虑到一些计算机无法量化的社会因素，在此基础上，在人工智能系统的支撑下，实现与智能无人平台的深度融合，形成人机融合、以人为主导的指挥活动形态，确保指挥员意志向所属参战力量的准确辐射，实现战略目标。作为智能无人作战指挥的主体，指挥中心由指挥员及参谋人员组成，外围配备基于大数据的决策支持和支援保障力量，形成“小核心、大外围”的指挥主体组织模式，如图 6–3 所示。作战过程中，指挥员在指挥回路中，有效掌控所属智能无人作战力量的作战行动，推动指挥活动高效运行，并具有对智能化作战力量的完全控

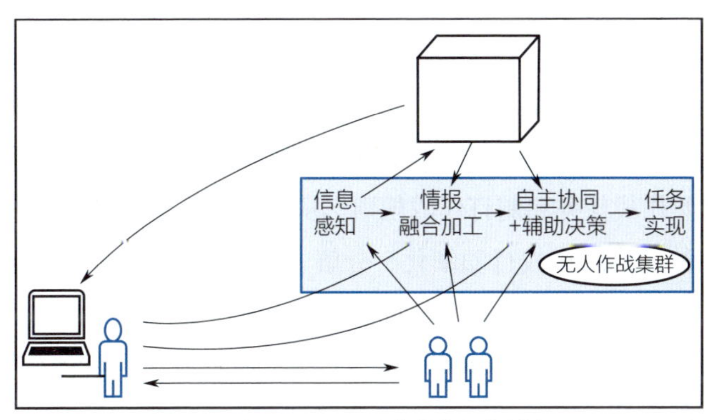

图 6–3　由人主导的无人作战指挥控制流程

制权，确保指挥意图的贯彻落实。参谋人员借助云端智能，通过在模拟真实作战环境的虚拟战场环境中平行推演，利用推演评估结果为指挥员提供实时决策建议，保障指挥员及时、正确决策，有效控制所属智能无人作战力量。

二、规则约束实现无人作战平台自主协同

“秒杀”是未来战争的主要特点之一，但战略、战役、战术级 OODA 循环速度不同，其中战术级 OODA 循环速度最快，机器反应速度快于指挥人员的优势体现得最为明显。战术级指挥权核心是对武器平台和系统的控制权，主要包括目标选择权、目标打击排序权、开火权等。未来防空反导、网络防御等战术级行动，发现敌方攻击征兆后，若由我方指挥人员实施指挥控制，将可能因反应速度过慢而导致失败。2016 年 7 月，美国“阿尔法”人工智能超视距空战系统在人机对抗中完胜资深飞行员，其战术调整速度是飞行员的 250 倍，从传感器搜集信息、分析处理到做出正确反应，整个过程不超过 1s。未来战争充满不确定性，加之很多关键时刻需要现场决策，往往谁在最前沿，谁就最熟悉最新态势，也就最能做出合适的决策，因此任务式指挥是处理智能无人作战不确定性的最佳途径。无人作战平台自主协同的指挥控制方式，是将指挥权赋予了边缘的无人作战平台，依靠一线指挥平台实施边缘指挥控制，确保无人作战平台在预置作战规则约束下的行动自由，以应对作战环境的快速变化和不确定性。人不参与作战行动，但要进行预先任务规划，赋予无人系统初始作战任务和制订作战规则。从作战实际出发提出约束条件，即对各种样式的作战行动细化、分解、归纳、简化、抽象和概念化表示，由此形成群体智能无人系统自主协同作战行动规则，其具有高度概括性、简单、明确和稳定的特点，战前预设到群体智能无人系统的管理模块中，并经过反复学习和训练。此模式下，OODA 循

环将只会在终端服务器和无人集群内部完成循环过程，如图 6–4 所示。由于无人系统自主程度有限，以及受伦理道德和战争法理等因素的限制，这种指挥模式仅适用于任务界限清晰的单一行动中。

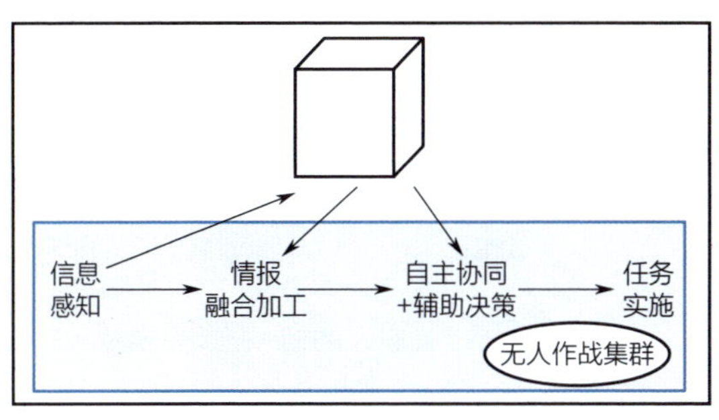

图 6–4　自主协同指挥控制流程

三、人机“共谋”实现指挥权责在中心与边缘精准释放

智能无人作战体系中，以指挥员为核心的指挥人员和以智能无人系统为主体的指挥系统按照各自分工协作推进指挥流程。指挥员在战前实施开放式筹划决策，同步向所属智能无人作战力量明确作战意图，并在作战中赋予边缘指挥主体最大的指挥权，使其能够自主选择打击目标、自主优化作战流程、自主组织作战协同。指挥员能够摆脱烦琐的事务性指挥活动，仅关注设局造势、施计用谋等影响作战进程的关键环节，在参谋人员的辅助下监督所属智能无人作战力量的作战行动，评估作战效果，适时采取合适的介入方式，干预或中断指挥流程，回收指挥职权，实现指挥职权在“人—机”间精准游动，保证指挥效能的最大化。可见，这是一种自组织与他组织相结合的指挥方式，在大环上主要是他组织起作用，经过任务规划、任务准备、任务执行和任务评估等 PREA 环节；在小环上主要是自组织起作用，边缘指挥主体按照刺激、假设、选择和响应，或按照观察、调整、决策和行动的步骤来应对各种情况，如图 6–5 所示。

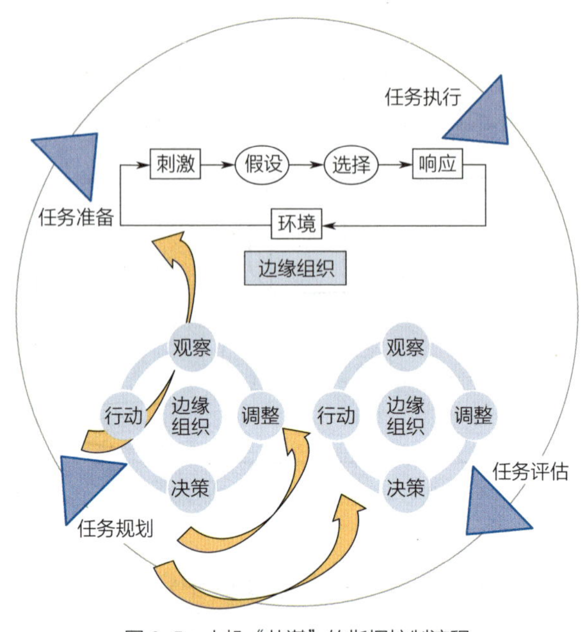

图 6-5　人机"共谋"的指挥控制流程

第三节　集群智能无人作战指挥手段

智能无人作战指挥手段是指作战指挥人员开展（集群）智能无人平台作战指挥活动时所使用的各种装备、器材及措施的统称。智能无人作战指挥手段对智能无人作战指挥效能具有重要的影响，是智能无人作战指挥人员开展指挥活动的基础，是连接指挥人员与智能无人作战平台间的纽带。伴随着尖端技术不断投入使用，特别是在智能化技术在军事领域应用不断深化的趋势下，战争的模式和形态已经发生了明显变化——作战样式更加丰富、战斗转换更加迅速、战场情况更加透明、指挥控制更加准确，这些变化在一定程度上促进了作战指挥手段的变革。人工智能、电子信息等一系列技术为作战指挥手段的变化发展奠定了物质基础，虽然目前看到的可能只是一小部分，但是能够预见到智能化战争中，技术对战争结果的影响会越来越大，直至引领作战手段的不断发展。

一、全域感知、实时共享的情报侦察体系

情报活动是指挥的起点，也是智能无人作战指挥顺利展开的前提。准确、全面了解敌方是克敌制胜的关键所在，智能化战争更加需要全维立体、精准高效的情报侦察体系，建立太空—高空—中高空—低空—超低空—地面—水面—水下的侦察架构，实现对战场的全面覆盖。同时，利用信息网络技术，搭建全天候、全方位、立体化的情报侦察体系，使不同平台和作战域的无人作战力量联合性更强、一体化水平更高。智能化战争中，“战场透明”“实时共享”是所有指挥员的追求目标，随着大数据、人工智能、云计算等技术的普及应用，我们越来越接近这一目标。智能无人作战侦察情报活动面向整个智能无人作战力量体系，将分布在各个战场的智能传感器、智能无人作战力量搜集的情报信息实时、高效地推送到指挥体系中的信息节点，作为情报挖掘、推理、判断的原始“矿藏”，实现战场信息对己方的单向透明。分布在战场上的各种指挥实体，通过全时覆盖的物联终端、移动物联网等信息系统，按需紧密互联，实现战场数据实时自动采集、传输、处理，形成作战大数据，为智能化作战指挥提供算法训练、模式挖掘和优化分析，形成数据资源池，并提供强大的计算能力和算法支持。在此基础上，人工智能将赋能于侦察感知平台以提高其认知能力，使其能够像人类一样实现思考、分析、推理与判断；面对复杂战场环境所产生的大量数据，它们能够精准、高效地进行分拣归纳、态势分析与推理判断，提炼出有价值的数据与信息供指挥员参考。

不过，这种全域全时共享的情报信息，也给敌方实施数据欺骗提供了可乘之机，围绕信息处理、数据挖掘等智能算法的对抗，将

成为获取和保持信息优势的关键环节。

二、数据集成、栅格网络的情报处理手段

智能化战争、数字化战场，这将是智能无人作战的主要特征，而情报智能处理作为获取精准、可信情报而整合信息资源的关键，在未来智能化作战中必将起到重要作用。智能无人平台能够自动感知战场环境、自主甄别与获取情报、自动共享与按需分发情报、自动分析处理情报、自动融合再生信息，覆盖战场作战指挥的主要环节，为指挥员指挥决策提供有效依据。情报处理智能系统通过私有云数据处理模型，能够精准判读、分析、比对、融合多元化、非标准化、异构化、非格式化的图像、文本、语音、视频等各类情报信息与数据，快速实时地形成容量大、覆盖全、情况准、可视化的战场态势图。同时，智能化的情报处理是以现代化情报处理手段为基础、以网络化情报侦察体系为支撑、以开源化情报信息共享为前提、以全维化信息融合再生为关键，从而能够更加有效地感知、理解和判断战场环境，提高情报信息处理、作战数据利用的价值和效率，进而缩短信息优势—数据优势—决策优势的信息流程链路，促使情报信息实时转化为战斗力。

三、人机结合、智能优化的辅助决策手段

智能无人作战指挥辅助决策坚持以人为主导、机器为辅助、优势互补、协调整合的原则，主要依托计算机技术、信息技术、仿真技术，利用模型和数据进行定量分析，为指挥员决策提供及时的信息、数据和情报资料，实现机器+人的协同决策，从而提升指挥效能，掌握整体优势。智能无人作战中，随着人工智能、机器学习、自然交互等技术的成熟，智能指挥系统能够依托人类赋能，发挥其擅长的计算推理与认知优势，通过与指挥人员的经验知识、价值判

断整合互补、科学编组、双向交互、协同作业，实现指挥效能的大幅跃升。一方面，人机结合、智能优化的辅助决策方式能够帮助指挥员从纷繁复杂的信息处理中解放出来，并通过良好的人机界面进行智能优化，把整个战场态势综合、动态地表现出来，为指挥员进行指挥决策提供有力的支持，在一定程度上，减轻了指挥员和指挥机关的压力；另一方面，智能指挥系统也大大提升了指挥效率，增强了指挥效能。人机结合、智能优化的辅助决策使得指挥员及其指挥机关从定性思维走向了定量思维，其大量使用数据和模型作为支撑，增强了作战方案和计划的可行性与精确性。在未来战场中，人工智能技术能否很好地融入辅助决策，达到人机一体，是人机智能结合的辅助决策能否发挥重要效力的关键所在。例如，美国 DARPA 提出的“深绿”计划，目的就是将人工智能技术引入作战辅助决策，利用基于人工智能的仿真技术支持美军各级指挥员对正在进行的军事行动实施指挥控制。

四、一体联动、实时交互的信息传输通道

信息传输在整个作战指挥过程中扮演着相当重要的角色，它是信息交互共享的“桥梁”，更是系统之间无缝连接的“纽带”。从文字到图片再到音视频，信息传输逐渐朝大容量、高速度的方向发展，一体联动、实时交互的信息传输模式使得信息资源在传递的各个阶段无缝衔接，上、下级之间的指挥控制更为顺畅有序，系统功能得到有机聚合。同时，信息网络的飞速发展更是为信息传输搭建了互联、互通、互操作的平台，这背后的“数字化”就是强而有力的推手，5G、物联网、云计算、大数据等高新技术在未来智能化战场上铺设了一条网状布局的“高速公路”，将指挥信息系统与武器系统有效连接，使得在智能化战争背景下，各作战单元的能量优化聚合，进一步提高了各作战平台的协同作战及快速反应能力，实现一体化

联合作战的整体联动。

在智能指挥信息系统支撑下，指挥信息主要通过三种方式传输。一是依据信息属性自主选择流转路径。智能指挥系统评估指挥信息使用价值，形成可用信息资源池，利用智能算法自适应调整指挥信息流转的节点单元，自主规划最优流转路径。二是依据作战节奏自主调整流转速度。智能无人作战指挥主体在作战中对作战节奏进行实时评估、规划，形成实时的作战节奏方案，进而实现精确规划信息流转速度。三是依据作战目的自主调整流转质量。不同类型的数据、图像、声音等指挥信息，在流转过程中会产生误码和干扰，从而造成信息丢失。根据作战目的自主调整优化指挥信息流转质量，是智能无人作战指挥信息流转的重要优势。

五、实时预判、动态自主的控制协调方式

智能无人作战中，作战力量之间纵向与横向联系更加紧密，控制协调关系向纵向与横向的自主同步控制发展，控制协调方式更加灵活多样。智能无人作战控制协调，是在智能指挥信息系统支撑下，以统一的指挥意图为依据，由指挥体系内的各个行动单元共享全域战场态势，对其作战行动进行自主控制与协同，实现以智能作战力量为核心，使作战行动在多域空间进行同步协调、关联互动。作战过程中，智能控制单元实时掌握跟踪敌情变化，在虚拟现实、平行系统技术的支撑下，借助智能信息指挥系统，实现指挥主体与作战行动实体之间的虚实互动、互联互通、实时控制。指挥员可以将决策筹划在模拟真实作战环境的虚拟战场环境中平行推演，并对作战计划执行环境条件进行实时评估，预判可能的作战效果，确定是否继续执行指令，或修正预定决心方案，实现高效前馈控制；对于行动单元的行动效果进行实时检验评估，将评估结论及时反馈给信息中心，实时更新战场态势，为高效调控作战行动提供重要依据。

第七章
集群智能无人作战的组织协同

为使战争协调地进行，每种武器也必须和其他武器互相配合。只有这样，合成军队才能取得战争胜利。

——小乔治·史密斯·巴顿

第一节　集群智能无人作战的协同特点

一、作战态势自主感知

传统作战侦察以人工为主，侦察手段有限，战场态势信息主要通过侦察兵携带侦察器材通过化装侦察、渗透侦察、捕俘等手段获取。情报信息的完整性、精确性、时效性往往难以满足作战需要，导致指挥员难以及时把握战场整体态势，影响指挥决策。未来信息化战场，大量智能无人侦察装备被投入战场，部队作战力量结构革新，侦察力量更趋多元，侦察手段更加多样，分布在广域战场上的各种有人、无人侦察单元通过网络的“黏合”作用连接成一个互联、互通的一体化情报侦察体系，能够实时自主感知战场态势。战斗中，通过无人侦察机、地面无人侦察车、地面战场传感侦察系统、侦察与打击一体的智能弹药等无人侦察装备和有人侦察力量的高效协同，综合利用雷达、可见光、红外、多光谱/超光谱、电子侦察等手段，实现多手段、多渠道、全维、全时获取战场态势信息。之后，情报人员借助大数据、云计算、人工智能和建模仿真技术，对多源情报信息进行智能识别、对比印证、人工判读和情报融合，从而快速形成包含敌我双方作战部署、武器装备性能、战场环境等信息的精准态势图。与传统作战相比，无人侦察力量、智能技术手段大大拓展了部队的战场感知能力，极大地提高了战场态势认知的完整度、精准度、适时度和自主度，使作战态势感知实现人机结合、定性与定量结合、自主与调控结合。

二、作战体系力量重构

传统作战中，无人武器装备较少，人是战场作战力量的主体，地面突击主要依靠步兵发扬勇敢顽强、不怕流血牺牲的精神冲锋陷阵，侦察信息主要由侦察兵采取武装侦察的方式获取，扫残破障主要通过工兵人工作业完成，后勤装备物资补充的“最后一千米”需要“人挑肩扛”前运后送，有血有肉的士兵始终冲在战斗最前线、战斗在危险的环境中。未来人机协同作战中，大量智能无人武器装备的运用将重塑作战力量体系，根据需要有人与无人作战力量可以采取灵活多样的编组方式，组合成不同类型和规模的作战群体。智能无人装备将成为战场的重要角色，自主、灵活、弹性的“人机编组”“机机编组”将成为作战力量的主体，传统意义上“人对人”的战争将变成“机器对人”或“机器对决”的战争。战斗中，智能无人作战平台通过泛在网络，随遇接入、自主适应、弹性编组，组成人机混合或者无人作战集群。地面无人突击群、空中无人侦察队、无人破障队、无人运输队等将成为重要编组类型，有人与智能侦察平台协同侦察、有人与无人战斗车协同攻击、有人与智能机器人协同破障、有人与无人运输车协同保障将成为未来人机协同战场的新常态。

三、作战决策脑机融合

传统作战决策中，主要依靠指挥员个人经验、判断、直觉和参谋人员辅助，属于“主观主导”“经验决策”模式，决策的科学性、准确性、时效性存在较大的局限性。人机协同作战中，随着大数据分析、人工智能、虚拟现实、云计算服务等技术在军事上的发展运用，“云端大脑”“数字参谋”“虚拟推演”等辅助决策手段将广泛运用于作战决策中，“脑机融合决策”将成为基本模式。“脑机融合决策”中，指挥员借助智能技术的快速信息处理能力、精确计算能力、永久记忆能力、逻辑推理能力和无衰减无疲劳工作能力，使分析判断更加精准快速，实现知己知彼、先敌知变；借助“云端大脑”等辅助决策手段，共享战场信息、同步研判态势、精确推演战斗方案，使指挥员定下战斗决心更加科学高效，实现胜敌一筹，先敌决策；借助“数字参谋”等辅助系统，依据指挥员的决心自主生成作战总体计划和分支计划，甚至根据战场环境和敌情变化自主调整优化作战计划，使任务规划更加精细，实现快敌一步、先敌行动，进而夺取 OODA 循环主动权，赢得制胜先机。

四、作战方式灵活多样

传统作战方式与战法的形成，主要由指挥员或指挥机构进行统一设计与筹划，数量、方式有限。人机协同作战中，人工智能技术能够提出极为丰富的作战方案，加之无人作战平台能够在不同功能角色之间快速切换，作战行动更为大胆激进，战术战法更为出乎意料。利用自主集群“低成本”“大规模”“高分散”“自适应”等特点，可以实施分散作战、饱和攻击、协同防御，使敌人“防不住”“攻不下”；利用智能无人装备“能休眠”“长待机”“可激活”等特性，提前预置在敌方开进地域、重要节点、重要目标处，先期设伏、择机激活、突然攻击，令敌方难以防范；利用智能无人装备的“自主交互”“智能协同”的特点，可以综合运用微型传感器、微卫星、无人机集群、地面机器人集群、自主火力支援系统、智能巡飞弹药群等多类型的集群复合搭配，协同作战，充分发挥整体作战效能，完成陆、空、天、电、网等多域任务；利用智能无人装备的打击力、机动性、隐蔽性强的特点，实施大范围、长距离跨域机动作战，让敌方无处藏身。

五、作战协同自主联动

传统作战中，战场上各战斗力量之间以计划协同为主、临机协同为辅，协同的精确性和稳定性较差，协同遭破坏后恢复速度较慢，影响整体作战效能发挥。未来人机协同作战中，嵌入人工智能技术的智能无人装备依托网络信息系统可在瞬息万变的战场环境中自主识别目标、判断战场态势，自主展开攻击行动。此外，通过统一的标准协议和“云端大脑”，智能无人装备与有人作战力量融为一体，基于认知域同步交流，围绕同一作战目标，根据战场态势的变化及作战需要，自主同步调整各自的作战行动，达成行动上的协调一致和功能上的耦合放大，最终实现有人作战力量和无人作战平台之间的“同频共振”。因此，在未来人机协同作战中，人机根据战场情况自主临机协同将成为主要的协同方式。

六、作战保障精确高效

传统作战保障属于遵循作战经验的“冗余”式保障，战前筹措储备大量的物资装备，按照装备保障计划或者临时请求，由保障人员向战斗一线输送保障物资，保障的精准性、时效性、灵活性较差。未来人机协同战场上，以信息网络、人工智能技术为基础，能够实时获取保障需求，实时调整保障计划，科学灵活按需调控行动方案，利用强大的战场网络促使保障组织从链式向网状转变，从保障力量集中向保障效能集中，保障力量的使用从计划性向灵活性、适应性转变，实现高效、精确、灵活保障。在保障投送方面，综合运用机器人、智能车、无人机，可在危险环境下不间断进行适时、适量、适当的精确保障，尤其是对一线战斗分队进行弹药、食品、装备器材、救护器材等物资的末端补给，既可有效解决保障链“最后一千米”的难题，又可以极大地减少保障人员伤亡。

第二节　集群智能无人作战的协同内容

一、协同功能

协同内容在功能结构上突出开放、异构和分布式发展。开放是指无人集群可以实现不同类型系统功能的有效整合和新技术的增量集成，开发开放式系统架构，为可互换的组件和平台提供统一的标准和工具，使得各类平台均可快速升级或更换载荷。异构是指无人集群不是由同一功能的无人平台组成，而是由搭载不同功能模块的多种无人平台组成，意味着平台和功能的多样化。分布是指集群的整体功能被拆散为若干同质或异质的子功能，分布在不同的个体无人平台当中，通过信息互联、沟通协作，实现“1+1>2”的总体效果。开放、异构和分布之间联系密切，因为只有开放才能实现异构，而异构则意味着分布。但是，分布并不一定意味着异构，只要是集群就存在着分布，只不过同构集群分布的是同质功能，异构集群分布的是异质功能。例如，美国 DARPA 的“拒止环境中协同作战”（CODE）、“体系综合技术和试验”（SoSITE）和“进攻性蜂群使能战术”（OFFSET）等项目均体现了开放、异构和分布式的理念。

二、协同自组织

协同内容自组织上由局部视角向全局视角发展。自组织就是系统内部各要素能够按照相互默契的某种规则，各尽其责而又相互协调，自动形成某种有序结构的过程。反过来，如果一个系统靠外部指令才能形成组织结构，就是他组织。自组织是集群智能的一个重要特点，智能个体在决定其行为时除了要考虑自身状态，还要考虑其他个体的行为。对于生物集群来说，受限于信息获取能力，这种“考虑”是一种局部观察，只能感知到邻近个体的状态；而对于无人集群这种人工集群来说，由于信息技术的支撑，集群之间可以共享信息，所以“考虑”就可以是一种范围更广的全局观察，从而使无人平台个体在共同目标下的行为选择更加科学、合理。未来，要使智能无人集群在战场上具有更广泛适应性的集群智能，在行为的自组织上必然要从局部视角转向全局视角。

集群中个体之间及个体与外部其他个体之间存在协同观察、协同判断、协同决策和协同行动的交互关系。将智能无人集群视为一个整体，则相当于一个具有全局视角的虚拟全局智能体，也就是说全局智能体在观察、判断、决策和行动过程中，要以全局为中心，从集群整体的角度进行综合权衡，最终体现在个体行为产生的效果不一定最优，但集群整体行为产生的效果却为最佳，这才算具有了集群智能。需要注意的是。这里的虚拟全局智能体并不等同于自上而下的全局控制，两者是有区别的。虚拟全局智能体的作用是辅助集群内的个体获取、处理全局信息，在集群内进行协调，并非要取代个体做出决策，具体的行为决策还是由个体自行做出的，只不过这种决策在虚拟全局智能体的辅助下更具宏观视角。

三、协同实施

协同内容在实施过程中实现了非对称的跨越发展。以无人机集群为例，未来将在探测环境、协同攻击及干扰压制方面发挥重要作用。

在探测战场环境方面，无人机集群中的多架无人机可以通过互补搭配，协同执行各种侦察、监视任务。无人机集群编队采用的一般都是微小型无人机，具有很强的隐身性，能够相对容易地突破敌方防空雷达的侦测。利用这一特性，可以派遣无人机接近敌方敏感地区侦测信息。这种无人机成本较低，即使被发现，损失也不大，也不会造成人员伤亡。如果机群数量足够多，甚至可以实现超视距的通信，进而为作战提供可靠的敌情保障。

在协同攻击方面，无人机集群攻击可避免飞行员伤亡，并且成本可承受，这是完全不同于以往的一种新的作战方式。对于以前的飞行器，可能会被单个导弹摧毁，造成较大的损失。但是无人集群可以承受多次打击，迫使敌方陷入了用更大的代价摧毁成本更低的无人机的困境。即使部分无人机被摧毁，也不影响集群系统的整体作战能力，集群系统依然可以重新配置继续执行作战任务。

在干扰压制方面，无人机集群在攻防两端性价比更高。规模为1000 架的无人机集群系统，其成本将低于 1 颗侦察卫星或 1 架有人机，但其综合效能可能超越 1 颗侦察卫星或 1 架有人机。集群中的无人机通常是典型的“低、小、慢”目标，易于躲避敌方雷达防空系统，但对无人机实施打击却通常需要动用精确打击武器，如果来袭无人机的数量足够多，将使敌方防空系统的抗击能力在短时间内处于无法应付的饱和状态。以美军“提康德罗加”级巡洋舰为例，该巡洋舰装备了“宙斯盾”系统，最多可同时监视空中 240 个目标。如果无人机集群超过 240 个，为摧毁这部分无人机，就要采取应对饱和式攻击的“高密度防御”手段，将导致巡洋舰在抗击时间内，防御能力降低。

随着战场环境错综复杂和无人集群装备自主能力的不断提高，无人集群作战必将成为未来战场的重要作战样式。在未来的战争中，无人装备可以采用集群作战方式对敌方的关键区域或敏感目标等进行持续搜索、侦察、识别和打击。凭借无人集群装备的高性价比、高作战性能及良好的隐蔽性等特点，无人集群作战将会成为未来战场的一种颠覆性作战方式。

第三节　集群智能无人作战的协同方式

协同方式，指无人机集群是否需要与有人机进行编组协同。

一、有人 / 无人协同

2014 年，美国提出第三次抵消战略，将先进有人 / 无人作战编组作为五大关键技术之一，此后启动的“忠诚僚机”项目和OFFSET项目是对这一战略的积极响应，都是以不同形式探索无人集群与人类混合编组的实际行动。例如，“忠诚僚机”项目（见图 7–1），就是期望利用 2~3 架自主无人机充当僚机，协助有人长机完成作战任务，必要时甚至可以牺牲自己。OFFSET 项目，实际上是探索城市作战中小规模部队与自主集群编组作战的战术问题。美国认为未来战争需要人与机器的紧密结合，人机协同是扩大美国军事实力领先优势的关键技术。《美国空军 2009—2047 年无人机系统飞行计划》指出：无人机将会以集群形式发动持续的打击，可与有人作战飞机编组执行空战拦截、对地打击等任务。将无人机以集群的形式与有人机编组，更加强调两者之间的密切配合、综合集成、体系支撑和优势互补，从而提高编队的整体作战效能。人—机编组对无人机集群的自主能力提出很高要求，以减少人类对无人机的干预，使人类

装备性能参数

长	8.8m
翼展	6.7m
携弹量	8 枚
最大航速	1050km/h
最大航程	3941km
最大升限	13.715km

图 7–1　“忠诚僚机”项目

的注意力更加集中，从而提高编组的整体反应速度，这些体现了美国对集群作战样式的创新，是未来无人机集群发展的重点方向之一。

二、无人协同

群体智能理论（Swarm Intelligence，SI）与相应的技术一直被认为是无人作战的突破口，作为一种“改变游戏规则”的颠覆性技术，已在学术界和国防领域受到广泛关注。群体智能源于对以蚂蚁、蜜蜂等群居生物群体行为的研究，群体没有中心控制节点，具有自组织性，采用分布式控制，利用集体学习机制，使单体低级智能聚合成高智能的群体智能。因此，仿生学原理越来越多地应用于群体智能的研究。多机器人系统利用仿生学原理构建群体仿生系统，提高系统整体工作效率，减少局部故障对整体的影响。为满足国防战略的发展需要，美国军方最早开始研究无人集群作战。自 2014 年起，美国国防部战略能力办公室、美国海军、DARPA 先后启动“无人集群”等无人集群作战项目。除了低成本的微小型无人集群，DARPA 还发展了无人集群体系架构、作战管理、集群战术、自主协同和小型多功能传感器等多项关键技术，与其他国家相继开启无人集群竞赛。但无人集群作战目前仍有待解决的一些技术难题，例如，面向复杂作战任务的调度与管理技术、小型无人平台技术、小型无人单元间的通信链技术及分布式协同控制技术。解决这些技术问题后，无人集群将成为战场上的大杀器。

三、混合协同

随着人工智能技术的兴起，越来越多的国家尝试用人工智能技术解决无人系统领域的问题，使其具有智能性以期实现自主协同能力。目前美军武器装备逐步由大型集成装备转变为低成本小型无人装备，在阿富汗和伊拉克战争中美军运用了无人驾驶飞行器，是武器无人化的一个开端。美军Alpha项目公布了2025年装备研发计划，军队内将配备一定比例的无人装备，包括纳米机器人、微型机器人、大型机器人及其他无人装备和自动化系统。这些无人装备在任务中具有自治可调的自主权或受监督的自主权或完全的自主权。2018年，美军提出分布式集群作战样式，无人系统由“单平台遥控作战”向“智能集群作战”发展。DARPA在2003年就曾尝试组建一个由120个军事机器人组成的部队，装上集群智能软件，模仿昆虫的组织和行为，机器人形成集群结构使整个系统具有较高的智能。2020年9月，阿塞拜疆运用6架无人机集群，在24 h内摧毁亚美尼亚一个坦克步兵团。无人集群作战已经到来，训练有素的无人集群具有极大杀伤力。美国陆军正在加大力度研究集群系统，借鉴蜜蜂采蜜的仿生学原理来模拟集群无人系统的自主决策，使集群系统具备快速、准确执行侦察和战斗任务的能力，此技术目前在国际上处于探索阶段。美军海军研究实验室提出自主式智能网络系统计划，构建自组织无人集群系统。该系统是由大量自主控制的无人系统组成的部队，实现水中、地上、空中作战，形成跨域协作的、牢不可破的互联网作战体系。不久前，美国SpaceX公司宣布已经成功发射并部署了第十批“星链”卫星，“星链”的万颗低轨卫星可能成为美军无人机集群作战的“天基大脑”，可以摆脱陆基通信系统的限制，通过“天基云计算”平台进行飞行控制、态势感知、信息共享、目标分配和智能决策。“星链计划”将成为美国军方的超级撒手锏。

随着集群控制算法与通信技术耦合等集群核心技术的发展，军用智能无人集群装备将呈现出广阔的应用前景。利用配备多种传感设备的集群装备，可以多维度、多方向、多批次、长时间进行协同侦察，通过相互印证电子侦察、光学侦察、红外侦察及雷达侦察等多种侦察手段的结果，可有效扩大侦察范围、拓展侦察要素、提高侦察精度、动态跟踪目标，明显提升侦察效果。集群装备体积小、隐蔽性强的特点，使其便于进行火力突击，尤其是针对重点目标的精确打击；多路集群装备同时发起集火射击，巨大的数量优势和速度优势既能提高杀伤概率，又可以增加攻击的突然性；尽管集群装备体积较小、弹药携带量有限，但其速度优势可大大缩短攻击周期，总体攻击效果相当可观；集群装备类型多、样式多、速度快、无人承载，作战中既可以发挥技术优势，也可灵活运用发挥谋略优势，相较于传统兵力和火力突击效果更加明显。集群装备的对抗空间将是陆、海、空、天、电、网等全维度，对抗的活动将覆盖侦察、控制、打击、通信、导航、电磁和网络攻防等全方面，对抗的方式和手段也将呈现出机器辅助对抗、人机协同对抗、机器自主对抗等多种样式并存，全域集群对抗将成为战场上一种新的对抗形态。

第八章 集群智能无人作战的实现路径

无法从零开始建立人工智能，我们需要借鉴人类的知识和经验。

——吴恩达

第一节　集群智能无人作战的技术突破

集群智能无人作战时代即将到来，各国创新研究方兴未艾，实现集群智能无人作战的关键技术突破，是进一步完善相关武器平台的基础，是目前国防建设的当务之急，也是我们打赢未来战争的必然要求。

一、关键技术的发展趋势

集群智能作战对单个平台的技术标准与能力素质并没有太高的要求，更加注重的是多个简易且造价不高的无人平台相互协作配合所能带来的效益。因此，对于集群智能无人作战的技术突破将会更加注重于无人集群的智能性、作战时的自主性、集群间的协同性和互操作性及赛博空间对抗的安全稳定性。

（一）自主控制与协同

自主控制的关键问题是编组控制，编组控制是集群完成任务的基础。为适应战场环境、集群功能、作战任务等要求，自主控制要解决编组重构和编组保持两个问题，包括编组生成、拆分重构、收缩扩张、旋转控制等问题。目前的开发重点在于以集群控制技术为代表的无人系统编组技术，美国已经启动多个编组技术研发项目，旨在加强各系统之间的协同作战能力。自主控制关键技术主要包括控制系统架构、控制算法、人机接口技术等。图 8–1 所示为编组控制与协同示意图。

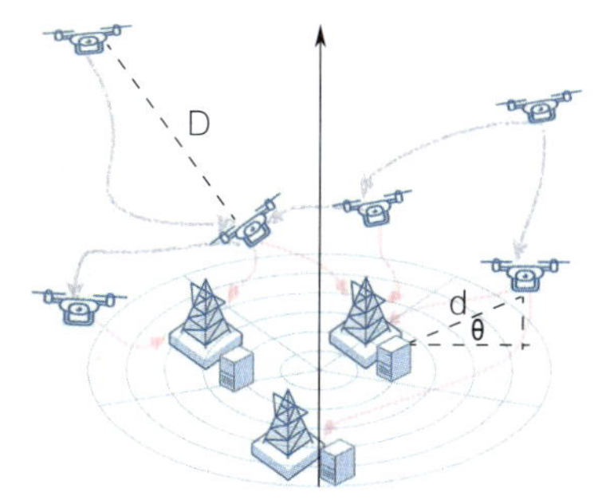

图 8–1　编组控制与协同示意图

协同技术的重点是解决协同时的任务分配。无人集群系统可以在复杂战场环境中完成情报搜集、监视侦察及多目标攻击等任务，合理高效地规划协同任务，充分发挥单机的作战功效，体现集群智能化作战优势。集群按照在保证较大益损比的情况下实现任务均衡分配的原则进行，避免资源利用发生冲突，以集群编组整体优化实现完成任务最大效率，体现集群协同作战优势。

（二）多维感知与通信组网

多维感知是集群智能性体现的重要方面，是集群主动提高安全和生存能力的必备条件。在复杂作战环境中，集群系统需要全面感知所处环境，在此基础上进行信息共享和任务决策。在未来的集群智能无人作战模式下，装备趋向于向小型化、大规模、无中心、分布式、在线协同规划方向发展，不适于装载较重且需大功率发射的无线电设备，因此，无源探测与定位、外辐射源探测与定位、被动成像等技术的研究将是多维感知技术突破的重要方向。图 8–2 所示为集群多维感知与通信组网示意图。

有效的通信保障是集群遂行作战任务的重要保证。集群通信既要实现集群内部信息交互，又要实现与外部指挥平台的信息传递；既要满足信息交互的实时性，又要确保信息传递的准确性；既要维护集群内部通信的稳固性，又要实现兼容损耗增补的动态性。目前，具备高灵活性和高抗毁性的 AdHoc 网络是无线自组网技术的发展重点，主要涉及路由、安全等关键技术，其中路由技术的关键在于找到网络节点间路由的动态路由协议，这些协议需具备感知网络拓扑结构变化、维护网络拓扑连接、高度自适应能力等功能；无线自组网的安全策略需具备基于口令认证协议、“复活鸭子”安全模式、异步分布式密钥管理等特点。未来，无线自组网技术将向更具互操作性、即插即用、更稳定的动态网状网格技术方向发展。

图 8–2 集群多维感知与通信组网示意图

（三）智能识别与决策

作战情况的复杂多变使集群对抗具有极大的不确定性，智能的精确探测与识别成为集群作战成功的必备条件。细化地说，智能识别（如图 8–3 所示）由以下两个技术构成。一是敌我目标识别技术，

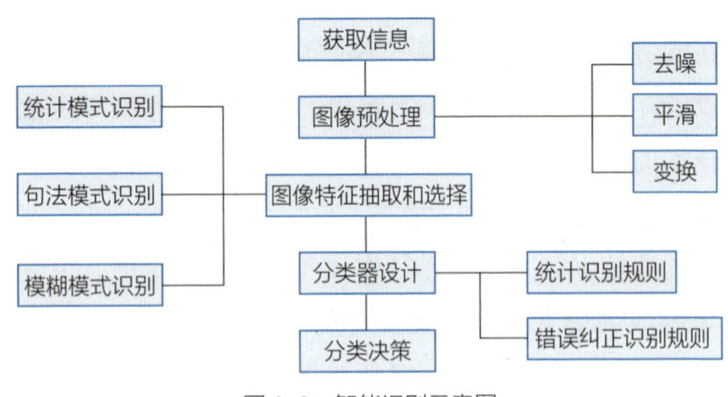

图 8–3 智能识别示意图

敌我识别系统主要分为非协作式敌我识别系统和协作式敌我识别系统。对于非协作式敌我识别系统而言，信息融合和模式识别是非协作式识别系统的核心技术；对于协作式敌我识别系统而言，其核心技术是数据加密技术和通信收发硬件技术。二是目标意图识别技术，利用多传感器系统提供的战场目标信息，判断出目标可能的意图。目标意图识别方法主要包括贝叶斯推理、贝叶斯网络、神经网络及专家系统等。

智能决策技术指通过图像对比技术将搜集到的信息进行智能化处理，分析出战场环境和作战对象的具体情况，进而做出作战决策，实施作战行动。智能无人装备依据战场环境、敌方态势和自身编组状态、武器配备等具体情况，利用实时采集到的各类传感器信号，在合适的时机采用恰当的策略，实现作战效能最大化。

（四）态势评估与人机融合

态势分析与评估是对抗决策的重要依据。集群态势评估主要基于人工势场算法的态势评估，其基本思路是在一定作战区域内建立引力场与斥力场同时作用的虚拟势场，通过搜索其势函数的梯度方向寻找无碰撞路径。这就需要集群中每个单体利用其对周围环境的感知信息和接收到的邻近友机传来的信息，根据所获得的综合数据信息进行数据挖掘，分析并理解作战对象的作战意图和战术战法。采用机器学习等技术对相关信息进行知识挖掘和分类，进而实现对敌方战术意图的推断，是集群实现战场态势分析与评估的重要途径。

另外，通过人机功能动态分配、人机综合显控、自主学习技术、协同态势综合显示等关键技术进一步提高人机融合能力。随着单机系统自主控制能力和智能化水平的提高，通过人机系统智能融合和集群自适应学习技术，实现智能集群和有人系统的高效协同作战，将极大提高无人集群的作战能力。图 8-4 所示为美通用原子公司

“复仇者”无人机集群与 F-22 协同对地攻击。

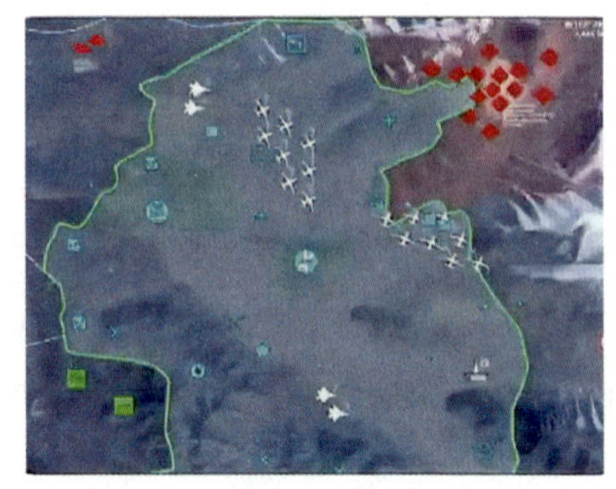

图 8-4 美通用原子公司“复仇者”无人机集群与 F-22 协同对地攻击

二、存在的问题

在遂行任务中，无人集群系统本身所具有的“自愈”能力和强鲁棒性能有效解决现有单机系统的不足，但无人集群技术的研究还存在以下局限性。

一是无人集群技术的研究多处于理论和试验阶段，现行的无人系统编组大部分是基于地面站对集群中每个单机或对其分组进行的控制，还未真正实现无人集群的自主控制。基于深度强化学习技术的无人集群自主决策、自主任务协同、编组队形与变换、机间信息交互共享等方面的研究还不够深入。

二是在研究生物智能群体模型时，往往只考虑群体当前状态进行决策研究，在建模时进行模型简化，但是生物集群是有记忆功能的，忽略了历史状态的生物集群模型，映射到无人集群模型进行分析与仿真研究、群体智能决策研究时会造成无人集群系统模型的部分结果失真。

三是无人集群中多智能体间的信息通信与交互呈现出立体空间、通信主体多变等特性，目前对集群间通信问题研究还不够深入。现阶段的通信技术存在数据传输延迟、丢包，且不能及时进行变主体、多方位通信，不能适应无人集群态势感知技术，难以满足无人集群通信要求。

三、具体措施

实现关键技术的突破需要军队与社会的大量资源。紧跟国家战略规划，有效整合军队与地方的相关科研力量，对标国际技术发展趋势，着眼任务驱动、功能驱动、创新驱动，突破关键技术，是全面发展集群智能无人作战的基础。

（一）紧跟国家发展规划路线，加速推进技术发展

我国国务院在 2017 年 7 月发布的《新一代人工智能发展规划》中明确指出，人工智能发展战略目标分三步走：在 2020 年人工智能总体技术和应用与世界先进水平同步；在 2025 年人工智能基础理论实现重大突破；在 2030 年人工智能理论、技术与应用总体达到世界领先水平。由此可见，人工智能正迎来新一轮创新发展机遇，将人工智能与国防事业紧密融合，紧跟国家战略路线的步伐，研发无人集群自主智能系统，实现集群智能跨越式的发展。

（二）借鉴军事强国研发模式，举办无人集群大赛

从宏观层面加强无人集群发展战略规划，并将其纳入装备体系中进行整体规划。国外一直注重通过大型比赛培育和挖掘地方科研力量，例如，美国 DARPA 在 2017 年举办过一次军队院校无人集群挑战大赛，召集美国海陆空军院校的若干队伍开展以教育科研为背景的无人集群比赛，旨在为未来无人集群攻防作战铺平道路。为探索未来集群智能无人作战概念，举办推出各类挑战赛事，能够有效促进无人集群技术的攻关和突破。大赛的形式和内容可以涵盖多方位多领域，不仅是技术和操作上的比拼，也可以是概念理论上的学术创新，确保集群智能无人作战的全方位发展。军队可与参赛优胜的地方科研力量进行及时的交流沟通，建立合作关系，有效整合国内智能无人技术专业力量。

（三）积极借鉴民用先进技术，扩大军地人才交流

过去社会科学的进步与发展都是基于国防战略需求，通过军事领域科学技术的突破推动地方相关技术的发展。如今，地方民营科研

团队百花争艳，军队仅仅依靠自身科研人员已经无法满足需求。借鉴地方先进科研单位与企业的先进技术，如科大讯飞、大疆创新、百度深度学习研究院、华为诺亚方舟实验室等，学习其在人工智能等颠覆性技术的研发手段，积极开展学术交流研讨，广泛开展军地合作，扩大人才的交流渠道与规模，将地方上的智能无人技术专业人才请进部队共同攻关重点技术，集约高效地实现无人集群智能化发展。

第二节　集群智能无人作战的装备研发

作为无人作战的物质载体，智能无人作战装备已经受到世界各个军事强国的青睐，尤其是美国，持续加大研究力度，大幅度投入研究经费，其智能无人装备数量也是持续增长。因此，结合国际趋势与我军特色，开展智能无人作战装备研发是我军跻身世界一流军队的必经之路。

一、装备的发展趋势

随着计算机、自动化、人工智能、大数据、云计算等技术的飞速发展，智能无人作战装备的许多技术难题也得到解决，逐渐投入到现代化战场上，例如，近期叙利亚战争、阿富汗战争、纳卡冲突等战例，可以看出美军无人作战装备在实际战场的运用。从这些战例中我们可以看出未来无人装备的发展趋势，大致可以总结为以下四个方面。

一是由单一用途向多用途发展。近些年来，以无人机为代表的智能无人作战装备不断涌现和发展，逐渐参与到战争中的各个领域，并且正在从功能模块单一的设计侦察型、静态攻击型向多功能模块化、集群化及动态攻击型发展，通过更换不同的载荷获得不同的功能，在控制装备成本的同时，达到满足多样化功能配置的要求，从而高效完成未来战争的挑战。

二是由传统空间向多维多域发展。随着智能化技术的不断发展和应用，未来战场将出现大量的智能无人作战装备，这些装备不仅仅限于传统的海、陆、空、天等有形空间，还将向着网络、电磁、认知等虚拟领域发展。这预示着未来战场的作战样式会变得更加多样，作战领域将会变得越来越模糊。图 8–5 所示为美军多域作战示意图。

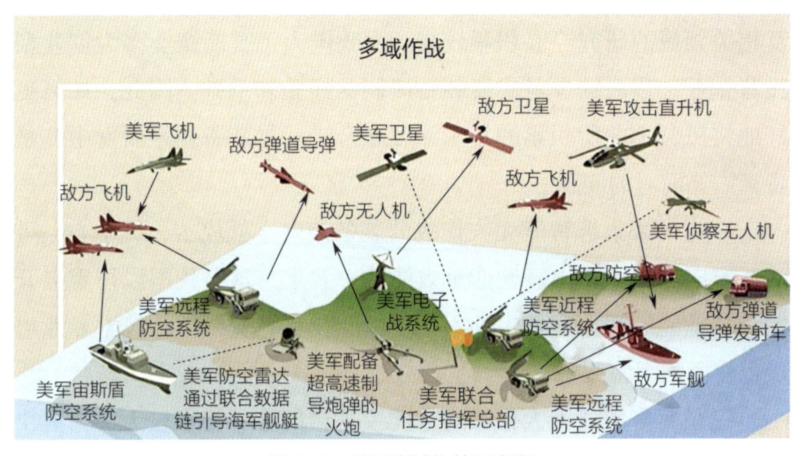

图 8–5　美军多域作战示意图

三是由个体化向集群化发展。"三个臭皮匠，赛过诸葛亮"。现代社会个人能力所产生的价值已经远远比不上集体智慧所能产生的效益，智能无人装备亦是如此。未来集群作战，会根据战场作战任务的需要，将海、陆、空、天等不同战争空间中的智能无人作战装备进行网络互联、互通，不同类型的无人作战平台进行协同搭配，功能互补，从而提高整体的作战能力。

四是由人工遥控向智能自主发展。现在的智能作战装备，很大程度上还是需要作战人员的决策和控制，无法在战场上独立快速作出判断，并不具备自我学习能力。然而随着以 AlphaGo 和 AlphaStar 为代表的人工智能横空出世，意味着实现高度智能化的无人作战装备成为可能。

二、存在的问题

虽然我军在智能无人装备建设的技术发展层面与其他各军事强国的技术水平相差不大，但结合我军的特点与武器发展历史规律，在未来的研发过程中，可能会面临以下问题。

一是我国的国防工业多为武器制造企业集团，对人工智能技术及相关领域的研究经验积累较少。而我国人工智能企业多为创业型民营企业，普遍缺少对武器装备研制的经验和基础。因此，如何更好地将民营企业所积累的技术深度融合进武器装备体系研发中，是将来需要面对的问题。

二是未来集群智能无人作战的装备趋向于低成本、无中心、可消耗方向发展，突出轻性能重效能这一要求，这与我国以往重点开发武器性能的观念有较大的不同，因此技术专业领域与技术专业组成也将面临大幅调整。

三是集群智能无人作战对于无人平台的数量要求较大，为更快适应未来战场的作战方式，抢占世界集群智能作战能力主导地位，如何扩大无人平台研发的规模及完成集群智能无人系统的落地配装，也将成为未来装备发展的难题。

三、具体措施

明确未来战争需求，确定装备研发导向，实现智能无人装备迅速落地配装，快速建成集群智能无人作战装备体系，是实现集群智能无人作战的重要环节。

（一）将人工智能技术融入现有无人平台中

通过整合现有或现役无人平台装备，对其进行智能化改造，将具有自主控制和深度学习的人工智能技术注入无人平台当中，使其具备类人类“思考”和自主交互的能力。通过开发神经技术、拓展脑机接口应用，在无人平台上建立人工智能系统和作战人员之间的心灵感应连接，使作战人员能够与系统进行思想交互。这样既可以提高现有装备的智能化水平，又可以提高集群智能无人作战体系的建设效率，确保军队智能化作战能力稳步前进。美国陆军在《陆军机器人和自主系统战略》中描述了陆军如何将新技术整合到未来的组织中，以战胜能力日益增强的敌人，其核心强调在5个方面保持领先：一是态势感知能力；二是减轻士兵的生理和认知负荷；三是通过增强分配、吞吐量和效率来支持部队；四是提高行动与机动能力；五是增强防护力量。

随着大数据、云计算、人工智能等技术的快速发展及其在军事领域的广泛应用，武器装备将向智能化、无人化、隐身化和网络化方向发展，通过提高人工智能芯片在武器装备系统中的应用，不断提高无人平台的自动化、自主化水平，逐步实现指挥手段、检测手段、抢修手段和管理手段的智能化。

（二）推进智能无人平台的互融、互联、互通

战场信息传输系统一体化建设对未来作战非常重要，可以通过构建全天候、立体化的战场信息传输体系，提高对无人平台的整体控制能力，增强一体化联合作战效能；通过对各类数据多级别、多方面、多层次的智能处理，实现对战场数据信息的高度共享和高效利用；把指挥控制视频系统、战略预警系统、战场传感系统、战备执勤监控系统、武器装备物资管理可视化系统等资源整合起来，构建集中统一的战场传感网络体系，实现智能无人平台互联、互通的目标。

未来智能无人平台建设将以网络为中心，进一步推进互联、互通、互操作，并要在近期完成跨军种、跨部门信息系统的综合集成；推进包括人力资源管理、武器系统全寿命管理、物资补给与服务管理、固定资产与设施全寿命管理等核心领域业务转型；加强信息共

享、企业服务、信息安全等方面的能力建设；整合信息基础设施，依托信息栅格、无线射频识别、嵌入式装备故障诊断和预报装置、人体传感器，解决信息获取、传输与处理问题。

（三）加快建设智能无人指挥控制系统

在未来智能无人军事战争中，高节奏、多变量的战场态势已经远超“人脑”的处理能力。而人工智能技术无疑将成为未来战场作战指挥的重要手段，也是未来智能指挥中最关键的技术手段。智能战争决策指挥具有自主的数据挖掘、态势感知、智能决策和指挥控制能力，这将在一定程度上颠覆人们对指挥决策的传统认知，形成从信息系统辅助人向智能系统代替人的深度融合与转变。美军近年来大力推动人工智能技术在作战指挥中的实战化运用，根据人工智能技术的特点和优势，率先提出以机器学习、深度学习技术应用为核心的算法战，试图将战场大数据汇集到云平台，再利用云平台进行数据分析，最终建立人工智能作战体系。

（四）加强智能无人平台安全防护手段建设

拥有高度智能的作战指挥系统和武器平台一旦被对手通过恶意代码、病毒植入、指令篡改等手段攻击，将带来倒戈反击、战术失利甚至灾难性后果。识别错误、机器故障、通信降级、环境扰动等因素，也可能使系统因干扰而失控，因此，对智能无人平台的安全防护要求将变得更为迫切。美军智能无人平台的安全主动防御体系，借助商用技术和能力，将威胁预警、入侵防御和安全响应能力相结合，创建跨领域的感知系统，为智能无人平台提供安全保障。

加强平台安全防护的重点在于通过云计算、大数据分析等技术研发针对网络入侵的智能诊断信息系统，能够自动诊断网络入侵来源、己方网络受损程度和数据恢复能力。图 8-6 所示为一些主要用于集群研究的机器人。

图 8-6　一些主要用于集群研究的机器人

a）jasmine　b）alice　c）kilobots　d）e-pucks　e）swarm-bots　f）swarmanoid

第三节　集群智能无人作战的仿真建模

由于集群作战概念仍处于探索期，通过仿真建模对集群智能无人作战进行预先研究，能有效地为未来作战样式的发展和运用提供理论支撑，具有非常重要的现实意义。

一、仿真建模的发展趋势

智能化战争新形态逐渐浮出水面，相关技术和系统装备正在不断优化与突破，但是针对作战样式及作战运用的研究，对武器装备稳定性、可行性的验证是人们容易忽视的关键环节，而运用仿真建模进行相关模拟检验，是具有天然优势的有效手段。

通过对无人集群装备以及作战行动的仿真建模，可在虚拟环境中测试装备的战技术性能，并通过验证。改进集群协同行动的相关算法，以"虚拟实践"的方式探索面向不同使命任务的无人集群的最佳作战运用方式，为无人集群的作战概念与作战条令的形成提供数据与模型的支撑，并指明无人集群技术的发展方向。

结合国内外集群无人作战仿真建模现状，大致可以将未来需要重点关注的集群作战仿真建模研究划分为 4 个方向。

一是集群作战建模框架研究，即对整个仿真模型结构层级和功能的研究。各层级所负责的功能及目的，各层级之间的相互联系与整个结构运行的流畅性、稳定性、科学性都将是未来研究的重点方向。

二是集群作战效能分析研究。顾名思义，仿真模型就是针对无人集群遂行作战任务所能达到的结果及效果的仿真模拟。一般来说，不同任务的无人集群所具有的功能也大相径庭，针对其功能所构建的作战效能仿真模型也应该运用不同的逻辑和结构。

三是集群作战自主控制方法研究。仿真模型是对无人集群的自组织行为的规则进行一个探索和验证，重点仿真集群的感知、行动能力和各无人平台间高效协同能力。

四是集群作战仿真平台开发研究。由于战争模拟的复杂性，基于仿真平台开展无人集群的协同作战建模是研究的主流方法，利用现有或专门开发的仿真平台，可以更有效地进行集群协同、规则、战术等问题的研究。

二、存在的问题

建模与仿真作为研究无人集群作战不可或缺的支撑手段与基础工具，虽然国内外学者对其进行了大量研究，但是仍然存在较大挑战。

一是目前国内外对于集群作战建模仿真的框架结构还没有形成较为成熟和广泛的认知。此外，随着人工智能技术的进步和先进作战概念的提出，集群作战在概念、构想和应用场景等方面也在不断地发展，但仍未形成较为成熟的认知。基于技术视角的研究较多而基于作战视角的研究较少，且许多研究没有对技术和作战这两个层面的关系进行清晰地描述和区分。

二是国内外开展的无人集群作战建模仿真活动，总体上呈现重视技术细节实现，轻视宏观作战问题研究的特点。大部分研究集中在从装备层面开展无人集群自主控制算法的建模仿真研究，大多针对某一局部的具体任务算法进行技术验证，却少有成果将这些具体任务综合集成为一个有机的完整作战过程。现有研究没有将无人集群作为整体纳入作战体系进行考虑，缺少无人集群作战体系模型的设计和构建，无法体现信息化乃至智能化战争的体系对抗特点。

三是对无人集群作战建模仿真的个体行为能力刻画过于单一。从发展趋势上看，具备不同任务能力的无人平台组成的异构集群，将会是重要的发展趋势，这就要求集群中的个体需要具备较强的行为能力和较高的智能水平。而国内外研究在构建分布式无人集群模型时，大多参照生物集群的特点，无人个体行为能力刻画单一，大多局限于空间，导致大量研究集中于集群编队队形的飞行控制建模，其他作战行为能力的研究只占少数。

四是对异构无人集群作战的协同行为建模仿真研究不足。目前，在已有无人集群作战协同行为的建模研究中，大多只针对单一类型的无人集群执行单一类型的作战任务。然而，无人集群作战作为未来智能化战争中一种重要的作战样式，对其自主性的要求大大提高，不仅需要无人集群能够完成单一的作战任务，还很有可能需要由不同功能类型的无人平台组成异构集群，由各类型无人平台根据自身的行为能力执行单一任务，再通过各类型无人平台之间的任务衔接完成整体的作战任务。但是目前现有的研究中，诸如此类的异构无人集群执行综合性的复杂不确定性作战任务场景的仿真建模研究尚不多见，在未来的研究中有待进一步充实。

五是集群作战仿真建模的群体智能特性体现不够充分。智能化是未来集群作战研究的重点方向，其具有很强的自我学习、自我成长的特性。如果仍然沿用主流仿真系统体系中常用的传统建模思路，例如，If-Then 语句的反应式结构，不但难以表达集群中个体的协同决策和推理能力，而且难以体现个体在作战活动中积累经验、产生适应能力的过程，导致仿真出的集群作战应对战场环境变化的能力较弱。

三、具体措施

结合现有仿真建模研究理论，明确现阶段研究存在的问题和挑战，牢牢把握仿真建模未来重点研究方向，从集群作战整体作战框架、异构集群任务功能模型设计和集群作战智能协同能力三个方面的需求出发，可以得出以下三点具体措施。

一是设计技术研究与作战运用相联系的仿真建模框架结构。集群作战作为未来最具潜力的作战样式，装备的稀缺导致研究者们过分关注技术层面的相关研究，而宏观作战运用的构想和设计却只占少数。因此，建立以集群技术建模为底层基础，以集群作战问题建模为顶层应用的仿真建模框架，两个层面既相互明确相互分离，又能做到有机结合，以研究技术问题总结出作战运用，又能从作战运用体现出技术研究，有利于整个集群作战体系概念的创新发展。

二是在研究集群中个体行为和功能的过程中，不能紧盯着集群编组控制这一项功能，应该采用标准化的建模方法，进一步丰富针对个体的复杂作战行为能力的研究，例如，态势感知、侦察机动、火力打击等方面。之后在此基础上针对具体的集群作战运用场景，设计科学合理的、多样化的集群作战行为描述集合，体现集群作战的多样化特点。

三是在仿真平台开发中，通过集成机器学习特别是强化学习来加强集群协同行为和相关智能算法的研究。对个体或集群进行智能化控制的强化学习方法，可以为集群作战仿真模型带来对不确定环境适应能力、不完美信息博弈能力、战术学习能力等良好智能特性，拥有很好的应用价值和发展前景。值得关注的是，许多国家和地区在强化学习思想的启发下，已经初步展开对智能集群作战仿真建模的研究。

第四节　集群智能无人作战的智能化训练

无论战争形态如何变化，人始终是战争胜负的决定性因素。即使是在“无人作战”的环境之下，人还是充当着决策者、操作者和维修者的角色。构建一个良好的智能化训练体系，将人所能发挥的效能作用最大化，是打赢未来战争的关键。

一、智能化训练的发展趋势

人工智能、大数据、云计算等颠覆性技术在军事领域的发展与运用，实现智能无人武器装备的多样化发展，对未来智能化训练产生了颠覆性的影响，其理念、形态、方式都与传统训练模式大不相同。

一是训练理念发生改变。传统的训练是一个下大上小的“塔式”

结构，通过训练产生的战斗力必须由低到高、从易到难、从技术到战术、先分队再部队的方式逐级生成。而智能化训练更偏向于一个扁平化军事训练体系，各空间维度的作战系统，训练可在同一起跑线、同一空间、同一层级同步生成。现行的“任务＋部队＋空间”的“课题”式的演训模式将会被打破，基于颠覆性技术的“战争设计”“作战试验”“作战演习”，让军事训练成为未来战争的试验。

二是训练形态发生改变。对于训练空间，智能化训练将突破传统的“兵在一域练”模式，不仅打通海、陆、空、天、电这类物理空间，还要向着认知域、“脑域”等虚拟空间拓展。对于训练实体，智能化训练朝着大空间、网络化、一体化方向发展。简单来说，智能化训练的要素将与战争要素完全一致；网络将所有训练平台连接在一起，不再区分军兵种；演训的导调工作将全部依靠人工智能技术；智能化训练的标准、目的、要求及敌方的能力、情况全部依托智能作战系统实现全自动联动。

三是训练方式发生改变。随着技术发展，高投入低收益的消耗型训练方式即将被淘汰，依靠先进技术开启的训练新方式将走向舞台。智能化训练可以是依靠网络技术实现同一背景、同一战场态势、同一作战想定下的虚拟分布式训练；可以是利用虚拟现实、人工智能、大数据等技术搭建逼真战场虚拟环境与作战系统整体联运的仿真训练；也可以是各类智能无人平台自主协同演训的武器装备、作战体系自主训练。图 8–7 所示为操作人员正在进行智能化训练。

图 8–7　操作人员正在进行智能化训练

四是训练管理保障发生变化。在管理方面，智能化训练产生的训练数据，将会起到推动部队建设发展和进行战争预演的重要作用，因此，训练管理由传统的“管人管装”向“管数据”转变，通过大数据和云计算技术，让“数据管理”成为训练管理的主体。在保障方面，智能化训练保障模式将从“伴随”保障逐渐转变为“无人”保障，即通过人工智能、大数据、物联网等技术实现军事训练全过程人员、武器装备、器材、环境等要素无缝连接，训练保障需求分析、方案制订与实施、信息反馈等完全由智能机器人完成。

二、存在的问题

智能化训练模式即将到来，但仍有许多传统训练模式遗留下来的问题，我军需要迅速解决。

一是人的思维理念难转变。目前大部分人对于军事训练还只是停留在传统“体训”层面，认为军事训练主要内容和训练效果还是应该体现在提高体（技）能水平上，总感觉离智能化训练的距离还很远，不能及时转变训练观念。推动智能化训练的落实，就必须打破传统观念的约束，认清智能化训练的科学手段、重要意义与制胜机理，树立新战争、新练法的全新理念，防止按部就班、因循守旧。

二是智能化训练法规制度难制定。智能化训练是由颠覆性技术产生，其发展与军队当前体制存在很大矛盾，在制定法规制度的同时，既要涉及各类智能无人系统的研发，又要考虑将训练模式由旧转新所需的科学过渡，还要对未来智能化训练发展进行长期规划，其作业难度大，对于军事训练法规制度的制定将会是很大的挑战。

三是智能化训练设施难健全。智能化训练的设施设备对技术层面的要求很高，在试点单位测试结束之后，如何将该系统及相关设施大规模、高效率地向全军推广普及；厂家如何快速实现量产并保障部队训练设施日常维护保养；部队如何对系统进行高效利用，确保战斗力全面提升，将会是未来需要重点考虑的问题。

三、具体措施

实现智能化训练就是要健全智能化训练体系，提高智能化训练的全面发展和整体效能，具体措施大致可以从训练理论、训练内容、训练方法、保障管理模式四个方面展开规划。

（一）创新符合科学发展的训练理论

高度重视智能化训练基础与应用理论研究是进行智能化训练的前提条件，认清智能化训练的本质、特征和规律，利用理论依据在源头上解决发展难题，其主要做法可分为三个方向。

一是从战场需求角度研究智能化训练。根据作战能力需求，完善各类人员的岗位能力标准，为训练目标提供科学依据；厘清智能化作战的特点，分析未来战场上可能担负的任务，始终贯彻“仗怎么打，兵怎么练”的实战实训原则。

二是从长远发展角度研究智能化训练。客观分析现状，认清影响和制约智能化训练发展的外部环境、支撑条件、主要矛盾和关键问题，做好大局谋划与顶层设计，分阶段分步骤的制订训练发展规划，推动智能化训练稳步发展。

三是从作战概念角度研究智能化训练。在物联网、大数据、云计算等先进技术应用于军事领域后，催生出了“多域战”“认知战”“作战云”等全新作战概念。而智能化作战理论创新已经跟不上实践应用速度的脚步，因此，把各种新型作战概念研究透彻，才能对智能化训练的开展提供依据。

（二）创新贴合战争需求的训练内容

训练内容是军事训练的核心要素，必须随着形势和任务的发展而不断变化，精准把握智能化训练内容，从下面三个方面入手。

一是用超前眼光来把握训练内容要求。由于智能化作战的战争形态与历史上各类战争形态均有着极大的差异，必定会导致力量体系的大幅改革，以及作战空间与技术基础的颠覆性变化，这就要求我们必须要用超前的战争思维，准确把握战争趋向与作战变化，才能进一步设置训练内容。

二是及时调整训练内容体系结构。为适应新情况、新变化、新需求，需要结合使命任务、武器装备、体制编制，从人员训练、机器训练、人机智能融合训练三个维度，进一步调整优化内容体系结构，缩小训练与实战的差距，全面提高官兵素质和部队作战能力。

三是不断充实优化智能化训练内容。对于智能化训练内容的制订不是一蹴而就的，在制订和执行训练内容的过程中，随着基础科学技术的提高、智能化思维水平的提升、对智能化武器装备控制能力的加强、对武器系统战技术性能的熟悉，训练内容也必须得到进一步的充实，才能更好地促进战斗力生成。图 8–8 所示为美国陆军—空军联合作战无人机训练体系。

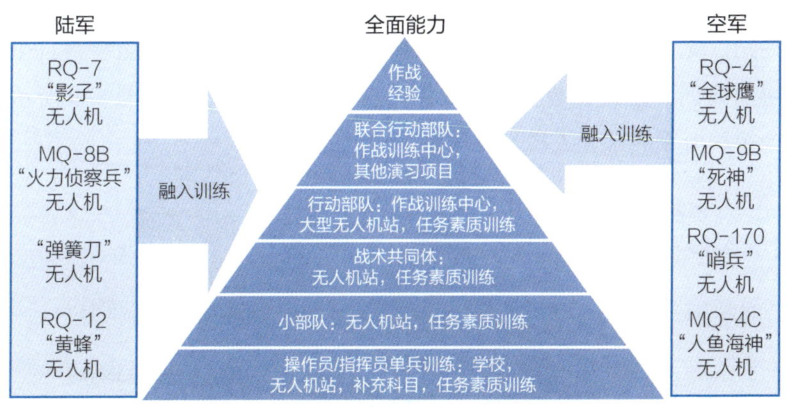

图 8–8　美国陆军—空军联合作战无人机训练体系

（三）创新融合人工智能技术的训练方法

智能化训练将打破传统训练高投入低收益的消耗型训练方式，开创基于人工智能等先进技术的全新训练方式。

一是分布式训练。网络技术的快速发展，分布式训练取代基地演训成为军事训练的主要方式，从根本上解决演训周期长、耗费大、风险高，参演兵力装备有限、仿真实战难以及有些力量依赖天候、场地等问题，使大规模演训在同一背景、同一战场态势、同一作战想定下的虚拟环境中同步实施。

二是仿真式训练。综合运用人工智能、大数据、物联网、虚拟现实 / 增强现实（VR/AR）技术和可穿戴设备，为受训部队搭建一个极为逼真的战争虚拟环境，让官兵在近似实战的训练环境中，实现从决策模拟到火力打击、从单兵行动到作战系统整体联动的全面仿真。随着增强现实技术水平的不断提高，沉浸式训练将更加成熟，通过构建一种超越真实世界的“超真实”模拟训练环境，使受训者能感受到实战一样的声音、味道、触觉，达到超越现实的感官体验。

三是自主式训练。随着人工智能、无人化、智能化技术在军事领域中的物化，“专家主导、官兵操演”“兵团对阵”的演训方式走向终结。无人机、无人坦克、无人舰艇、纳米机器人等智能装备自主协同演训，让武器装备、作战体系自主训练成为现实。图 8–9 所示为美国海军战术无人机训练体系。

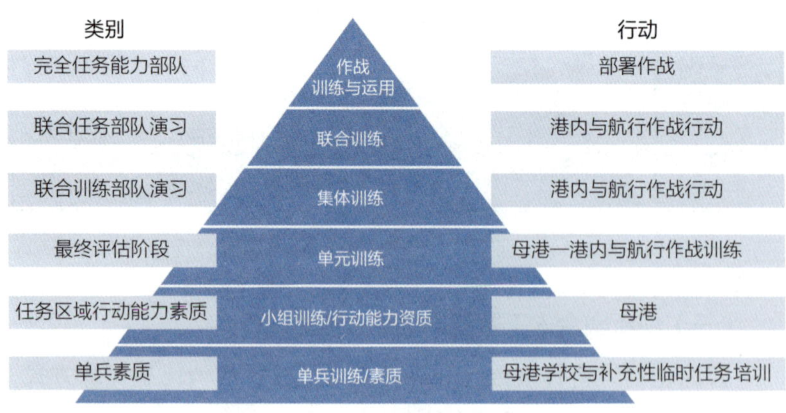

图 8–9　美国海军战术无人机训练体系

（四）创新切合精准管控的保障管理模式

精准的训练管理和保障是完成训练任务、充分发挥训练质效的有效保证，更是促进智能化训练科学化、体系化的重要基础。为达到精准管控，要切合以下内容。

一是训练管理“数据化”。传统的训练管理以“管人管装”为中心，对于训练数据的管理常常是进行简单的采集，随后束之高阁。大数据技术、深度学习算法作为人工智能技术的基础，让“数据管理”成为训练管理的主体，通过对海量训练数据进行智能化采集、筛选和分析，落实训练预演战争的理念，并推动军队建设发展。

二是考核评比“精准化”。传统的考评手段往往难以对受训者的全面素质、训练的全过程表现进行精准考评。随着大数据、人工智能、云计算等技术的发展，智能化考评系统能够对受训者在考核中的表现进行全方位数据采集，进行智能化分析，结合评估标准做出评估结论。相比于人工进行数据采集与分析，智能化考评系统更为全面精准，能够为训练指导提供更为有力的支撑，并以此为依据改进训练管理。

三是演训导控“无人化”。传统演训导控方式往往需要投入大量的人力物力，一方面，由于演训场上存在大量导调人员，影响演训环境的战场仿真度。另一方面，由于人力、物力有限，往往难以对整个演训过程实施全面而精细的导调和监控，从而间接影响演训效果。随着智能化技术的发展，智能演训导控系统将登上演训舞台，综合运用云计算、虚拟现实、仿真对抗、裁决评估等技术，打造“导、控、裁、评、管”一体化无人演训平台，通过分布式导控终端对演训全程进行全面实时的监控与灵活的智能导调，极大地节约人力物力，提升演训效果。

第五节　集群智能无人作战的人才培养

随着集群智能无人作战相关技术和装备的出现及迅速发展，与新型作战系统配套发展的无人作战人才储备与培养体系将会为集群智能无人作战提供持续发展的动力，是不可忽视的重要环节。

一、人才培养的发展趋势

相较于传统的人才培养，集群智能无人作战人才培养在培训时间、组训内容和施训方法上，都有着较大的区别。集群智能无人作战人才培养的发展趋势及变化可归纳为三个方面。

一是专业人才培训的周期明显缩短，且针对岗位需求区分专业培训。一般来说，一个专业人才培训周期大概在 3 个月至 1 年，且所培训专业内容与岗位需求十分契合，有效加快人才的流动效率，迅速将人才输送至军队各个节点并胜任其工作。

二是军种联合培训交流更加密切，未来智能无人装备的配置可不必过多考虑军种职能因素，因而各军种之间将会存在相同型号的智能无人装备，这为各军种开展联合培训提供了可能。通过军种间展开对同型号装备的联合培训，既确保了资源的有效整合，避免重复建设，又提供了一个相互交流的平台，提升了各军种之间的相互依赖性，使集群智能无人作战系统在联合作战中得到最优化使用的同时又能提高联合作战能力。

三是模拟训练将会是未来人才培养过程中的重要手段和环节，在学习理论课程之余，基于模拟训练系统的练习将会占用绝大多数时间。通过理论学习和实践活动交叉进行、互相验证，确保学员能迅速适应各岗位各角色，系统高效地培养专业人才。

二、存在的问题

现阶段是我军开始普及智能无人作战人才培养体系的起步阶段，必然会面临一些问题，根据现状可以分析出即将遇到的三个难题。

一是目前对于无人作战研究的教员队伍较少，且相关教研人员的数量不多，还无法满足无人作战专业人才培养的需求，导致专业教研队伍出现缺编现象。

二是由于院校及部队的训练装备和教学装备的欠缺，导致受训人员参与实装操作的机会较少，更难以开展演练活动，可能会出现受训者实装操作能力难以达到要求的情况。

三是可能出现资源浪费问题。由于未来智能无人装备可能出现同一型号装备配发至不同军兵种，而目前我军院校基本是根据军兵种进行划分，那么会导致不同军兵种的学员培训同一型号装备，却需要去不同的院校进行学习，造成资源的浪费。

三、具体措施

通过研究和借鉴美军培养无人作战人才的方式，结合我军实际，明确人才培养体系，确保培养质量，对建设我军强大的集群智能无人作战力量具有重大意义。

（一）依托院校优势，进一步完善合理有效的人才培养体系

根据我军对未来智能无人作战规划的岗位人员编成与能力要求，结合院校的培训任务和专业特点，对各院校现有培训资源进行整合，构建院校、训练基地和部队“三位一体”的人才培养体系。除此之外，还可以根据专业岗位属性，统筹各军种、军地、研究院所和军工企业等机构的优势，构建合理有效的人才培养体系，即建立学历教育、任职培训、短期培训、模拟实践、实战训练相结合的专业人才培训体系。

（二）依托院校教学科研实力，进一步完善多元化教员队伍

针对多层次多类型的人才培养需求，构建稳定型、流动型和特聘型“三位一体”的多元化教员队伍结构。其中，稳定型教员主要由院校编制内的教员组成，流动型教员主要由部队和机关选调而来的教官组成，特聘型教员主要由科研院所或者装备生产厂家的相关专家组成。通过构建多元化教员队伍，优势互补，极大地提升教学质量。

（三）优化顶层规划设计，进一步完善人才激励机制

顶层规划设计应适应军队使命任务的需求，突出人才建设的实效性和适用性。具体应该做到，立足战略发展定位、加强人才培养等工作的系统性顶层设计论证工作，确立相应标准，逐步构建人才培养的发展建设规划。同时，为长期发展壮大无人作战人才队伍，在强调奉献精神的同时，还必须配套相应的职业规划路径、激励办法及待遇保障等，完善无人作战人才激励机制，解决人才成长的后顾之忧。

（四）统筹军地学研力量，健全无人作战人才培养体系

目前，无人装备的设计、制造已经取得了飞速发展，但相关操控和维修人才的培养却相对滞后，一定程度上影响军用无人装备的作战使用。应重点围绕无人作战力量人才队伍建设，根据无人作战各环节对人才培养的不同需求，统筹各军种、军地、学校、研究院所的力量，以学历教育院校为基础，联合部队、任职教育院校、研究所和军工企业等机构，构建学历教育、任职培训、继续教育相衔接，短期培训、全日制教育、模拟实践、实战训练相结合的人才培养体系。

第六节　集群智能无人作战的力量建设

为符合集群智能无人作战发展的进程，军队内部的编制体制与武器装备也必须进行相应的调整。如何针对装备革新和战法创新进行科学的力量建设，对集群智能无人作战战斗力的生成和发挥起到至关重要的作用。

一、力量建设的发展趋势

一是无人作战力量在军队中的占比日益提升。随着智能无人自主技术与无人平台集群系统的不断突破，战场上无人装备自主遂行作战的能力大幅提升，人进一步退居后台，形成“系统有人、平台无人”的新形势（见图 8-10）。2020 年的纳卡冲突已经向世界展示了未来战争的雏形，无人作战单元将从辅助人作战转向代替人作战，这也说明了无人作战力量将在未来军队力量编成中占比越来越大。

图 8-10　“系统有人，平台无人”

二是有人 / 无人混合编组逐渐成为重要编组方式。随着协同通信、数据融合、辅助决策、信息分发、人机交互等关键技术的突破，这将极大地提高人类和机器、人工智能系统和机器的双向通信能力，从而创造出系统有人、集群无人的地面“蚁群”、水中“鱼群”和空中“蜂群”等自适应自协同编组，并成为未来战场的制胜奇兵。

三是多域融合部（分）队日益成为新的建设重点。信息化、智能化技术日益增强的多域交互、智能聚合功能，将推动作战单元融合从平台融合、军种内部融合向跨军兵种跨域融合的深度发展，促使多域融合部（分）队成为一个新的建设重点。

四是力量结构日趋精干高效、智能裁剪。未来一线作战，将由少量人员远程后台操纵的机器人集群部队组成，一名操作手即可控制大量无人平台，作战单位的人员编制将大幅度减少。同时，鉴于美军“马赛克战”的理论观念，集群可根据战场态势将各军兵种的无人力量进行智能剪裁，重新组成战斗集群，即使有个体遭受破坏，也能迅速进行重塑重构，恢复作战能力。

二、存在的问题

一是缺少专项无人作战“拳头”部队。目前无人作战力量的配置相对比较零散，进行联合作战时，难以将无人力量进行整合成为一个完整的无人作战体系，各部（分）队对于无人作战行动任务的遂行压力较大。目前，美军的战斗力有四分之一来自以无人机为主的无人平台，体系相对完整，部分作战单元更是接受过真实战场的检验。

二是部分分队编制偏小的问题。目前以及不远的将来，一个旅级部队的无人力量分队可能出现编制偏小，无法与列装的无人装备相契合的情况。举个例子，一套智能集群作战系统配置到一个连的编制恰好符合要求，那么随着装备的日益增长，更多型号的无人装备进行列装后，一个连的编制显然已经不能满足装备的需求。

三是缺少无人系统保障力量。受制于现有装备维修体制（基层级+基地级），基层部队在维修保障设备和维修保障人员能力方面尚无法达到及时维修的要求，而设置于生产厂家的基地级维修周期普遍较长（很多装备返厂维修时间长达半年以上），难以满足部队装备完好率要求，亟须从体制上进行合理优化。

三、具体措施

（一）加强试点单位建设，建立试验性过渡部队

按照军委管总、战区主战、军种主建的原则，建立健全统分结合的无人武器装备试验和作战试验部队管理体制。在军委机关、各军种组建相应的管理机构、监督机构和协调机构，有效协调武器装备试验、作战试验与战备训练的矛盾，解决试验部队积极性不高、任务冲突的矛盾；有效发挥作战部门和作战试验部队在装备鉴定、战法评价上的独立性和权威性。各军兵种成立由作战部门牵头，包括技术研发、装备发展部门人员组成的智能化作战概念创新机构，并以智能化作战新概念为牵引，确定本军兵种试验项目，结合试验武器装备和战法实践需要，科学遴选作战试验部队。

（二）适当扩编无人作战分队，丰富军兵种无人作战力量

结合各单位作战任务和装备编配的实际情况，适当扩编无人作战分队的编制，以达到集群智能无人作战体系要求。例如，将无人机排扩编至无人机连，无人机连扩编至无人机营。同时，增设相关任务部队的无人作战力量编配，如工兵、防化兵等。美军在 2013 年便开始增设工兵力量，为所有步兵旅战斗队和装甲旅战斗队在特种勤务营的基础上，增加一个工兵连，组建工兵营，并相应配备了一个 RQ-7B“影子”200 近程战术无人机排。此外，针对维修保障困难的问题，可以组建装备保障中心，主要负责中继级无人装备维修任务，管理人员由军队人员担任，技术人员可由装备厂商派出，相当于一个无人装备的 4S 店。

（三）规范无人装备调配制度，健全无人装备管理机制

为实现无人装备的精准调配，符合部（分）队的任务和人员需求，可以采取以下措施。

一是建立完善的数据支撑。建立准确、全面的无人兵力装备数据库是实施精确调配的基础条件，把无人作战分队的操作手在位情况、专业岗位、技术水平以及装备状态等信息，纳入数据库管理和更新，各部（分）队人员及装备出现变动等情况时需要实时向上级报备，确保无人作战兵力装备数据库始终处于动态更新状态，为实施精确调配提供参考依据。

二是精准提报调配需求。兵力装备需求，是对完成无人机相关任务的飞机数量、人员素质的需求，是启动兵力装备调配机制的前提。需求单位要根据担负的任务性质、持续时间以及自身建设实际等因素，进行定量的分析，科学测算需求数量，确保提报需求符合支援保障单位实际，杜绝需求过低无法完成任务和需求过高浪费资源的现象发生，为上级审批调配提供决策依据。

三是充分挖掘潜在市场。除了军队内部的直接供应外，重点挖掘地方厂商的装备供给潜力和技术优势，把部队的建制力量和地方支援力量融合起来统筹使用。